다시 1학년 담임이 된다면

# 다시 1학년
# 담임이 된다면

박진환 지음

에듀니티

　사십대 끝자락에 어쩔 수 없이 1학년 담임을 맡게 된 2016년. 그때 저는 교사로 살아오며 그동안 제가 얼마나 자만했는지, 경험과 경력이 때때로 얼마나 부질없는지를 뒤늦게 깨달았습니다. 머리로만 교육을 공부하고 진정 몸으로 익히지 못한 모습이 여지없이 드러나 한없이 부끄러웠습니다. 그때 제가 만난 아이들은 지금까지 맡아왔던 그 어떤 아이들과도 전혀 다른 모습이었습니다. 교사들은 그들을 흔히 외계인이라 불렀지요. 그런 1학년을 막상 만나려니 설레기도 했지만, 어찌나 두려웠던지……. 나름 이런저런 책을 읽고 선배들의 조언을 받아 준비를 단단히 했건만, 순진하기가 그지없어 보였던 아이들은 3월 중순을 지나면서 조금씩 자기 발톱을 드러내며 저마다의 특성과 개성으로 저를 무참하게 무너뜨렸습니다.

　4월이 지나면서 제 팔과 다리는 이미 제 것이 아니었습니다. 교실과 복도에서 한 걸음을 옮기기조차 어려울 정도로 몸에 매달리는 아이들을 떼어내느라 저는 날마다 힘을 써야 했습니다. 풀어진 머리를 묶어 달라며 내게 고무줄을 내밀어 나를 당황시켰던 여자아이들, 이가 흔들거린다며 눈물을 머금고 나를 향해 아우성치던 아이들, 점심시간 내내

5

세월아 네월아 사람 구경 한다고 밥에는 손도 대지 않던 아이들, 섭섭하게 이야기했다고 내게 나쁜 선생님이라고 소리치며 호통치던 아이들, 오롯이 자기 위주로 하루를 보내야 직성이 풀리는 듯 딴죽을 부리던 아이들, 배우는 속도가 달라 수업에 들어가기만 하면 전혀 다른 모습을 보여주던 아이들. 이 아이들은 같은 말을 되풀이하게 했고 제 목소리는 덩달아 커져만 갔습니다.

다양한 기질과 성격을 가진 24명이 넘는 아이들을 선생 혼자 맡아 일 년을 책임진다는 일은 그야말로 기적에 가까운 일이었습니다. 1학년 경험이 전혀 없었던 저로서는 무능력과 무지함을 시도 때도 없이 느꼈고 남들이 혹여나 눈치챌까 얕은 경험과 기나긴 경력으로 포장하기에 급급했습니다. 그 과정에서 실수와 잘못은 어쩌면 당연한 것이었습니다. 아이들의 발달과 정서를 제대로 읽지도 못했지만, 중고학년에서나 썼던 가벼운 언어와 태도로 곧잘 아이들과 학부모로부터 핀잔과 오해를 받기도 했습니다. 허둥대면 허둥댈수록 깊이 빠져만 드는 늪 같은 1학년 교실에서 제가 할 수 있는 일이란 그저 아이들을 좀더 이해하고 열심히 수업을 준비하는 것밖에는 없었습니다. 그 과정에서 좌절과 반성은 끊임없이 이어졌고 그것을 오롯이 기록하는 것이 그 시절 제가 할 수 있는 최선이었습니다.

처음에는 가볍게 특별한 날의 모습을 기록해 학부모들에게 그날의 소식을 전하는 수준으로 일기를 쓰기 시작했습니다. 하지만 담임을 맡은 지 불과 하루 만에 이런 생각을 단번에 지워야 했습니다. 날마다 수많은 사건을 터뜨리는 아이들의 모습과 그곳에서 방황하는 내 모습을 마냥 시간 속으로 날려버리기가 너무도 아쉬웠기 때문입니다. 그것을 붙잡아 기록해야 비로소 진짜 1학년 담임이 될 것만 같은 느낌이 들었습니다. 그래서 날마다 하루도 빠짐없이 일기를 썼습니다. 눈물로 아이들과 이별하던 날의 2018년 마지막 일기까지 2년의 기록을 갈무리해 인쇄해보니 각각 483쪽(2016), 410쪽(2017). 약 900쪽에 가까운 기록에는 1학년 초보 담임교사로 살아온 저의 치열하고도 아픈 성찰의 조각들이 곳곳에 담겨 있었습니다.

지난 2년의 기록에는 1학년 초보 담임교사로서 저의 기쁨과 보람뿐만 아니라 아픔과 고통, 잘못과 회한도 모두 숨어 있습니다. 사실 여기에 실린 이야기는 한없이 부족하고 어수룩하기만 합니다. 1학년 전문 교사의 실천 기록이 아니기 때문입니다. 다만, 1학년 맡기를 아직 두려워하거나 처음 맡게 되는 기대와 설렘이 가득한 교사들의 어려움과 고충을 눈높이에서 위로하고 격려해줄 이야기일 수는 있겠다는 생각이 들었습니다. 저 역시 훌륭한 선배이자 동료교사들의 철학과 실천을 살펴보며 1학년을 미리 준비했지만, 제가 처한 위치와 상황을 읽고 성찰하는 데 큰 도움을 받지는 못했습니다. 입학식과 함께 교실에서 아이들을 만나는 순간, 모든 것이 백지상태로 돌변하면서 교실 속 저는 철저히 혼자였고 무척이나 외로웠습니다.

시골학교에서 1학년과 지낸 선배교사들이 이야기하는 아이들은 내가 만난 도시 아이들과 상황과 양상이 너무도 달랐습니다. 같은 도시 학교 아이들이라도 자라온 환경과 기질에 따라 다 달랐습니다. 똑같은 사례를 꾸준히 적용하여 결과를 얻어내기란 너무도 어려웠습니다. 26년의 경력도 내가 있는 지역의 1학년 아이들과 학부모들에게는 무용지물일 때가 많았습니다. 첫해는 아이들이 과연 제가 지도하고 기대한 대로 자랄 수 있는지를 끊임없이 의심하며 보냈습니다. 의심이 커가는 만큼 늘 불안했습니다. 불안은 실수를 낳고 또 잘못을 저지르게 했습니다. 그때마다 1학년 초보 담임이 아이들과 겪을 상황과 경험이 녹아난 1년의 밑그림이 있다면 참 좋겠다는 생각을 했습니다.

　교육혁신은 특별한 이의 독불장군 같은 실천으로 바뀌지 않습니다. 이는 역사가 이미 잘 보여주고 있지요. 뛰어난 이의 교육철학과 실천도 수많은 이의 비판과 검증을 통해 완성되고 발전되고 뒤늦게 인정을 받습니다. 어느 나라이든 모든 교육이론과 실천은 모두 그렇게 다듬어지고 정리돼왔습니다. 머지않은 날에 제가 다시 1학년 담임을 맡게 된다면, 저는 다시 나의 실천을 스스로 비판하고 검증할 것입니다. 곁에서 함께했던 동료교사와 이 책을 읽는 독자들의 비판은 그래서 매우 당연합니다. 아무쪼록 이 책을 읽는 선생님과 어른들이 제가 저지른 실수와 잘못을 줄여가며 아이들과 함께 성장해가시길 바랍니다. 이제 못다 한 저의 실천과 성찰은 이 책을 읽는 모든 이들의 몫이 될 것 같습니다. 부디 분투하시길.

첫 번째 책《1학년은 처음인데요》를 펴내고 주위에서 다양한 반응을 접할 수 있었습니다. 학부모님들로부터는 축하 말씀을 받았습니다. 이제 4학년이 된 아이들의 학부모님들은 그때는 잘 몰랐다며 이제야 고마움을 알겠다는 말씀을 전해주시기도 했습니다. 제 책에 리뷰를 달아주신 선생님 중에는 1학년의 학급살이를 새롭게 볼 수 있었다는 분도 있었고 공감하는 부분이 많아 붙임쪽지를 붙여가며 읽고 있다는 분도 있었습니다. 한번은 방송에서 제 책을 보고 놀라고 반가웠다는 연락을 받기도 했습니다. 제가 한 것에 비해 과분한 칭찬과 격려를 받았습니다. 한편으로는 두 번째 책이 이어서 나오지 못한 미안한 마음이 가득했습니다. 열 달이 지나서야 두 번째 책을 펴냅니다. 제때 이어서 책을 내지 못한 탓에 아쉽기도 했지만, 그 시간만큼 원고를 더 살펴보고 미처 담아내지 못한 자료와 고민을 조금은 더 챙겨 넣어봤습니다.

이 책은 도시의 공립학교에서 1학년 아이들과 2년간 수업했던 한 교사의 부족한 수업 이야기입니다. 그럼에도 2년 동안 애쓰며 실천한 교사의 수업기록이라는 점에서 교육 현장에서는 가치가 있다고 봅니다. 잘 포장된 우수사례는 아닙니다. 1학년을 맡았던 교사라면 누구나 겪는 잘못과 고민을 두루 나눠야 한다는 생각을 실천에 옮긴 것일 뿐입니다. 안타깝게도 우리 교육 현장에서는 이런 점이 잘 나눠지고 있지 않죠. 내 교실과 옆 교실에서조차요. 그렇다 보니 우리는 우리들의 실천들을 믿지 못하고 자꾸 바깥만 바라봅니다. 때만 되면 외국의 이론과 실천사례들이 유행처럼 우리나라를 넘나드는 까닭이 바로 이것 때문입니다. 이제는 우리도 우리의 이야기를 할 때가 됐습니다. 이 땅에서 자라는 아이들을 만나고 관찰한 이야기를 거칠게라도 나눠야 합니다.

일방적으로 주어지는 교육과정을 재구성해야 한다고 아우성치던 시대를 어서 우리 교사들의 힘으로 끝을 내야 합니다. 이 땅에서 자라는 아이들을 제대로 보지도 않고 성취기준을 잘라 붙여가며 주제망을 짜는 것이 재구성이라고 믿는 시대도 이제 마감을 지어야 합니다. 주어진 교육과정을 짜깁기하는 수업과 실천이 아니라, 우리 아이들을 바라보며 스스로 공부하고 모여 실천하면서 완성해가는 우리들의 교육과정이 어서 만들어지길 바랍니다. 찾아보면 그 길을 앞서 걷는 이들이 많습니다. 다만 제대로 주목받고 있지 못할 뿐입니다. 그들이 쌓은 돌탑이 아직은 너무도 작고 외진 데 있기 때문입니다. 그 길에 그 돌탑에 저도 아주 작고 거친 돌을 하나 얹어봅니다.

2020년 1월
박진환 씀

이 책은 1학년 '수업살이'편입니다.

교사는 '수업'으로 자신을 표현합니다. 교사가 하는 수업에는 교육을 바라보는 교사의 철학과 관점이 그대로 녹아 있기 마련입니다. 그러나 교사용 지도서의 안내에 따라 차시별 진도를 나가는 수업에서는 국가교육과정은 보일지 몰라도, 교사와 아이들은 보이지 않습니다. 표준화된 수업의 전형이지요. 이런 수업에서 교사는 수업 이야기를 만들 수 있는 살아 있는 존재가 아니라, 단순한 지식 전달자로만 남습니다. 그동안 우리는 주어진 지식을 어떻게 잘 전달할 수 있느냐로만 수업을 판단했습니다. 그러나 저는 수업이란 교사와 아이들의 삶을 담은 한 편의 이야기일 수밖에 없다고 봅니다. 교사와 아이들은 교육과정이 만들어놓은 수업을 그대로 구현하는 존재가 아니라, 교육과정이 만들어놓은 수업을 새롭게 살아가는 존재입니다. 어떤 시간에는 국어로 다른 이의 삶을 읽어내며 살고 어떤 시간에는 수학으로 세상의 이치를 깨닫습니다. 1학년은 다른 학년과 다르게 철마다 다른 이름의 통합교과로 어우러진 세상을 이해하고 받아들입니다. 그래서 저는 교과운영이 아니라 '수업살이'라는 표현이 더 어울린다고 생각합니다. 1학년 수업을 '언어교육'과 '수학교육', '통합교과교육'으로 나누어 교사와 아이들이 어떻게 살았는지, 지난 2년 동안 쓴 일기를 바탕으로 해석하며 이해를 돕는 글을 써보았습니다. 많이 부족하지만, 이 책이 1학년을 처음 맡거나 아직도 힘든 선생님들께 1학년 수업의 흐름을 이해하고 밑그림을 그리는 데 자그마한 도움이 되었으면 좋겠습니다.

앞서 펴낸 책은 '학급살이'편입니다.

1학년 아이들과 살아온 2년의 기록 가운데 계절을 나누어 아이들의 변화와 성장, 아이를 보는 교사의 시선과 노력, 실패와 좌절, 아픔과 고통을 담았습니다. 1학년을 주제로 한 교사들의 책을 보면 완성도 높은 사례 혹은 교사의 깊은 성찰을 담고 있습니다. 독자들에게 당장 도움을 줄 실천 자료나 아이들을 만나는 교사의 자세를 이야기하고 있습니다. 그러나 이 책은 완성도도 높지 않고 깊은 성찰과는 더더욱 거리가 있습니다. 그저 교직 20여년 만에 처음으로 엉겁결에 1학년을 맡은 교사가 불안과 설렘 속에서 식은땀 흘리며 애쓴 흔적을 담았을 뿐입니다. 같은 고민과 불안을 겪을 1학년 초보 담임교사들에게 위로와 격려를 주려는 데 더 큰 목적을 두었습니다. 이 과정에서 그동안 터득한 몇 가지 경험들을 덧붙여 일 년의 1학년 학급살이의 밑그림을 그려보았습니다. 학급운영이란 '교사가 아이들 곁에서 살아주는 것'이라는 《행복한 교실》의 저자 강승숙 선생님의 생각에 저는 전적으로 동의합니다. 그렇다면 '운영'이나 '경영'이라는 권위적이고 경제적인 용어보다는 아이들 곁에서 살아가는 교사의 모습과 느낌을 담은 '학급살이'가 더 적당한 표현이라는 생각이 들었습니다. 부족하지만, 이 책으로 선생님들이 조금이나마 1학년 아이들과 1년 학급살이의 흐름을 이해하고 좀더 나은 실천과 방법을 찾아보시길 바랍니다.

목차

국어 이야기

# 수학 이야기

# 통합교과 이야기

# 국어 이야기

정신없이 흘러간 3월. 어느덧 학교생활에 적응한 아이들은 점차 글을 익히는 과정으로 들어서기 시작하지만, 1학년을 처음 맡은 1학년 담임 초보교사들은 설렘과 긴장이 섞인 이런저런 걱정으로 하루를 마무리하기도 한다. 오늘 하나라도 제대로 하기는 한 건지, 잘못한 것은 없는지 곰곰이 하루를 거슬러 올라가다 보면 어느새 멍하니 창문만 바라볼 때가 한두 번이 아니었다. 그러다 정신을 차리면 당장 내일이 걱정이 돼 급한 대로 교육과정과 지도서, 교과서를 바삐 훑어보았다. 하지만 경험과 공부가 부족한 탓인지 아이들에게 말과 글을 어떻게 가르칠지 딱히 답이 나오지 않아 답답했다. 이것저것 책도 사고 선배들의 보물 같은 실천 자료도 받아 보았지만, 아직 해보지 않은 것이 내 몸과 머리에 착 달라붙을 리 없었다.

아이들은 어느새 내 코앞으로 다가와 기대에 찬 얼굴로 다소곳이 앉아 있는데, 나는 마음만 조급할 뿐 무기력하기만 했다. 어디로 튈지 모르는 아이들 앞에서는 성취기준이나 학습목표, 교과서 진도마저 무용지물이었다. 1학년 아이들의 말글살이를 돕는 길은 교육과정이나 교과서에 있지 않았다. 아이들이 모두 같은 출발지점에 있다는 전제로 만들어진 교육과정은 각자 속도가 다른 아이들 앞에서 아무런 소용이 없었다. 이미 한글을 익혀 온 아이들에게는 교과서가 매우 하찮은 존재였고 아무것도 모르니 가르쳐만 달라는 눈빛을 보내는 아이들에게는 교과서가 너무 지루한 존재였다. 결국 나는 아이들에게 재미난 옛이야기와 그림책과 동화부터 들려주기 시작했다. 성취기준과 교과서는 저만치 밀쳐두고서 말이다.

오랫동안 국어교육과 수업을 공부하고 실천하다 보니 기능을 앞세우는 우리네 국어교육과정의 틀이 답답하기만 했다. 기계적이고 기능을 앞세우는, 성취기준 중심의, 잘게 쪼갠 국어교육으로는 아이들의 표현력과 사고력을 키워줄 수 없었다. 너무도 부족한 형식과 내용으로 언어능력신장을 강조하는 국어교육과정은 아이들에게서 공감하는 능력마저 앗아가고 있었다.

《크라센의 읽기 혁명》의 저자 크라센의 주장에 따르면, 언어교육은 기본적으로 아이들이 서로 마음을 나눌 수 있는 문학수업이 되어야 한다. 그러기 위해서는 기능 익히기에 앞서 말과 글이 주는 매력에 아이들이 흠뻑 빠지게끔 해야 한다. 듣기가 얼마나 즐거우며 말하기는 얼마나 재미난지, 읽기가 주는 행복은 어떠하며 쓰기는 무엇을 도와줄 수 있는지를 깨닫게 하는 일이 너무도 중요하다.

한글교육은 기초문해력 교육을 넘어서 아이들의 삶, 말, 글을 돕는 언어교육이다. 일상에서 문학작품을 들려주고 읽어주었다. 때로는 깊이 읽고, 때로는 낱말과 문법, 문장을 삶과 연관지어 확장했다. 이것을 다시 글쓰기로 안내했다. 이 과정에서 아이들은 조금씩 자신의 삶을 말과 글에 담아 자연스럽게 익혀갔다.

한글교육과 기초문해력을 강조하는 입장에서는 기본적으로 읽고 쓰는 것에 관한 기능 습득을 중요하게 여기고 있다. 그러나 말은 그 누구의 것도 아닌 사람의 것이라 기능만 앞세우다 보면 말글살이의 본질에서 멀어지고 결국 아이들을 배움으로부터 멀어지게 만든다. 단언컨대, 교실 속에서 아이들의 말글살이의 질은 시와 그림책, 옛이야기, 동화가 언제나 교실에서 넘쳐나도록 준비하고 실천하는 교사의 노력에 달려 있다. 여기에 지난 2년간 아이들의 말글살이를 도우려 애썼던 이야기로 내 소박한 흔적과 작은 바람을 내보이려 한다.

# 옛이야기로 여는
## '듣기'수업

두 해 동안 1학년을 맡으면서 수없이 들려주고 또 들려준 것이 있다. 바로 옛이야기다. 1년 내내 아이들은 담임인 내가 들려주는 옛이야기를 즐겨 들었다. 한 가지만 들려줄 때는 '하나 더!'를 외치며 이야기가 지닌 재미와 재치, 슬픔과 고난을 온몸으로 느껴보려 했다. 오래전 손주를 키우던 할머니나 부모님의 무릎에서나 듣던 옛이야기를 이제는 교실에서 담임이 들려줄 수밖에 없는 상황이지만, 아이들에게 들려줄 이야기의 가짓수는 오히려 더 늘었다고 볼 수 있다. 오래전의 옛이야기가 주로 흥부전, 토끼전, 해와 달이 된 오누이 등으로 제한적이었다면, 지금은 입으로 전해지고 옛말로 채록된 옛이야기가 이 시대의 말로 쉽게 풀어져 수많은 이야기책에 담기고 다양한 그림책으로 만들어져 있으니까. 누구나 찾을 생각만 있다면 당장이라도 옛이야기를 만날 수 있는 시대다. 그럼에도 아이들이 교실에서 옛이야기를 꾸준히 만나기란 쉽지 않다. 교사의 노력과 관심이 여기에 미치지 않기 때문이다. 두 번에 걸친 북유럽교육 탐방에서 접한 사실인데, 덴마크의 위대한 교육사상가 니콜라이 그룬투비(Nikolai Frederik Severin Grundt-vig, 1783~1872)는 아이들에게 북유럽 신화이야기를 들려주는 것을 아주 중요하게 여겼다고 한다.

우리나라 초등학교에서 '옛이야기 들려주기'는 서정오 선생님의 노력 덕분에 매우 도드라졌다. 《옛이야기 들려주기》라는 책에서 그는 옛이야기는 들려주는 것만으로 이미 훌륭한 교육이라 말한다. 들려주고 들으면서 마음이 가까워지고, 이야기 속에 담긴 생각을 곱씹다 보면 삶 속의 진실과 슬기를 더듬을 수 있으며, 넓고 깊은 꿈을 마음껏 펼칠 수 있다는 것이다. 옛이야기를 좋아하고 좋은 이야기를 들으면서 자란 아이가 나쁜 짓을 하기는 어렵지 않겠냐고도 덧붙였다. 어른들이 들려주는 이야기 속에 빠져 있는 동안 아이들은 주인공과 자신을 동일시한다. 사람이 가질 수 있는 원초적인 충동과 폭력적이고도 잔인한 감정과 행위, 외로움과 사랑, 때로는 죽음의 공포까지도 느끼며 옛이야기의 전개에 빠져든다. 때로는 승리하고 때로는 좌절하지만, 수많은 고난을 이겨낸 뒤 행복한 결말로 마무리되는 옛이야기는 즐거움과 슬픔을 거쳐 아이들 내면의 성장을 돕는다.

옛이야기가 주는 긍정적인 영향 중에서는 교실에서 당장 느낄 수 있는 것도 있다. 일단, 1학년 아이들의 듣기 태도가 이전보다 훨씬 나아졌다. 어른들에게 늘 잔소리나 꾸중처럼 듣기 싫은 말을 듣던 아이들은 재미있고 즐거운 이야기를 편하게 듣는 것만으로도 태도가 달라졌다.

안 그래도 1학년 아이들을 처음 만나고 '듣기 결핍'이 심각하다고 느낀 참이었다. 큰 목소리로 자기 말만 떠들고 남의 이야기를 들으려 하지 않는 1학년 아이들이 너무도 많았다. 하지만 꾸준히 옛이야기를 들려주자 점차 자기 목소리는 낮추고 다른 친구의 이야기를 듣는 분위기가 만들어졌다.

이야기를 자주 듣는다는 것은 그만큼 상상력을 자극받는다는 뜻이기도 하다. 텔레비전과 스마트폰을 자주 보는 아이들의 상상력이 죽어간다는 것은 이미 상식이지만, 여전히 아이들 손에는 스마트폰이, 집에는 텔레비전이 자리 잡고 아이들의 듣기 능력과 상상력을 좀먹고 있다. 듣기의 결핍은 상상하는 힘만 망가뜨리는 것이 아니다. 제 말만 하는 아이로 만들고 읽기에 대한 관심도 떨어뜨린다. 어디 그뿐일까. 결국 아이들의 쓰기 능력까지 망치고 만다.

제대로 듣지 못하는 아이는 읽지도 쓰지도 못한다는 사실을 꽤 많은 어른이 쉽게 무시하고 살아간다. 급한 대로 시키는 사교육으로는 이런 상황을 잠시 무마할 수는 있어도 끝내 문제를 해결할 수 없다는 사실을 어른들은 깨달아야 한다.

《하루 15분, 책읽어주기의 힘》을 쓴 미국의 독서운동가 짐 트렐리즈는 만 14세까지는 어른이 아이에게 책을 읽어주어야 한다고 주장했다. 조금만 글을 알면 책을 스스로 읽어야 한다고 맡기는 낡은 독서문화는 아이들을 책으로부터 멀어지게 한다. 아이들을 만난 첫날부터 마지막 날까지 아이들에게 들려준 옛이야기는 힘이 셌다. 듣기 능력은 자연스럽게 독해력으로 이어졌다. 아이들과 내가 더 친해지고 서로의 삶을 자주 나누었다는 점은 더 큰 변화다.

1학년을 맡은 담임이라면, 날마다 옛이야기를 들려주자. 옛이야기를 들려주는 과정에서 앞뒤 상황 전개와 주인공의 행위에 담긴 의미를 생각하고 행동과 말에 반응하며 자기 생각을 말하거나 관심을 보이는 아이들에게 주목하자. 국어수업이 따로 없다. 교실 속 아이들의 말글살이는 이렇게 일상에서 자연스럽게 시작해야 한다.

---

### 다시 1학년 담임이 된다면: 옛이야기 들려주기

1학년 담임을 다시 맡는다면, 옛이야기 전문가 김환희가 쓴 세 권의 책을 다시 읽고 옛이야기로 일상과 수업을 새롭게 준비해보고자 한다. 첫 번째 책 《옛이야기의 발견》(2007)은 설화와 전래동화에 대해 정리한 어린이 문학 이론서로 옛이야기와 어린이문학 용어들이 안고 있는 문제점, 설화와 전래동화의 장르적인 경계선, 서구학자들이 옛이야기를 분석하는 데 활용한 비평적인 방법을 소개하고 있다. 다음으로 《옛이야기와 어린이책》(2009)은 수십 종의 어린이 책을 종횡하며 들려주는 옛사람들의 삶과 예술 이야기이다. 끝으로 《옛이야기 공부법》(2019)은 옛이야기에 관심 있는 초심자와 아동문학작가, 연구자들을 위해 '자기 서사'

찾기를 비롯해 자료 찾는 법, 도표 만들기, 설화의 유형과 모티브 파악하기 등 저자가 홀로 터득한 공부법을 자세히 풀어놓은 책이다. 옛이야기를 처음 공부하려는 이들에게 매우 유용하다.

··· ✎ ···

아침노래 부르고 옛이야기를 꺼내 들었다. 오늘은 어른들이 마시는 '술에 얽힌 내력'이었다.

"여러분~ 어른들이, 특히 아빠들이 좋아하는 게 뭔지 알아요?"
"알아요~ 술!"
"야, 맞혔네. 여러분 아버지들을 술을 많이 마시나요?"
"네, 우리 아빠는 이만큼 마셔요."
"우리 집은 엄마도 잘 마셔요."
"그렇구나. 그래요~ 오늘은 그 술이 이 세상에 어떻게 나왔는지 이야기해줄게요."

그렇게 술 이야기를 풀어냈더니 아이들이 배꼽을 잡고 킥킥 웃는다.

"어른들이 왜 술을 먹으면 취하는지, 왜 그런 모습을 보이는지 알겠죠?"
"네."
"그래서 술은 많이 먹으면 되는 건가요? 안 되는 건가요?"

"많이 안 먹어야 해요."

"맞아요. 그런데 혹시 이 중에 술을 맛본 사람이 있나요?"


꽤 많은 아이가 손을 든다. 그래서 맛이 어땠냐고 물어봤더니 하나같이 맛없고 써서 못 먹겠단다. 그런데 태현이가 한마디 했다.


"속았어요."

"속았다는 게 무슨 말이에요?"

"저번에 매운 걸 먹어서 옆에 아무거나 마셨는데, 막걸리였어요."

"하하하. 그랬구나."

"선생님 저는 이 이야기 우리 아버지한테 못 해요."

"왜?"

"지금 베트남에 가서 일하시거든요."

"아하~ 그렇구나. 그럼, 나중에 전화로 말씀드리자. 재밌어하실 거야."


나는 오늘도 이렇게 옛이야기 하나로 아이들과 도란도란 이야기 나누며 하루를 시작했다. 2017.3.24.

옛이야기는 아침마다 첫 수업이 시작되기 전에 아이들에게 들려주곤 했다. 특별한 일이 없는 이상, 하루도 거르지 않고 아이들에게 들려주었다. 주로 사용한 책은 《우리가 정말 알아야 할 옛이야기 백가지 1,2》(2015년 《서정오의 우리 옛이야기 백가지1,2》라는 제목으로 개정됨.), 《옛이야기 보따리》와 '철 따라 들려주는 옛이야기 시리즈' 《입춘대길 코춘대길》, 《염소사또》, 《도토리 신랑》, 《밤아이》였다. 이 외에도 서정오 선생님의 책이 여러 권 있으니 활용하면 좋을 것이다.

옛이야기를 들려줄 때는 자리에 앉힌 상태에서 위에 소개한 책을 소리 내어 읽어서 들려주는 형식이었다. 교실에서 교사가 그냥 읽어주기만 해도 옛이야기를 5~10분 내외로 즐겁게 들을 수 있도록 책을 만들어주신 서정오 선생님이 그저 고맙다. 나는 오랫동안 이 활동을 해와서 격한 몸짓과 흉내, 혹은 성대모사를 넣는 것도 자연스러워졌다. 아이들이 어느 지점에서 어떻게 반응할 것인지를 짐작하며 들려주기 때문인지 아이들은 옛이야기 듣기를 너무도 즐거워한다.

교사가 옛이야기를 들려줄 때는 주인공의 행적과 행동을 마치 어제 본 양 말해주어야 실감이 난다. '선생님이 어제 봤어'라든지, '선생님하고 어제 주인공하고 통화했는데'라고 말해주면 아이들은 아닌 것을 알면서도 듣고 싶어 하고 장난을 걸고 싶어 한다. 이렇듯 옛이야기는 교사와 아이들의 관계를 친숙하게 맺어주는 훌륭한 도구가 되기도 한다. 참! 아이들에게 옛이야기를 들려줄 때, 주인공의 이름을 아이들의 이름으로 바꿔서 이야기해주면 아이들의 집중도와 흥미도 훨씬 높아진다. 나중에는 자기 이름으로 해달라는 요구도 빗발친다.

옛이야기 끝내고 바로 수업에 들어가기도 하지만, 아이들의 삶과 관련이 있다고 하면 이어서 아이들에게 질문하거나 의견을 듣는 게 좋다. 이 활동 자체가 자연스럽게 국어수업이 되기도 한다. 감상을 나누고 자기 생각을 내놓는 활동이 일상이어야 국어수업의 질이 높아진다. 옛이야기 들려주기는 수업의 질을 높이는 하나의 과정이 될 수 있다는 점에서도 절대로 놓쳐서는 안 되는 활동이다. 단, 꾸준해야 한다. 어떤 이들은 특정한 수업에 딱 맞는 이야기를 찾으려 애쓰려고도 하는데, 그렇게 하면야 더욱 좋겠지만, 처음 시작할 때는 옛이야기가 그냥 일상에서 자연스럽게 전해지게 하는 것이 좋다. 어떤 이야기를 어떻게 배치하는가 보다는 일단 옛이야기 들려주기가 교사의 몸에 배도록 하는 게 더 중요하다. 옛이야기는 삶으로 먼저 다가가야 한다.

# 꼬이고 꼬인 실타래를 푸는
## '한글'수업

1학년에게 한글과의 만남은 아이들마다 다른 의미를 갖는다. 이미 능숙하게 한글을 익혀 들어온 아이들에게는 글자라는 게 살아가면서 꼭 필요한 삶의 도구라는 것을 새롭게 깨닫게 해야 한다. 이제 처음 시작하는 아이들에게는 한글이 재미있고 즐거운 만남의 대상이어서 언젠가는 다른 친구들처럼 신나게 잘 부려 쓸 수 있는 도구임을 알려주어야 한다. 모르는 아이들에게는 잘할 수 있을 거라는 격려가 필요하고 익히 아는 아이들에게는 모르는 아이들을 놀리지 않도록 주의를 주면서 한 학기를 끌고가야 한다. 빠르게 읽고 쓰는 데 익숙한 아이들도 천천히, 하지만 재미있고 즐겁게 친구들과 더불어 가도록 안내해야 한다. 그

'말놀이 글놀이'라는 공책을 따로 마련해 자유롭게 글자도 쓰고 그리도록 도왔다. 이 공책은 1cm 간격으로 옅은 점이 한 면에 가득 찍혀 있어 그림을 그리고 글자를 쓸 때 선이나 글의 균형을 맞출 수 있다. 이 공책은 내가 프랑스 파리의 한 초등학교 탐방에서 접한 것을 우리 학교에서 쓸 수 있게 만든 공책이다. 모든 교과에 쓸 수 있다.

러기 위해서는 글자를 지식습득의 대상이 아닌 감성적으로 대할 수 있

는 대상임을 느낄 수 있게, 몸으로도 표현하도록 하면 좋다. 이는 특히 발도르프 교육에서 강조하는 점인데 최근 국가교육과정에도 일부 반영돼 있다. 그러나 아직은 내용도 배정된 시간도 빈약하기만 하다. 이 지점을 교사가 배우고 익혀 교육과정의 부족한 점을 채워나가야 한다. 2년간의 짧은 경험을 통해서 느낀 것은 아이들이 좀더 한글을 쉽게 익히기 위해서는 시각적, 감성적인 지점과 더불어 한글의 낱자를 입말로 만나는 것이 중요하다는 것이다. 입말로 만난다는 건 글자를 소리로 만나는 일이다. 알파벳을 다루는 것과는 전혀 다른 접근이 필요하다. 글자로 그림을 그리고 꾸미는 활동만으로는 한글이 지닌 소리의 특징을 교사가 가르치기도 아이들이 이해하기도 정말 쉽지 않다.

2년 동안 나는 아이들과 한글공부를 하면서 눈으로 낱자를 보고 읽고 낱자가 들어간 낱말을 아이들이 부르는 대로 칠판에 풀어내면서 낱자에 친숙해지고 낱자와 낱말의 상관관계를 쉽게 알 수 있는 활동을 주된 수업의 테마로 잡았다. 다음으로는 박지희 교장(서울 도봉초)의 《1학년 첫 배움책》과 결합시키고 김영주 교장(경기 쌍령초)의 선긋기 방

법을 차용하여 낱자를 쓰는 법까지 이어갔다. 이를 테면, 색연필로 박지희 교장의 선긋기와 낱자 쓰기 연습을 예쁘게 따라쓰면서 낱자의 획순을 익혀갔다는 얘기이다. 박지희 교장의 교재는 다양한 형태의 선긋기에 이야기를 담고 있다. 곡선의 처음과 끝에 나비와 꽃을 배치해 지루하게 선 긋는 방식을 탈피했다. 《1학년 첫 배움책》은 선긋기 연습에서 시작해 낱자에 따

른 낱말 응용, 소리와 글자와 관계, 그림에서 낱말 떠올리고 쓰기를 거쳐 시와 노래에 담긴 낱자와 낱말까지 배움이 계속 확장된다. 거기다 수학과 책 읽기 공간까지 마련해 1학년이 한 해 동안 두고두고 익혀야 할 기본적인 말글살이를 학습지 형태로 담아놓았다. 한글의 원리에 따라 이 학습지를 익혀가는 것만으로도 대부분의 아이들은 어렵지 않게 글자를 익히고 말할 수 있었다.

이런 선 긋기는 다시 김영주 교장의 글자 선긋기 방법으로 이어졌다. 여기에 낱자를 중심으로 칠판에 낱말을 배치해가며 친숙해지는 나만의 한글수업과 박지희 교장의 《1학년 첫 배움책》을 결합하면 자연스럽고도 친숙하게 눈과 몸, 입을 거쳐 글자의 세계로 안내할 수 있었다. 나는 이러한 '한글 만나기 삼박자'를 3월 말부터 5월까지 쭉 이어나갔다.

## 그림 같은 선긋기에서
## 글자를 만드는 선긋기로

김영주 교장의 선긋기 지도 방법은 총 다섯 가지로 나뉜다. 첫째, 명칭 알기(건너금, 내리금, 웃꺾기, 내리꺾기, 동그라미, 빗금, 벌림). 둘째, 따라 긋기(교사가 쓴 칠판 금을 보며 따라 긋기). 셋째, 허공 긋기(차례에 따라 교사가 부르는 금을 손가락으로 허공에 따라 긋기). 넷째, 책상 긋기(차례로 교사가 부르는 금을 손가락으로 책상에 따라 긋기). 다섯째, 종이 긋기(종이 위에 연필로 따라 긋기). 건너금(ㅡ), 내리금(ㅣ), 웃꺾기(ㄱ:ㅈ계열에도 쓴다), 내리꺾기(ㄴ), 동그라미(ㅇ), 빗금(/), 벌림(\) : 만약 'ㄹ'을 쓴다면 획순과 선긋기 명칭을 함께 말하며 '웃꺾기 → 건너금 → 내리꺾기'로 익힐 수 있다. 낱말을 배울 때에도 '어머니'라는 낱말을 낱자와 관련해 익힌다면 '동그라미 → 건너금 → 내리금 → 내리금 → 웃걱기 → 건너금→건너금 → 내리금→ 내리꺾기 → 내리금'으로 할 수 있다. 한글 획순을 헷갈리는 아이들에게 이 방식은 매우 유용했다. 참고로 'ㅓ'에서 먼저 긋는 'ㅡ'와 같이 짧은 금은 짧은 건너금이라는 표현을 쓰게 해서 잘 구분짓게 해주는 것도 좋았다. 끝으로 글자를 쓸 때, 교과서에 표기된 명조체나 궁서체를 쓰지 않고 고딕체처럼 직선 위주로 쓰게 하는 것이 아이들의 글자를 망가뜨리지 않고 제 글씨를 만들어가는 데 효과적이었다. 실제로 난독증을 갖고 있거나 글자를 쉽게 익히지 못하는 아이들이 명조체나 궁서체로 된 한글을 읽고 쓰는 데 어려움을 겪고 있다고 하니 이런 점을 교육과정과 교과서가 반영했으면 하는 바람이다.

지금도 교과서와 상당수 한글 교재는 여전히 'ㄱㄴㄷ…' 순서의 전통적인 방식을 고수하고 있다. 하지만 2년 동안 고민하고 실천해보니 아이들이 닿소리를 익힐 때 일정한 패턴을 제시하며 가르칠 때 훨씬 소리에 대한 감각을 정확하고도 빠르게 간파했다. 즉, 'ㄱ, ㄲ, ㅋ'가 예사소리, 된소리, 거센소리로 한 낱자에서 한 꾸러미로 구성될 수 있다는 지점을 이해하자, 아이들이 닿소리에 대한 이해를 높여가며 글자를 좀더 빠르게 습득했다. 김영주 교장은 이를 '삼형제' 소리라고도 했는데, 이와 같은 교육방식은 이미 외국인을 대상으로 하는 한글교육에서 적용되고 있다. 이런 패턴을 끝까지 이어가며 우리 아이들에게 적용해본 결과, 기존의 교과서에 나와 있는 차례를 따를 때보다 글자와 소리에 대한 훨씬 큰 흥미와 관심을 보였고 효과도 좋았다. 다시 1학년을 맡게 되면 이 과정을 좀더 면밀하게 관찰하고 실천해볼 작정이다.

## 낱자를 익히는
## 칠판 퍼포먼스

칠판에 가득 낱글자와 그림을 채우는 한글수업. 아이들 입에서 나오는 말을 글로 옮겨 쓰고 글이 말과 어떤 관계가 있는지 확인해본다. 한 시간을 쭉 이어나가는 수업에서 아이들은 칠판으로 나와 글을 쓰기도 하고 낱말 속에 숨어 있는 낱자에 표시를 한다. 때로는 그림도 그려가며 즐거운 시간을 보낸다. 이 수업은 한글을 가르치고자 하는 수업이라기보다는 한글 낱자를 즐겁게 만나는 일종의 '퍼포먼스'라고 봐야 한다. 때로는 낱말 퀴즈도 내고 글자와 관련된 이야기도 들려준다. 아이들이 몰입할 때는 하루를 이 시간으로 보낼 때도 있었다. 이 수업은 칠판에 글 적기에 목적을 두기보다 한글수업의 결과로 삼아야 한다. 그래서 우리 반에서는 한글을 모르는 아이들도 이 과정을 매우 즐겼다. 한글을 아직 익히지 못한 아이들은 글자를 칠판에 직접 쓰거나 그림으로써 수업에 직접 참여하도록 했다. 교사의 준비와 경험에 따라 이 수업은 단순히 글자를 익히는 시간이 아니라 '놀이시간'이 될 수 있다. 학기 초의 한글 낱자 수업은 가르치지 말고 즐기게끔 해야 한다. 이미 익힌 아이들은 다시 낱자를 익히는 게 지루하고 아직 익히지 못

한 아이들은 어려워서 싫증 내고, 거부감을 느낄 수 있기 때문이다.

　한글 낱자 익히기에 싫증과 거부감을 보이는 아이들은 다른 수업에서도 반감을 보이는 경향이 있다. 그런 아이들은 따로 시간을 내 지도하는 수밖에 없다. 한글교육에 절대적인 방법은 없다. 최신의 여러 가지 교육철학과 방법 중에서 교사가 자신과 아이들에게 맞는 방법을 찾고 적응하는 게 중요하다. 내가 맡은 아이들에게 가장 효과적이면서도 이해시키기 쉬운 방법을 시도하고 교사가 자기 몸에 익히는 게 중요하다. 다른 사람이 아무리 좋다고 해도 가르치는 사람과 지도받는 아이에게 맞지 않는 방법이면 실제로 수업에서 얻을 게 별로 없고 효과도 없었다.

　낱말 익히기 칠판 퍼포먼스는 어느 정도 한글을 익히거나 완전히 익힌 아이들을 모두를 만족시켰다. 앞으로도 부족한 부분은 채우고 완성을 지어가며 나만의 빛깔 있는 지도방법을 만들고자 한다.


## 서로 다른 모양의 홀소리로
## 견주어 익히기

　이미 글을 익힌 아이들이 대다수인 교실에서 낱자를 하나씩 익히는 과정은 자칫 지루해질 수 있다. 2년 동안 한글수업을 해보니 그런 눈치가 역력해서 두 해째에는 닿소리의 패턴처럼 두 개의 홀소리 가지고 견주어 익히는 수업을 해보았다. 글자 모양과 소리가 어떻게 다른지를 아이들이 직접 눈으로 확인하고 차이점을 깨닫게 하는 과정이 꽤 유익했다. 글자를 모르는 아이들도 비슷한 듯 다른 두 개의 홀소리를 함께 만나며 소리의 차이점을 익혀갔다. 한번 시도해볼 만하다.

··· ✏ ···

'ㅏ'를 쓰는 법을 익히고 'ㅏ'가 들어간 낱말을 아이들이 부르는 대로 칠판에 쫙 적어보았다. 한 녀석만 빼고는 모두 'ㅏ'가 들어가는 낱말을 고루 이야기해주었다. 칠판 가득 채운 글자를 보고 아이들이 탄성을 지르는데, 이를 틈타 칠판에 적힌 글자를 쫙 지우고 곧바로 'ㅓ'를 쓰는 법을 익히고 'ㅓ'가 들어간 낱말을 아이들의 입을 따라 칠판에 가득 채워보았다. 때때로 아이들이 직접 칠판 앞으로 나와 글과 그림을 그리게도 하였다. 아이들마다 칠판에 쓴 그림과 글에 집중하기 시작한다. 그렇게 하고 《1학년 첫 배움책》에 실린 글자를 익히고 'ㅏ,ㅓ'를 간단히 써보았다. 내일은 이 글자로 할 수 있는 공부를 더 해볼 작정이다. 아이들 책상을 교실 뒤로 미뤄 놓고 글자를 몸으로도 만들어봐야겠다. 2017.3.14.

··· ✏ ···

오늘 배울 홀소리는 'ㅑ, ㅕ'. 하나씩 익히게 하려다 두 가지를 견주어보며 익히는 게 더 효과적일 것 같아서 이번에는 두 개를 이어갔다. 이틀 전부터 'ㅏ, ㅓ'를 공부했던 터라 이 글자와 오늘 배우는 글자가 어떤 관계가 있는지, 이 둘 사이에는 어떤 원리가 있는지를 익히는 게 훨씬 자연스러울 것 같았다. 《1학년 첫 배움책》에서도 한 글자가 아닌 두 글자를 한 번에 익히도록 한 까닭이 있을 것이다. 빨리 혹은 천천히 배우는 게 중요한 게 아니라 견주어보며 익히는 것에 대한 강조가 아닐까? 다행히도 아이들은 'ㅏ, ㅓ'의 원리를 'ㅑ, ㅕ'와 견주어가며 익히는 모습을 보여주었다. 글자에 대한 감각을 빠르게 익혀가는 게 눈에 보인다. 아직 한글을 제대로 익히지 못했다는 아이들한테 초점을 맞춰 수업의 흐름을 이어갔다. 이 아이들을 가르치는 게 훨씬 재밌다. 설명해줄 게 있으니 말이다. 그런 아이에게 아직 서툴러도 괜찮다며 긴장하지 말고 하라고 했더니 긴장 안 한단다. 괜한 자존심을 건드렸나 싶기도 한데, 꿋꿋하게 공부하는 모습이 대견해 보였다. 집에서도 그날 공부한 한글을 복습하면 좋겠다. 칠판 가득 채운 'ㅑ, ㅕ'와 관련된 낱말을 훑어보고는 첫 배움책을 쓰고 익혀보았다. 소리로 듣고 눈으로 글자를 확인하고 낱말을 따라 읽게 했다. 2017.3.16.

오늘 수업은 선그림 그리기. 역시나 급하게 마음먹고 선을 빨리 내려긋는 아이들이 많다. 차분하게 가는 것이 쉽지 않은 모양이다. 아직은 소근육이 발달하지 못한 까닭도 있을 것이다. 수업은 어제 배운 'ㅑ, ㅕ'를 복습하는 시간으로 배움책을 가지고 충분히 복습했다. 아직 낱말을 익히려면 시간깨나 걸리겠지만, 한 발 한 발 이렇게 시작하면 된다고 믿고 있다. 지난해에 그랬던 것처럼. 3교시에는 어제오늘 수업의 내용을 몸으로 표현하는 연출을 해보았다. 몸 하나로 글을 만드는 것에서부터 친구끼리 글자를 만들어보는 것까지.

졸립다는 아이들이 좀 있어서 바닥에 그냥 누워보라고 했다. 시간을 바꾸어 책상을 다 밀어놓고 또 하나의 그림책을 읽어주었다. 제목은 《위를 봐요!》

교실 바닥에 누워 잠시 잠을 청하는 아이들

인데, 교통사고를 당해 다리를 다친 아이가 집 밖을 나가지 못하고 높은 층에서 아래만 내려다본다는 이야기다. 그 사정을 알아차린 사람들이 주인공 수지가 볼 수 있도록 누워 보인다는 이야기. 우리 반 아이들에게도 누워서 위를 바라보라고 해보았다. 그림책 속 사람들처럼 수지에게 보내는 메시지를 담아 모양을 만들어보라고도 했다. 나중에는 누워 쉬면서 잠을 자라고도 해보았다. 아이들은 이 시간을 즐겼다. 그것을 바라보는 내 마음도 따뜻해졌다. 2017.3.17.

## 소리로 익혀가는
## 한글수업

한글을 소리문자라고는 하지만 우리 아이들에게 한글은 글로 배워야 하는 것처럼 받아들여지고 있다. 어른들은 글자 먼저 보여주고 나중에 소리를 익히게 한다. 때로는 그림과 연관지어보게도 하는데, 글을 익혀야 한다는 강박관념과 고정관념이 소리문자 한글을 마치 뜻글자처럼 익히게 하고 있는 현실이 1학년 담임을 맡으면서 새삼 안타깝게 다가왔다. 그래서 낱자를 익힐 때는 늘 소리를 먼저 익히게 했다. 글자를 보여주지 않고 소리로 감각을 익힌 뒤에 그 소리가 어떤 모양으로 나는지를 연관 짓도록 했다.

이어진 수업은 낱말에 빠진 홀소리를 채워 써내는 내용이었는데, 아직 한글학습에 익숙하지 않은 아이들이 조금 헤매는 모습을 보였다.

역시 글자로만 익혔던 것이 문제였다. 홀소리에서 소리가 차지하는 비중을 좀더 강조했어야 했는데, 부족했던 것 같아 다시 가르쳐주었다.

"기차에서 끝 글자를 길게 빼서 읽어보세요."
"차아~~~~~"
"그러면 뭐가 빠진 거지요?"
"ㅊ이요."
"그리고는 무슨 소리만 남았어요?"
"아~요."
"맞아요. 그렇게 홀소리를 낱말에서 찾아서 소리로 읽어낼 수 있어야 해요."
"자, 이제 다른 낱말에서 'ㅏ'소리를 찾아볼까요?"
"가지 할 때, 가요."
"맞아요, '가' 하면 뭐가 빠지고 뭐가 남아요?"
"ㄱ이 빠지고 '아'만 남아요."

훈민정음 해례본에는 홀소리가 먼저 등장한다. 홀소리가 목에 아무런 걸림이 없이 나오는 소리라 하여 입모양과 연결 지어 글자를 익히게 한다. 하지만 언제부터인가 우리는 닿소리부터 익히게 되었고 소리 아닌 글자로만 우리말글을 익히는 학습관행이 정착되고 말았다. 그러다 보니 소리를 버리고 오롯이 글자에만 집착하는 한글학습 형식을 만들어내고 말았다. 오늘은 소리에 좀더 집중할 수 있는 한글수업이 될 수 있도록 신경 써야겠다는 생각이 들었다. 중간 놀이시간을 보내고 교과서 홀소리 공부의 마무리로 같은 글자끼리 같은색으로 그림 그리고 선 잇기로 모양 만드는 수업을 했다. 즐겁게 하려는 교과서 집필진의 의도는 읽어낼 수 있었지만, 조금 조잡하다는 생각이 들었다. 글자 학습보다는 그림 학습에 집중하게 된 것 같아 아쉬운 활동이 되고 말았는데, 잠시 쉬어간다는 느낌도 들었다. 내일 국어활동 교과서로 마무리하면 3월에 익혀야 할 홀소리 열 자를 모두 마친다. 이제 4월부터는 닿소리로 들어갈 것이다. 2017.3.30.

… ✎ …

오늘은 어제 'ㄱ, ㄲ' 공부에 이은 'ㅋ' 공부를 했다. 마침 뒤늦게 '말놀이 글놀이' 공책이 도착해서 오늘부터 공책을 채워나가기로 했다. 'ㄱ, ㄲ, ㅋ'을 그림처럼 그리고 글자나 그림으로 나머지 글자를 채우며 익혀가는 것이다. 먼저 내가 시범을 보이려 그림과 글을 그려나가자 아이들이 나보고 그림 잘 그린다고 난리다. 1학년에게는 내 수준의 그림이 통하는 모양이다. 아이들도 나를 따라 글자를 쓰고 그림을 그렸다. 잘하는 아이가 있는가 하면 서툰 아이들도 있었다. 틀렸다고 하소연하는 아이들에게 그냥 괜찮다고, 틀려도 된다고, 나머지만 예쁘게 처리하라 했다. 그래도 너무 늦는 아이들은 꼭 있다. 그 아이들의 속도를 맞추기 위해 이래저래 틈을 내는데 쉽지 않은 일이다. 마침 신청한 한글교구가 택배로 도착했다. 훈민정음 해례본 기준의 한글교구인데, 한글 공부는 암기가 아니라 일정한 패턴을 익혀야 한다는 취지에 공감이 가는 교구였다.

한글을 감성적으로 익히게 하며 뭔가 이상하다 생각했던 부분이 채워지는 듯했다. 박지희 선생님의 자료를 쓰면서도 그 뜻을 온전히 받지 못하고 학습지 풀듯 했던 지난날이 부끄러워졌다. 한글을 만든 이의 의도와 소리글자의 특징과 가치를 깨닫지 못한 채 한글교육을 해온 무지함을 어서 털어내고 아이들에게 한글의 가치와 효용을 몸으로 깨닫게 해주고 싶었다. '훈민정음 혜례본' 해석본인 《사람이 하늘과 땅을 품는다》도 주문해 받았다. 틈틈이 읽고 한글교육에 참고하려 한다.

우리 아이들도 ㄱ,ㄴ,ㄷ 순이 아닌, ㄱ, ㄲ, ㅋ 순으로 한글을 익히는 것에 신기해하면서 ㄱ에서 파생된 닿소리의 감각을 익혀갔다. 일정한 패턴으로 한글을 익히며 아이들은 어떤 생각과 말을 할지 기대해본다. 이런 과정을 거쳐 나름대로 교재를 만들어봐도 좋겠다는 생각도 들었다. 김영주 선생이 꼭 해보라고 권한 만큼 앞으로 몇 년간 이 분야에 대한 공부와 실천으로 공교육에서 가능한 한글교육방식을 찾아내려 한다. 누구의 무슨 방식이 아닌, 훈민정음 창제의 원리에 바탕을 둔 한글교육의 방향을 찾아보려 한다. 이미 실천하고 결과를 내놓은 교사도 있지만, 때로는 나에게 맞지 않는 부분이 있으니 나에게 맞는 이야기를 만들어보려 한다. 2교시에는 도서실에 가서 'ㄱ,ㄲ, ㅋ'이 들어간 책을 찾아오게 하였다. 마음에 드는 책이면 그 자리에서 읽거나 빌려갈 수 있도록 하였다. 아이들이 재미있어하며 도서실을 누볐다. 책을 읽고 묻기도 하는 모습이 대견해 보였다. 한글수업은 3교시에도 이어졌다. 아이들은 'ㄱ, ㄲ, ㅋ'에 대한 감각과 사용법을 어제와 오늘 이틀에 걸쳐 충분히 익혀나갔다. 2017.4.4.

한글을 패턴화시켜 익힐 수 있도록 만든 교구를 구입했지만, 워낙 비싼 교구라 교실에 있는 쌓기 나무로 새로 교구를 만들어 아이들이 자유롭게 다루도록 안내했다.

··· ✎ ···

노래를 부르고 시작한 아침. 옛이야기 속으로 아이들이 흠뻑 빠져든 아침. 첫 시간은 'ㅍ'을 배우는 시간. 입술소리를 익히는 마지막 시간. 늘 하던 대로 'ㅍ'으로 만들 수 있는 낱말을 부르게 하고 익히고 그림과 글로 나타내고 배움책으로 확인하고 다지는 일정이 순조롭게(?) 이어졌다. 다만, 어제 한 이야기를 아이들이 기억하고 있는지 다시 확인해야 했다.

"'ㅍ'은 무슨 소리라고 했지요?"

"입술소리예요."

"맞아요. 'ㅍ'은 입술소리이고 그동안 우리는 입술소리로 무슨 글자를 익혔지요?"

"ㅁ, ㅂ, ㅃ이요."

"맞아요. 그럼, 'ㅍ'이 첫소리에 쓰이면 무슨 소리?"

"프."

"끝소리에 나면?"

"읍."

"맞아요. 'ㅂ'소리가 나는데, 그게 다 무엇 때문일까요?"

"입술 소리라서요."

"맞아요. 'ㅁ'은 '음'하고 입술이 닫히는데, 'ㅂ, ㅍ'은 'ㅂ'으로 소리가 닫혀요. 한번 따라서 해보세요."

"읍!"

"자, 'ㄱ'에 'ㅏ'가 연결되면 '가~ 하고 시작하면서 나중에는 무슨 소리만 들려요?"

"아~"

"맞아요. 그리고 '아~'라고 읽을라치면, 여기에 'ㅍ'을 붙이면 입술
이 닫히면서 'ㅂ'이 되면서 '압'이라고 읽을 수 있게 돼요."

작년에는 이런 이치를 머리로만 알았다. 소리로, 몸으로 느끼지 못하
고 아이들에게 한글을 가르쳤다. 2년째 들어서니 한글소리의 가치를 새
삼 느끼게 된다. 한글은 소리를 생각하면서 읽으면 쉽게 그 패턴을 익힐
수 있다. 그래서 외국인들도 이런 패턴과 소리로 글자 익히는 학습을 한
다고 한다. 그런데 이미 글자를 익혔거나 아직 한글에 익숙지 못한 아이
들은 자꾸 글자로만 한글을 익히고 외우려고만 든다. 요 며칠 아이들의
이런 모습을 읽어낼 수 있었던 걸 다행으로 여기고 있다. 2017.4.13.

칠판에 붙인 큰 글자는 머메이드지나 포장지를 써서 코팅한 것이다. 박지희 선생
님의 실천 자료였는데 2년 내내 유용하게 썼다. 박지희 선생님의 실천을 원격연
수로 만든 곳에서 칠판에 붙이는 낱글자를 제작해 판매도 하고 있으니 활용하면
매우 쓸모가 있을 것이다.

## 가르치며 배우는
## 한글수업

1학년을 처음 맡으면서 가장 어렵고 의심스러웠던 영역이 바로 한글이었다. 아이들에게 한글을 어떻게 가르쳐야 할지 정말 막막했다. 선배들의 도움과 이런저런 실천 사례를 찾았지만, 따라 하기도 한계가 있었다. 기술적으로 따라 하는 일이 얼마나 무모한 일인지를 1년이 지나고서야 깨닫기도 했다. 교사가 교육과정과 교과서에만 의지하지 않고, 선배들과 다른 실천 자료들에 기능적으로 의지하지 않고 스스로 공부하고 찾아가는 일이 매우 중요했다. 찾아가는 길목에 항상 아이들이 있었고 바로 그 아이들을 읽어내며 실천할 때라야 비로소 내 것이 될 수 있었기 때문이었다.

··· ✎ ···

오늘 첫 시간은 'ㅇ'을 공부하는 시간. 아이 하나가 묻는다.

"선생님 'ㅇ'은 무슨 소리예요?"
"어, 'ㅇ'은 목구멍소리라고 해. 잘 보면 'ㅎ'도 목구멍소리인데, 한 번 소리 내보세요. 정말 목구멍에서 나는 소리 같지 않아요?"

사실 훈민정음을 보아도 홀소리에서 'ㅇ'은 딱히 소릿값을 가지고 있지 않다. 홀소리를 그냥 내버려두기가 낯선 이들을 위해 자리를 차지하고 있게 하고 있을 뿐이다. 이것을 아이들에게 이해시키는 일은 쉽지 않다. '은', '을' 등을 예로 들어 초성이 없고 중성과 종성만 있는 것 같다며 'ㅇ'을 함부로 소리가 없는 것으로 여기기도 하지만, 해례본을 해설하는 전문가들은 여기서도 초성 'ㅇ'이 엄연히 살아 있으며 소리가 없는 게 아니라고 주장한다. 즉, 'ㅇ'은 목소리(후음)에서 하늘을 열리는 소리로 여기고 무의식 같아 텅 비어 있으나 하고자 하는 욕망으로 이루어져 있다는 뜻을 담아내고 있다. 이것을 설명하는 일이 쉽지 않아 그냥 목구멍을 위에서 바라본 단면의 모양과 소리를 흉내 내는 것이라 얼버무려 넘어갔다.

어쨌거나 우리 아이들은 어느새 'ㄱㄴㄷㄹ…' 순이 아닌 'ㄱㄲㅋ ㄴ ㅁㅂㅃㅍ…' 순의 패턴에 익숙해져가고 있다. 그래서 ㄱ에는 어떤 친구가 있는지, 어떤 소리 값을 가지고 있는지를 조금씩 이해하기 시작한 듯하다. 여전히 감을 잡지 못하는 몇몇 아이들을 빼놓고는 비로소 한글을 제대로 맛보기 시작한 것은 아닐까 생각해본다. 'ㅇ'으로 만들어진 낱말을 아이들은 오늘도 너나할 것 없이 신나게 얘기하고 싶어 했다. 칠판에 그림까지 그리라고 할 때가 많았는데 내가 그릴 수 없는 것까지 그리라고 할 때는 정말 곤란했다. 오늘은 상어라는 말이 나와서 상어를 실제로 그리려다 실패를 했다. 아이들은 그 사이를 참지 못하고 선생님을 놀린다.

"뱀장어 같아. 그지~"
"맞다. 뱀장어."
"아냐, 갈치야."

으이그, 이 녀석들. 하여간 오늘 두 시간 동안 아이들은 신나게 'ㅇ'

을 가지고 놀았다. 첫배움 책으로 공부를 할 때는 'ㅇ'에 붙는 홀소리가 너무 많다고 왜 그러냐고 묻는 아이들도 있었다.

"그렇지? 그럼, 너희들이 한번 생각해봐. 왜 그런지."
"아, 알겠어요. 홀소리에는 'ㅇ'이 모두 있는 거나 마찬가지라서."
"그렇지. 그래서 홀소리 모두에 'ㅇ'을 붙여보도록 만들어진 거겠지."

2017.4.26.

··· ✎ ···

오늘 첫 수업은 국어교과서에 실린 닿소리 공부로 시작했다. 교과서에는 '닿소리'를 자꾸 '자음자'라고 표기해놓았다. 순수한 우리말을 쓰자는 차원을 떠나서 과연 우리나라 글자를 글자로만 받아들이게 하는 '자음'이라는 표현을 쓸 필요가 있나 싶다. '닿소리와 홀소리'는 그야말로 우리 글자가 소리글자라는 것을 그대로 나타내준다. 아이들이 우리말글을 문자로만 받아들이지 않게 하기 위해서라도 언젠가는 교과서에도 자음과 모음이 아닌 닿소리와 홀소리로 표기할 필요가 있다고 본다.

오늘 국어수업은 교과서를 워크북 형태로 활용하며 지난 한 달 동안 익힌 걸 복습했다. 글자카드를 활용해 복습해보기도 하고 카드놀이도 하고 바둑알과 예쁜 돌로 닿소리를 만들어보기도 하며 즐겁게 수업을 진행했다. 아이들의 집중도도 남달랐다. 모처럼 진행한 국어수업은 그런대로 만족했고 분위기도 좋았다. 오늘 수업에서는 뜻밖의 수확을 올리기도 했다. 국어수업이 아닌 이 수업에서

예쁜 돌로 표현한 닿소리 'ㅎ'

'관찰기록'이라는 글자를 칠판에 붙여가며 자연스레 글자도 익히며 수업을 하게 했는데, 한글 익히기를 다소 힘들어했던 태현이가 내게 큰 감동을 주었던 것이다.

태현이는 받침에 'ㄹ'이 어떻게 발음 되는지를 너무도 정확히 설명해주었다. 나중에는 실제로 발음까지 정확히 해내며 자신감 있는 모습을 보여주어 태현이와 하이파이브도 했다. 어찌나 고마웠는지. 녀석도 꽤나 뿌듯해했다.


"ㄹ은 무슨 소리라고 했죠?"

"반혓소리요."

"실제로 소리 내보세요. 혀의 위치가 어디에 있고 어떻게 움직였는지 느껴볼까요?"

"혀가 구부러져 '을' 소리가 나요."

"자, 그러면 우리 태현이가 이 글자를 읽어볼까?"

"찰이요."

"와, 어떻게 읽은 거야?"

"먼저 '차' 자를 읽은 뒤에 'ㄹ'의 끝소리가 '을'이 나기 때문에 합쳐서 읽으면 '찰'이 되요."

"와, 태현아! 대단해요. 선생님이 설명해준 대로 발음도 하고 글자를 읽을 줄 아네?"


자랑스런 표정을 짓는 태현이 모습을 보며 정말 아이들에게 한글을 가르칠 때 중요한 것이 글자 그 자체가 아니라 소리라는 확신이 더욱 강해졌다. 부디 1학년을 마칠 때까지 자기 삶을 자연스럽게 일기에 담아낼 수 있는 아이로 성장하기를……. 2017.5.11.

## 다시 1학년 담임이 된다면: 한글교육

다시 1학년 담임이 된다면 두 가지 책을 숙지하고 준비해서 아이들에게 한글을 만나게 하려 한다. 첫 번째 책은 《하늘에서 온 글, 한글》이다. 훈민정음이 밝히고 있는 제자원리를 바탕으로 발도르프의 감성적 교육방식을 결합한 교육철학과 방법을 보여주고 있다. 지금껏 발도르프의 한글교육이 주로 감성적 교육방식에 치우쳐 있었다면, 이 책은 훈민정음의 제자원리를 결합시켜 소리, 모양, 뜻을 모두 가진 한글의 특징을 살펴 교육할 수 있도록 안내했다는 점에서 참고할 만하다. 다음으로는 《한글의 탄생》이다. 노마 히데키라는 한 일본인 학자가 한글에 매료돼 깊이 연구를 하며 얻어낸 결과를 묶어낸 책이다. 이 책은 한글이 탄생한 배경뿐만 아니라 언어와 문자가 어떤 관계가 있는지도 생각해보게 만든다. 특히 외국인이 분석한 한글의 언어학적, 과학적 혜안을 따라 읽다 보면 한글이 가진 소리와 어절의 결합을 새로운 시각으로 읽어낼 수 있다. 이를 한글수업에 활용하면 꽤 유용하겠다는 생각이 들어 다시 1학년을 맡는다면 연구하여 적용해볼 생각이다.

# 낱말을 넘어
## 문장으로

닿소리와 홀소리를 익힌 뒤에 아이들이 가장 힘들어하는 것은 받침 글자와 겹홀소리 단계다. 박지희 교장(서울 도봉초)의 《1학년 첫 배움책》이 기본적으로 받침 글자 익히기를 겸하고 있어 자연스럽게 받침글자를 받아들이며 노는 데 별 무리가 없었다. 2017년도에는 24명 가운데 세 명이 한글을 완전히 모르고 입학했는데, 이 아이들도 받침글자를 익히는 데만 시간이 좀 걸렸을 뿐 교재로 익히는 과정에서 자연스럽게 소리를 터득했다. 이따금 전국초등국어교과모임에서 펴낸 《초등학교 1학년 우리말 우리글》(2008) 교재로 다양한 받침이 홀소리에 붙을 수 있다는 것을 아이들에게 꾸준히 알려주었다. 그렇게 1학기를 마치자 약간의 수준 차는 있었지만 모두 1학년 1학기 교과서에 나오는 글자 읽기에 무리가 없었다.

이제 새롭게 부닥친 문제는 문장이었다. 낱말이야, 《1학년 첫 배움책》이나 그림책과 동화책 등으로 일상에서 만날 수 있었지만, 자기 생각과 느낌을 문법에 맞게 말로 표현하고 읽어내며 문장으로 나타내는 일은 1학년 아이들에게 꽤 스트레스가 된다. 이런 상황을 감지해 국가교육과정이 긴 호흡으로 아이들의 말글살이 성장을 봐주면 좋으련만, 단기간에 일정한 수준의 말글살이를 요구하는 성취기준을 제시하니 교사나 부모나 다급해질 수밖에 없다. 여기서 아이들의 수준 차가 극명해지면서 읽기와 쓰기 부진학생이 양산될 가능성이 높아진다. 아이들의 학력을 그렇게나 걱정하는 국가교육과정이 오히려 학력격차를 벌려놓는 역할을 하는 아이러니가 바로 우리네 초등학교 교육의 현주소다. 그나마 개정된 1학년 국어교육과정이 이전보다 조금의 여유를 보여주었지만, 앞으로도 갈 길은 아주 멀어 보인다.

2016년 1학년을 처음 맡았을 때, 아이들에게 문장을 이해시키는 일은 그런 일을 해본 경험이 없는 24년차 교사에게 너무도 힘든 일이었다. 그저 그림책과 동화를 들려주고 읽어주며 텍스트 중심으로 관찰하고 문법을 익히게 하는 데 급급했다. 두루뭉술하고 허술하게 보낸 넉 달. 2학기는 훌쩍 지나가버렸고 아이들은 제법 문법에 맞게 글을 쓸 줄 알게 되었지만, 내가 가르쳤다기보다는 아이들 스스로 터득했다고 보는 게 맞다. 내가 한 것은 늘 이야기와 책을 읽어준 것으로 문장공부를 대신한 것뿐이기 때문이다. 중고학년에 썼던 방식으로 어설프게 글쓰기지도를 하면서 아이들을 힘들게 해놓고는 참아야 하지 않겠냐, 고비를 넘겨야 하지 않겠냐는 무지한 발언을 서슴지 않았다. 두 해째에는 조금 다른 문장수업을 해야겠다 다짐했는데, 때마침 도움을 준 사람이 바로 경기도 양평의 김영주 교장이었다.

2011년도에 학교를 잠시 쉬면서 남한산초등학교에서 교사 김영주의 교실을 일주일 동안 참관했던 적이 있다. 그는 남한산초등학교에서 1-2학년을 오랫동안 맡으면서 한글 해득을 비롯해 낱말, 문법(말본), 문장(글월), 담화 과정을 스스로 공부하고 연구하여 실천하고 있었다. 그 시절 그는 시간을 들여 연구하여 만든 교재로 아이들에게 적용하고 있었다. 나는 당시 그 모습을 직접 지켜보았는데, 사실 그땐 그렇게 놀랍지도 절실히 다가오지도 않았다. 그때까지 나는 1학년을 맡아본 적도 없었고, 1학년 담임은 아직 내게는 먼 훗날의 일이라 여겼기 때문이었다. 김영주 교사는 그 실천과 결과를 언젠가는 정식으로 출판하겠다고 했었다. 마침내 2017년 7월에 《초등학생을 위한 맨 처음 어휘 맞춤법 띄어쓰기》가 출간되었고, 문장공부 방법을 찾지 못해 답답해하던 나는 이 책을 받아 읽으며 겨우겨우 문장지도에 대한 감을 잡기 시작했다.

오랫동안 아이들 글쓰기 지도를 해온 경험이 함께 녹아들면 2학기 문장공부는 어느 정도 해결이 되겠다는 생각이 들었다. 그래서 창의적 체험활동 시간과 국어시간을 충분히 확보해 일주일에 3-4회씩 꾸준히 김영주 교장의 교재를 내 수업으로 바꿔나가는 시도를 해보았다. 조금 무리라고 여겼지만, 일단 처음부터 끝까지 해본 다음 나름 결론을 내리고 싶었다. 처음에는 수업과정이 낯설고 힘들어서 과연 이런 방식이 아이들 문장공부에 도움이 될지 의심하기도 했다. 첫 달 9월에는 아이들에게나 나에게나 쉬운 일이 아니었다. 생각한 것을 문장으로 나타내는 일을 아이들은 낯설어했다. 짧은 문장으로 간단히 표현하는 일도 쉽지 않았다. 그렇게 두 달이 흘러 11월에 이르자 아이들은 내가 던져주는 어떤 주제어에도 자기 방식대로 반응하기 시작했다. 일기도 그렇게 지도하니 글이 더욱 살아났다. 훨씬 자연스럽게 자기 생각과 삶을 글로 쓰는 1학년 아이들이 돼가고 있었다.

## 문장공부의 어려움과
## 교육과정의 부실함

오늘부터 본격적으로 문장으로 들어간다. 사실 지난해에는 문장에 대한 기능적인 접근을 제대로 하지 않았다. 대부분의 아이들이 기초적인 문장 이상의 표현들을 거침없이 쓰고 있어 구태여 그럴 필요를 못 느꼈다. 그래서 책을 읽어주고 자연스럽게 문장을 받아쓰게 하거나 생활글을 쓰게 하는 데 더 초점을 두었다. 하지만 올해는 문장을 자유롭게 쓸 수 있는 아이들이 지난해보다 적었다. 그렇게 올해 처음 문장에 대한 고민을 시작했다. 일단 교과서에 의지했다. 기능적인 세 어절 문장 '나는 고양이를 좋아합니다.' 같은 형식의 문장들을 익혀나가는 것으로 시작했다. 그런데 무언가 갑갑하다는 느낌이 들었다. 돌이켜보면, 내가 2학년이나 중고학년 아이들의 글쓰기를 지도하면서 이렇게 기능적으로 접근한 적은 단 한 번도 없었다. 모든 글은 아이들 삶에서 자연스럽게 끌어와서 풀어내도록 했다. 살아 있는 글을 꽤 많이 얻어낼 수 있었던 것도 다 그 덕이었다.

그래도 첫해에는 1학년의 문장지도 경험이 부족하니 교과서에서부터 시작하자고 마음을 먹었다. 칠판에 낱말카드를 붙이고 이런저런 주어 서술어를 넣어 문장을 완성해보고 함께 읽고, 교과서에 실린 문장들을 그림을 보면서 읽어내었다. 교과서는 그림에서 좀더 문장을 만들어 읽어내라고는 하는데, 기본적인 문장 이외의 흥미로운 문장을 만들 수 없는 그림이라 가볍게 이야기만 하고 넘어갔다. 안타깝게도 국가교육과정과 교과서는 문장에 대한 충실한 내용과 과정을 담고 있지 않았다. 결국 교사와 부모들에게 부여된 책임만 크게 보였다. 학교에서 제대로 가르치지 못하는 상황이니 사교육에 아이들을 맡긴다고 해도 별 달리 할 말이 없어 보였다. 그림책으로 좀더 많은 이야기를 해야겠다 고 생각했다. 문장공부를 하면서 아이들에게 오늘 익힌 문장들의 공통 점을 찾아보라 했다. 하지만 내가 요구하고 기대한 바를 말해준 아이 들은 별로 없었다. 오늘 또 한 가지 확인했던 것은 토씨(조사)였다. 낱 말에 달라붙어 어절과 문장을 완성해주는 토씨.

··· ✎ ···

"그런데, 이런 문장을 보면 혼자서는 도저히 말이 안 되는 게 있는 데 그게 무얼까?"

"저요! '는' 하고 '를'이요."

"와, 잘 맞혔어요."

"이런 '는', '가', '이', '을', '를'은 혼자서는 말이 안 되지요. 한번 보 세요. 이런 글자들이 혼자 있으면 무슨 뜻이 있을까?"

"아니요?"

"이런 걸 우리 말로 '토씨'라고 해요. 어려운 한자말로 '조사'라고도 하는데, 가만히 보니까 우리 반에 토씨 같은 아이들이 있어요."

"누군데요?"

"혼자서는 못 살 것처럼 맨날 선생님에게 붙어다니는 아이들이 있 는데, 지민이랑 서연이."

"맞아요. 난 토씨에요. 난 토씨가 좋아요." 2017.6.20.

··· ✎ ···

1학년 아이들에게 문장을 어떻게 가르치면 좋을까? 형식에 맞춰 문장을 가르치는 방식이 내게는 영 익숙하지 않다. 아이들도 자기 삶과 거리가 있는 이런 형식적인 글에 그다지 흥미를 보이지 않는다. 그래도 기본문형이어서 하기는 하는데, 길게 가져갈 것은 아닌 것 같다. 가장 중요한 것은 우리 아이들이 많이 듣고 많이 읽어서 자연스럽게 익힌 말글을 '쓰기'로 옮겨가도록 하는 것일 게다. 오늘도 어제에 이어 칠판에 붙여놓은 낱말과 3형식 문장을 바꿔가며 문장을 이해하는 시간으로 한 시간을 보냈다. 특히 토씨(조사)의 쓰임새에 주의하며 낱말의 목적어 부분에서 '을(를)'이 언제 쓰이는지 읽어보게 했다. 문장 속에서 자연스럽게 익히면 되지만, 어차피 국어수업이다 보니 안 할 수는 없는 노릇이어서 조금 의미 있게 문장공부를 하고 싶어 목적어와 어울리지 않는 서술어를 이어붙였더니 웃기다고 난리다. 그게 어떻게 말이 되냐며 난리다.

"예나는 딸기를 잘합니다."

"하하하. 딸기를 잘한대."

"왜 웃어요?"

"어떻게 딸기를 잘해요. 잘 먹겠지."

"맞아요. 문장이라는 게 이렇게 자연스럽지 못하면 사람들을 웃기게도 하고 어이없게도 해요."

"그러면 딸기를 어디로 옮길까요?"

"바로 위로요."

이렇게 자연스럽지 않은 문장을 발견했다는 게 중요했다. 모든 문장이 자연스러운 것은 아니라는 것. 앞뒤가 맞게 문장을 잘 엮어야 한다는 것. 이것만이라도 아이들이 알 수 있었다면 성공한 수업이 아니었을까? 이어서 아이들에게 네 개의 종잇조각을 주어 스스로 만들어낸 세 어절의 문장을 쓰고 맨 마지막에 마침표를 찍게 했다. 여기서도 몇몇 아이의 특징을 발견할 수 있었다. 그것은 바로 '어절'에 대한 개념이었다. 어절이란 문장을 구성하는 각각의 마디라고 할 수 있다. 그런데 문장이 이런 마디로 이루어진다는 사실을 잘 깨닫지 못하고 있는 아이들이 꽤나 보였다. 그렇다 보니 어이없는 글을 써내기도 했다. 예를 들어, 아래와 같은 것이다.

[ 00는 노 / 래를 좋아합 / 니다.]

위 글을 쓴 아이는 글은 그런대로 편하게 읽어내기는 하지만, 어절의 개념이 아직 형성되지 않아 여러 번 설명했는데도 제대로 마디를 갖춘 글은 쓰지 못했다. 앞으로 진도를 천천히 나가야겠다싶기도 했고, 아이들이 어절에 대한 개념부터 익힐 수 있도록 도움을 주어야겠다는 생각도 하게 되었다. 나에게도 나름 의미가 있는 수업이었다. 2017.6.21.

··· ✎ ···

오늘도 문장공부에 신경이 쓰였다. '어절'에 대한 이해가 중요한 것 같아 오늘은 어제 아이들이 직접 만든 문장으로 이런저런 문장을 만들면서 어절과 문장에 대한 이해를 높여보려고 했다. 말이 되는 문장과 그렇지 않은 문장, 어절 혹은 띄어 읽기와 쓰기의 기준이 되는 토씨(조사)에 대한 이해를 높여갔다. 모둠이 힘을 모아 각자 새로운 문장을 만들어보라 했더니 다양한 문장을 선보였다. 특히 선생님인 나를 언급한

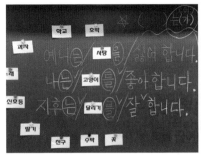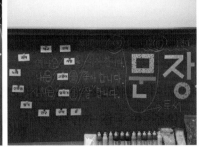

문장들을 조합하여 만들어낼 때는 자기들끼리 문장을 보며 킥킥거렸다. 그러고는 나보고 짓궂게 손짓을 한다. 아이구, 녀석들.

이렇게 문장 만드는 연습 뒤에는 교과서에 실린 '다람쥐와 토끼' 사이에서 벌어진 상황 그림을 보고 문장 만드는 연습까지 해보았다. 이것도 아이들 혼자 해결하게 하기보다 친구들과 의논하거나 잘하는 아이들을 따라 하며 익히게 해서 부담을 덜어주었다. 그랬더니 모든 아이가 곧잘 해내었다. 여기서도 문제가 된 것은 어절이었다. 좀더 길고 다양한 문장을 만들어내기 위해서는 새로운 어절이 추가되어야 하는데도 여전히 한 종이에 두 어절 이상을 담아내기는 어려운 것 같았다. 2017.6.22.


감정 낱말카드로
자기 삶 풀어내기


그림책과 동화에서 자주 낱말과 문장을 만나기는 하지만, 낱말을 수업에서 익히는 활동을 가벼이 여길 수는 없다. 세상 모든 낱말을 다룰 수 없다면 다른 방식이 국어수업 속으로 들어와야 한다. 그래서 선택한 것이 '감정카드'를 활용한 수업이다. 아이들은 다양한 감정이 들어 있는 낱말을 읽고 자기 삶과 견주어 말로 풀어내면서 카드놀이를 즐겼다. 때로는 감정카드에 들어 있는 낱말의 뜻을 말해주고 해당 낱말을 맞추는 모둠별 대항놀이도 하면서 한 달을 보냈다. 자연스럽게 받침이 들어가고 겹홀소리가 들어간 낱말을 친숙하게 만났다. 이와 함께《초등학생을 위한 맨 처음 어휘 맞춤법 띄어쓰기》에 실린 낱말을 중심으로 낱말불리기(어휘 확장) 수업도 해보았다. '눈'과 관련된 낱말을 서로 이야기해보고 어떤 특징이 있는지를 확인해보는 식이다. 그날 익히는 낱말로 끝말잇기도 하고 빈곳을 채우는 활동도 해보았다. 깍두기(칸) 공책을 준비해서 그날 배우는 낱말을 또박또박 쓰게도 했다. 감정을 표현한 그림책을 만나게 하는 과정은 기본이다. 낱말과 감정을 섞어 문장을 말로 표현하게 하는 기능적인 접근이지만, 아이들은 자기감정을 담은 낱말을 찾아 친구들 앞에서 이야기하는 일을 매우 흥미로워했다.

···  ···

오늘 첫 시간은 어제 미처 하지 못한 '감정카드놀이'로 시작했다.

"자, 오늘은 어제 못했던 감정카드놀이를 할 거예요."
"야~"
"음, 놀이 제목은 '지금 이 순간 감정 나누기'인데, 먼저 선생님이 나눠준 카드를 모둠별에서 한 명씩 돌아가며 뒤집어 감정카드를 서로 확인합니다. 확인한 카드는 책상 위에 펼쳐놓아요. 그렇게 펼쳐놓은 것 중에서 지금 이 순간 내 감정에 가장 잘 어울리는 카드를 뽑으세요. 한 장도 좋고 두 장 이상이어도 좋아요. 그다음 모둠 친구들끼리 돌아가며 내가 이 카드를 왜 들고 있는지 까닭을 말해주세요."

낱말카드와 아이들을 연결 지어 오늘 친구들이 감정이 어떠한지를 한눈에 보게 한 칠판 퍼포먼스

　이렇게 설명했지만 아이들은 쉽게 이해하지 못했다. 세 번 정도 더 말해주어야 했다. 그렇게 시작한 감정카드놀이. 단순한 활동인데도 의외로 재미있어한다. 오늘 감정을 표현한 아이들 중에는 이 놀이 때문에 '기쁜' 카드를 펴든 아이들도 있었다. 친구들 앞에서 모두 자기 카드에 대한 설명을 마친 뒤, 나는 아이들의 카드를 칠판에다 붙이며 친구들의 감정 상황을 공유하도록 했다.


　"하연이는 왜 기뻐?"
　"오늘은 아침밥을 먹고 와서 기뻐요."
　"저는요, 어제 잠을 자지 못해서 피곤하고 지쳐요."
　"시현이는 왜 무섭다고 했니?"
　"지민이가 자기 생일잔치에 안 오면 화낼까 봐 무서워요."
　"가연이는 왜 억울해."
　"어제 태현이한테 자기 집 싸다고 한 적이 없는데, 있다고 자기 엄마한테 얘기해서 억울해요."
　"진이는 왜 귀찮아요?"
　"발표하는 게 그냥 귀찮아요."


　카드를 매개로 발표하기 시작하면서 아이들이 더 쉽게 말하는 것 같왔다. 그냥 교과서 읽고 발표하라고 했을 때와는 확실히 달랐다. 2017.8.24.

··· ✎ ···

오늘도 어제처럼 자신의 현재 감정을 감정카드로 드러내는 활동으로 시작했다. 모둠별로 감정카드를 늘어놓고 자기 감정카드를 꺼내 발표하는 식으로 진행했다. 모든 아이가 제몫을 해내었다. 오늘은 아이들이 발표한 내용을 전부 메모하여 기록해보았다.

현서: 오늘 지은이 생일에 초대돼서 기대돼요.

지민: 오늘 지은이 생일에 초대돼서 속상해요.(사실은 좋아하는 듯)

수진 : 지은이 생일에 가게 돼 좋아요.

윤진 : 아침에 배가 아팠는데 지금은 괜찮아졌지만 조금 답답해요.

하진 : 아침에 늦게까지 일했던 아빠를 아침에 만날 수 있어서 기뻐요.

동석 : 여행을 오랫동안 하고 와서 피곤하고 지쳐요.

지유 : 생일파티에 초대받아서 기뻐요.

도훈 : 생일잔치에 초대받아서 귀찮고 무서워요.(사실은 좋아하는 듯)

지은 : 생일 때 노래 부를 것 같아서 수줍고, 생일이라서 흥분한 상태고 신나요.

시영 : 오늘 아침부터 감정카드 놀이를 해서 만족스러워요.

시현 : 지은이 생일파티가 궁금해요.

모둠 친구끼리 카드를 늘어놓고 서로의 감정이 담긴 낱말을 찾는 모습

태현 : 아빠랑 아침에 놀았는데, 져서 짜증 나고 벌칙 때문에 겁나고 무서웠어요.

지후 : 동생이랑 싸운 게 지금도 생각나서 미워요.

윤수: 아침밥을 빨리 먹어서 느긋했어요.

민정 : 지은이 생일에 초대돼서 신나요.

민준 : 오늘 누나가 아침에 자는데 발로 다리를 차서 일찍 일어나는 바람에 피곤해요.

가을 : 어제 끝나고 3시까지 누워서 쉬었기 때문에 지금 마음이 편안해요.

민석 : 태권도 할 때 유치원은 재미있는 거 했는데, 초등학교는 재미없는 거 해서 기분이 나빴어요.

윤아 : 엄마가 일찍 깨워서 귀찮았어요.

윤서 : 영어 학원 가는 게 자꾸 화가 나요.

윤주 : 사랑스러운 선생님을 만나서 좋아요.

예나 : 어제 일찍 자고 일어나서 신나요.

아이들 감정을 읽는 게 새삼 흥미로웠다. 자기 감정에 어울리는 말을 찾아내며 이야기를 더 쉽게 꺼내는 아이들을 보며 도움이 참 중요하구나, 디딜 곳이 있어야 아이들도 힘낼 수 있구나 하는 생각을 했다. 아이들에게 이 정도도 못하나 하기 전에 아이들이 힘들어하는 부분을 찾아 도울 수 있어야 한다. 앞으로 진행할 모든 수업에서 이런 장치를 곳곳에 마련할 필요가 있을 것 같다. 2017.8.25.

"선생님, 감정카드놀이 해요."

아침부터 몇몇 아이들이 어제 못한 검정카드놀이를 하잔다. 별것 아닌 것 같은데, 아이들은 어제도 오늘도 때마다 요구한다. 자기감정을 말로 표현하는 것인데도 다른 활동에 비해 주저함이 없다. 오늘은 조금 방식을 달리했다.

"오늘은 어제 내 감정과 오늘의 내 감정 그리고 내일 가지고 싶은 감정에 어울리는 카드를 찾아보세요. 총 세 장을 자기 책상에 가지고 와 주세요."

그렇게 시작했는데 웬걸, 생각보다 반응이 밋밋하다. 아이들의 컨디션이 처져 있다는 느낌이 들었다. 가볍게 자기 감정을 이야기하는 수준에서 마무리 지었다. 그래도 한 명씩 모두 발표시키니 한 시간이 훌쩍 지나갔다. 2017.8.29.

9월에는 날마다 아침마다 친구들 앞에서 자신들의 감정을 나누었다.

## 다시 1학년 담임이 된다면: 감정수업

앞의 사례는 감정카드 하나를 구입해 아이들에게 자기 감정(삶)을 담은 낱말카드를 찾아 입말로 표현하는 데 목적을 둔 평범한 수업이다. 낱말이라는 것이 공부해 익혀야 하는 대상만이 아니라 자기 삶과 관계 있다는 것을 깨닫게 하고 자유롭게 표현하는 법을 배우게 하고 싶었다. 그렇게 한 달 동안 즐겁게 진행한 과정이었다고 믿고 있었다가 우연히 책 두 권을 만나게 되어 생각이 깊어졌다. 첫 번째 책은 감정사회학자로 잘 알려진 잭 바바렛의 저서 《감정과 사회학》이다. 저자는 자본주의가 발전하면서 감정을 표현하는 어휘가 실제로 줄어들었다는 연구결과를 내놓는다. 물질적으로 풍요롭고 여가와 놀이가 일상에 들어왔지만, 사고와 감정보다는 일차원적 감각과 속도와 경쟁에 의지하는 사회에서 우리가 잃어가고 있는 것이 무언인지를 생각해봐야 한다는 저자의 주장에서 새삼 감정 낱말카드 수업의 가치를 깨달을 수 있었다. 다음으로는 미국의 저명한 심리학 교수이자 정신의학과 의사이기도 리사 펠드먼 배럿의 저작이다. 제목은 《감정은 어떻게 만들어지는가》였는데, 이 책을 읽으면서 감정 낱말카드 수업에서 내가 잘못한 부분을 발견할 수 있었다. 다시 1학년 담임을 맡는다면, 다음 세 가지 부분을 염두에 두고 수업을 준비하고 진행해야겠다는 다짐을 했다.

첫째, 감정에는 지문이 없다는 것. 우리는 흔히 일정한 감정에는 일정한 표정, 표준화되고 정형화된 신호가 있다는 오래된 관념을 상식처럼 안고 있다. 배럿은 이를 '감정 지문'이라고 칭했는데, 이러한 감정 지문은 하나의 신화일 뿐이라고 주장한다. 아이들이 가지고 있는 카드에도 '기쁘다', '슬프다'라는 낱말 뒤에 사람의 기쁜 표정과 슬픈 표정의 대표적인 얼굴을 그려놓았다. 이것은 자칫 사람의 감정이 하나로 표준화될 수 있다는 잘못된 인식을 아이들에게 심어줄 수도 있는 것이니 주의해서 지도해야겠다는 생각이 들었다. 배럿은 책에서 감정은 다양성을 기준으로 논의되어야 한다는 역설적인 주장을 펴고 있었다.

둘째, 사람들은 저마다 감정 사전을 갖고 있다는 것. 즉, '공포'에 대한 개념이 없으면 공포를 경험할 수도 없다는 도전적인 견해를 배럿은 밝힌다. 예를 들어, 감자칩 봉지에 손을 넣었는데 방금 먹은 것이 마지막이었다는 것을 깨달은 순간을 생각해보면, 봉지가 비었다는 실망감, 더 이상 칼로리를 섭취하지 않아도 된다는 안도감, 한 봉지를 다 먹어버렸다는 죄책감, 그리고 더 먹고 싶은 갈망이 섞여 있을 가능성이 크다. 그러나 이것을 한꺼번에 표현하는 감정 낱말은 사실 없다. 이 감정을 누가 '칩 부재감'이라고 이름을 붙이는 순간 실재하는 감정 개념으로 사람들에게 자리 잡는다는 것이다. 사람은 감정 개념이 있어야만 관련된 감정을 경험을 지각할 수 있다는 뜻이다.

셋째, 감성지능은 개념의 관점에서 더 잘 규정될 수 있다는 것. 감정 개념을 경험을 통해 얼마나 섬세하게 구성하는가에 대한 것이다. 감정 경험을 고도로 섬세하게 구성하는 사람은 감정의 전문가가 될 수 있다고 한다. 따라서 배럿은 감성지능을 높이기 위해서는 새로운 감정 개념을 획득하고 기존의 것을 예리하게 연마해야 한다고 주장한다. 새로운 감정 개념은 여행, 산책, 독서, 영화관람, 낯선 음식 체험하기 등 다양한 방법으로 획득할 수 있다며 감정지능을 높이려면 다양한 경험의 수집가가 되라고 조언한다. 새로운 개념을 습득하기 위한 가장 쉬운 방법은 새 낱말을 학습하는 것인데 어휘가 섬세할수록 뇌가 더 정밀한 예측을 통해 사람을 신체적 · 정신적으로 건강하게 만든다고 말한다.

감정 낱말카드를 통해 낱말에 대한 개념을 익히고 표현을 늘이는 과정 자체에는 문제가 없다. 다만, 정형적인 낱말과 그림으로 오히려 아이들의 감정을 단순하게 표준화하지는 않았는지 반성해야 한다. 고정된 낱말을 되풀이하여 감정이입시켜 기존에 만들어진, 한정된 낱말로 복잡하고 미묘한 모든 감정을 표현하도록 했던 것은 분명 잘못된 접근이자 무지였다. 끝으로 감정 개념을 익히는 데 너무도 짧은 시간만 배정하고는 한 달 만에 끝내버렸다는 점에서 아쉬움이 남았다. 이 모든 성찰을 바탕으로 다시 1학년을 맡게 된다면 감정 낱말카드에 대한 활용과 접근을 새롭게 구상해보려 한다.

## 낱말에 자기 삶을 담아
## 문장으로 나타내기

《초등학생을 위한 맨 처음 어휘 맞춤법 띄어쓰기》로 아이들과 낱말을 익혀가면서 자연스럽게 주어진 낱말로 자기 삶을 담아 문장으로 표현하는 연습을 해보았다. 먼저 말을 하게 했다. 중고학년 아이들의 글쓰기 지도할 때도 늘 해온 것이 자기 삶을 말로 표현하는 것이다. 자기

말로 편하게 드러낼 줄 아는 아이들이 글로도 자연스럽게 쓸 수 있다는 것을 숱하게 경험했기 때문이다.《초등학생을 위한 맨 처음 어휘 맞춤법 띄어쓰기》에는 김영주 교장이 아이들과 지내면서 모은 고빈도어가 담겨 있다. 명사(이름씨), 형용사(그림씨), 동사(움직씨)로 나누어 낱말로 안내하고 문장에 접근하도록 안내한다. 나는 이것을 칠판 가운데에 낱말붙이기 형태로 나타내고 칠판 양쪽에 아이들 입을 통해 나온 다양한 문장(단문)이 나타나도록 하여 나중에는 공책에 옮겨 담게 했다. 그런 뒤 자기 삶을 담은 문장을 쓰게 했는데, 시간이 갈수록 문장의 양은 늘어났다.

11월에 일기 쓰기를 지도할 즈음에는 당장 일기를 써도 될 만큼 문장의 양이 많아진 아이들이 상당수 있었다. 과정은 힘들었지만, 한 해 전보다 문장에 대한 접근을 조금 더 편하게 할 수 있었다. 이러한 문장 공부 말고도 교과서에 담긴 문자학습과 놀이로 만든 문장공부를 때때로 병행했다. 놀이로 만든 문장공부는 3~4어절이 들어간 문장을 조금 크게 인쇄해 잘라놓고 아이들에게 자유롭게 문장을 만들어보게 하는 방법을 자주 사용했다. 엉뚱하고도 재미있는 문장이 만들어져 아이들이 흥미로워했다. 놀이에서 얻은 감각으로 문장을 말하고 쓰는 공부까지 이어져야 확실하게 마무리를 지을 수 있었다.

첫 수업에서는 두 시간이 걸리던 것이 아이들이 패턴에 익숙해지면서 한 시간이면 한 꼭지를 충분히 마무리하게 되었다. 24명의 아이들 글을 모두 읽고 다시 쓰게 하는 과정이 가장 힘들었다. 하지만 처음에는 힘들어하던 아이들도 차츰 나아지고 달라졌다. 이 과정에서 맞춤법과 띄어쓰기 지도가 함께 진행되었고 계속 틀리는 지점을 고쳐가는 소중한 시간이 되었다. 지도과정에서 공책은 깍두기(칸) 공책을 썼다. 마지막 시간에는 '밥'을 주제로 낱말 문장수업을 했다. 밥에 관한 다양한 이야기를 들을 수 있었다. 수업에서 늘 기대하며 기다리는 부분이다.

- 어제 밥을 두 그릇을 먹었다. 엄마는 잘 먹는다고 그랬다.
- 태권도를 갔다 왔을 때 엄마가 밥 먹으라고 했는데 동생이 안 먹어서 나만 먹었다.
- 할머니 댁에서 콩국에 밥을 먹었다. 근데 맛있어서 두 그릇이나 먹었다.
- 어저께 집에 돌아와서 배가 고팠다. 그래서 밥을 여섯 그릇을 먹었다.
- 언제 엄마가 밥을 해줬는데 너무 맛있었다.
- 전에 동생이랑 싸웠다. 방에 들어가서 울었다. 엄마가 밥을 먹으라고 했다. 밥을 두 그릇이나 먹었다. 2017.9.5.

끝으로 오늘의 어휘 늘이기 주제 '실'을 해보았다. 본디 '옷' 차례였는데, 목요일에 한복 입고 오는 날이 있어 그날과 바꾸어보았다. 기특하게도 아이들은 지루해하지 않고 낱말불리기와 단문 쓰기, 장문 쓰기로 이어지는 과정을 충실히 이행했다. 각기 차이는 있지만, 다들 조금씩 어휘 사용과 띄어쓰기, 맞춤법이 두루 나아지고 있다. 조금 더 애쓰면 좋겠지만 욕심 부리지 않고 차근차근 나가려 한다. 억지로 받아쓰기를 시키기보다 이렇게 즐겁게 낱말을 익히고 단문과 장문을 써보며 어휘와 띄어쓰기, 맞춤법을 함께 익히는 게 훨씬 자연스러워 보인다. 글쓰기에 싫증나지 않도록 하는 게 가장 중요하다. 기계적이고 형식적이며 양적으로 접근하는 받아쓰기는 아이들을 글쓰기에서 멀어지게 하는 가장 빠른 길이라는 걸 새삼 깨닫고 있다.

눈이라는 낱말로 말놀이를 한 뒤, 단문을 써서 문장을 익혀나갔다.

중심 낱말을 칠판 가운데 쓰고 관련된 낱말로 안내해 어휘를 불려나갔다.

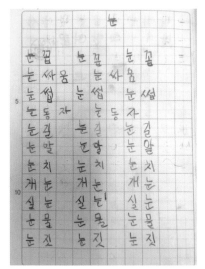

칸 공책에 쓰면서 낱말 익히기

마지막에는 낱말이 들어간 문장을 자기 삶으로 풀어내도록 했다.

- 예전에 할머니가 실로 수세미를 만들다가 바늘에 찔려서 아팠다고 했다.

- 예전에 이를 뺐다. 아빠가 실로 이를 뺄려고 하는데 무서웠다. 근데 이를 빼고 나니까 무서움이 사라졌다.

- 예전에 지내에서 이모부랑 사촌동생이랑 사촌형이랑 치킨을 먹었다. 내가 이빨이 흔들렸다. 이모부가 실로 이빨을 뺐다. 그런데 이빨이 사라졌다. 이빨을 찾았는데 치킨 통에 있었다.

- 할머니가 실뜨기를 해서 발토시를 만들어 주었다. 정말 부드러웠다. 나도 실뜨기를 해서 할머니처럼 만들고 싶다.

- 어제 강아지 인형에 실이 꼬였다. 풀기 힘들었지만 엄마가 도와줬다. 뿌듯한 하루였다.

- 언제 엄마가 실잠자리를 잡아줬다. 실잠자리와 다른 것은 배 부분이 파랑색인 것이다.

- 할머니 집에 갔다. 나는 실밥을 많이 만들었다. 여섯 살 때다. 근데 할머니가 그만 하라고 소리쳤다. 나는 깜짝 놀랐다.

- 나는 5살 때 형아랑 놀다가 침대에 머리가 찢어졌다. 엄마가 병원에 데려가 꼬매 주셨다.

- 예전에 제주도에 가봤다. 실바람이 불었다. 시원했다. 제주도에 가봐서 재미있었다.

- 작년 추석에 잠자리채로 실잠자리를 잡았다. 기분이 너무 좋았다. 아빠한테 자랑했다. 아빠가 부러워했다. 기분이 최고였다.

- 나는 이가 흔들리는데 아빠가 실로 이를 빼는데 이가 날라갔다.

- 나는 예전에 실잠자리를 봤다. 그래서 내가 잡았다. 근데 실잠자리를 놓쳤다. 그래서 아빠가 잡을려고 했는데 아빠도 놓쳤다. 내가 짜증이 나서 1시간 동안 잡았다. 내가 잠자리를 바구니에 갖다 놨다.

• 나는 예전에 넘어졌는데 그만 턱에 구멍이 생겼다. 나는 병원에 갔다. 근데 환자 중에서는 내가 가장 심하다고 했다. 나는 밴드만 붙이면 되는 줄 알았는데 실로 꼬매야 되었다. 나는 일어나서 토도 하고 머리도 되게 어질어질했다. 나는 하루하루 매일매일 소독을 해야 했다.

• 예전에 이빨이 흔들려서 아빠가 실을 가져왔다. 아주 무서웠다. 아빠가 이에다 실을 묶었다. 아빠가 실을 세게 잡아 당겼다. 이빨이 빠졌다. 그런데 이빨이 사라졌다. 어디로 갔는지 모르겠다.

• 광덕산에 갔다. 밥을 먹으려고 하는데 이가 많이 흔들렸다. 할아버지가 이를 팡 뺐다.

• 우리 동생은 내가 유치원에 갔을 때 목이 말라서 식탁으로 갔다. 모서리에 부딪쳐서 이마가 찢어졌다. 그래서 춤 연습을 10분만 했다. 근데 효민이네 집에 가서 좋았다.

• 예전에 문을 조금 열어 두었는데 실바람이 들어왔다. 추웠다.

• 언제 엄마가 털실로 가방을 만들어줬다. 정말 예뻤다. 핑크색이었다. 그리고 친구 것도 만들었다. 네모 모양이었다.

• 나는 실을 이에 묶어서 이를 뺄려고 했다. 실로 이를 묶고 이마를 쳤다. 아빠가 세게 쳤다. 정말 아팠다. 2017.9.25.

# 문장부호,
# 띄어쓰기와 맞춤법,
# 일기 쓰기

문장부호는 1학년 아이들이 글공부할 때 가장 많이 실수하고 잊어버려서 다시 찾게 되는 부분인데, 교과서는 기능적이고 기계적인 쓰임과 위치에 대한 가르침으로 일관하고 있다. 문장공부는 책을 읽고 글을 쓰기 위한 것이다. 일상적으로 읽고 쓰게 하며 자주 가르칠수록 아이들의 실수가 줄어든다. 거기다 그림책《문장부호》를 바탕으로 감성적으로 다가가면 더할 나위가 없다. 그런데 띄어쓰기와 맞춤법은 또 하나의 벽이었다.

"5학년 글쓰기를 볼 때마다 띄어쓰기와 맞춤법을 틀리는 아이들이 많아 고민이에요."
"3학년 아이들도 띄어쓰기, 맞춤법이 제대로 돼 있지 않아 어떻게 해야 할지 마음이 쓰여요."

교사들과 모임을 갖다보면 가끔 듣는 이야기이다. 문제는 이것이 한두 해 된 이야기가 아니라는 것. 적어도 2~3학년까지는 기본적인 띄어쓰기와 맞춤법이 해결돼야 하지만, 여전히 교사들 고민으로 남아 있다.

우리나라 어느 초등학교에서도 이 문제를 해결했다는 곳을 보지 못했다. 여전히 낱말과 어절을 외워서 받아쓰기하는 학습과 강요된 읽기의 폐해가 초등학교 다니는 내내 아이들의 발목을 잡고, 언어학습에 대한 호감을 떨어뜨리는 요소로 자리 잡고 있는 것은 아닐까? 학교 구성원들의 합의하에 단계별 학년별로 체계적으로 지도하고 관리하지 않으면 앞으로도 띄어쓰기와 맞춤법에 대한 아이들의 고충은 끊임없이 되풀이될 것이다.

다음 고민으로는 일기 쓰기를 들 수 있다. 국어교과서 1학기 끝 지점에는 '그림일기' 공부 꼭지가 있다. 아직 문장공부도 완성되지 못한 아이들에게 너무 무리한 교육내용이 아닌가 하는 생각을 지울 수 없는데, 1학년 아이들에게 자기 그림에 삶이 드러나는 글을 덧붙임으로써 그림일기를 완성하기란 너무도 힘든 일이기 때문이다. 어떤 교사들은 아예이 과정을 건너뛰기도 하지만, 또 어떤 교사들은 너무 충실하게 진행해 7월 한 달 동안 그림일기를 별도로 쓰게도 한다. 내 경우 첫해에는 건너뛰었고 두 해째에는 경험만 해보게 했다. 그냥 가볍게 그림과 문자를 경험해보게 하는 정도라고 여기고 그런 정도로만 수업을 진행했다. 어떤것이 옳다, 혹은 정답이다 할 수는 없지만, 적절한 시기에 알맞은 내용으로 '그림일기'가 담기면 좋겠다는 생각은 들었다. 2학기 때 일기 쓰기의 한 예로 소개하는 것이 더 자연스럽지 않을까 싶다.

6월부터 맛보기 시작한 문장공부를 꾸준히 실천하다 보니 11월부터 본격적으로 일기를 지도할 수 있었다. 수업시간에 이미 자기 삶을 담아내는 글쓰기에 익숙해져서 어렵지 않게 일기를 쓸 거라 믿었다. 그러나 1학년이 특정한 낱말이나 주제가 주어지지 않는 글쓰기를 하기란 애당초 힘든 일이었다. 그래서 같은 또래 아이들이 쓴 일기와 생활글을 아이들에게 읽어주면서 자기 삶을 돌아보며 글쓰는 법을 익히도록 했다. 담임의 도움과 때때로 잔소리를 들어가며 아이들은 자기 삶을 글로 담기 시작했다. 잘 쓰고 못 쓰고를 떠나 자기 삶을 글로 담는 1학년의 모습은 놀라웠다. 힘든 과정이었지만, 우리 아이들은 대부분 자기 삶을 여러 문장에 담아 감동적인 글을 써주었다.

이것을 모두 모아 학급문집에 담은 것은 교사인 나와 학부모, 아이들 모두에게 뜻깊은 일이었다. 일기는 틀에 박힌 일기장에 쓰지 않도록 해야 한다. 일정한 틀이 있는 일기장은 날씨조차 자세히 표현하기 힘들고 더 쓰고 싶어도 쓰지 못하게 되어 있다. 가장 큰 문제는 날마다 반성하게 만든다는 점이다. 일기의 의의는 자기 삶을 돌아보는 것에 있지, 반성하는 데 있지 않다. 날마다 아이들을 죄인으로 만드는 기존 일기장을 거두고 줄공책에 자유롭게 표현하도록 지도하는 게 가장 중요하다. 아이들이 일기를 써오면 되도록 띄어쓰기, 맞춤법 같은 것에는 손대지 않는 것이 좋다. 이미 수업시간에 그렇게 공부하고 있기 때문이다. 교사가 일기에 손대기 시작하면 아이들은 틀릴까 두려워 쓰고 싶은 표현을 쓰지 못하게 되는 수도 있다.

2년 동안 만든 학급문집에 실은 아이들 일기는 그렇게 틀리고 빠뜨린 모습을 그대로 담았다. 그게 1학년 시절 아이들 모습이기 때문이다. 문집에 실을 글은 일기에 별표를 해주었다. 별표가 5개까지 그려진 글은 아이들에게 꼭 읽어주었다. 아이들은 자기 반 친구들이 쓴 글에 큰 관심을 보인다. 나도 그렇게 쓸 수 있다며 허세를 부리기도 한다. 잘 쓰는 게 중요한 게 아니라, 자기 삶을 솔직하고 담백하게 담는 게 더 중요하다. 아이들의 글을 제대로 보려면 교사도 좋은 글을 자주 읽어서 아이들을 읽어내는 안목을 키워야 한다.

문장부호
재미나게 익히기

　1블록 첫 수업은 '문장부호'에 대해 공부하는 시간. 그림책《문장부
호》를 꺼내들고 아이들이 문장부호에 좀더 친숙하게 다가갈 수 있도
록 안내했다. 처음 이 수업을 준비할 때는 그림책은 간단히 살펴보고
교과서 문장에 나타난 부호들을 살펴보려 했다. 하지만 그렇게 다가가
기에는 그림책에 실린 그림이 너무도 예뻐 우리 아이들도 이렇게 그림
그리며 문장부호를 익혀가면 좋겠다 싶었다.

　"자, 제목부터 한번 읽어볼까?"
　"문장부호."
　"맞아요. 얼마 전부터 선생님이 문장부호라는 말을 썼고 그 가운데
하나를 가르쳐주었지요? 뭘까?"
　"마침표요."
　"맞아요. 예전에는 온점이라는 말을 썼는데, 다시 예전처럼 마침표
라고 하기로 했다고 해요."

　"자, 뭐가 보여요?"
　"어, 저기 물음표 보여요!"
　"어디?"
　"저기요!"
　"저기는 쉼표도 있어요!"
　"야, 정말 잘 찾네."

"느낌표는 잘 안 보여요."

"그렇네. 그런데 너희들이 모두 다 말해버렸네. 오늘 만날 문장부호를."

이 그림책은 문장부호에 빗대어 한편의 이야기를 펼쳐나간다. 마침표 닮은 씨앗이 싹이 트면 마치 쉼표 같고, 초록빛 싹이 고개를 쳐들면 느낌표 모양이고, 작은 봉오리가 맺힌 제비꽃이 꽃잎을 벌리면 물음표 같은 모습이다. 나비가 마침표 같은 알을 낳고, 쉼표 같은 애벌레가 알에서 나오더니 번데기가 되어 잎을 먹어대는데, 그런 상황에서는 느낌표가 만들어진다. 번데기에서 나온 나비의 날개 무늬는 물음표를 닮았단다. 이렇게 해서 문장부호를 닮은 모든 자연물이 한데 어우러져 아름다운 봄풍경을 만들어낸다는 이야기다. 이쯤해서 아이들에게 제안했다.

"어때? 우리도 이런 그림책 만들어보면 어떨까?"

"좋아요."

"근데 어떻게요?"

"너희들이 생각하는 모든 것을 네 편의 그림으로 이어봐."

"잘 모르겠어요."

"선생님이 예를 들어줄게. 식구들끼리 여행을 가는 거야. 차 타고 가는 그림을 먼저 그려요. 그리고 난 뒤에 무슨 부호를 이 그림에 넣으면 될지 생각해봐. 어떤 부호를 넣으면 좋겠니?"

"마침표요. 바퀴에 그리면 돼요."

"하하. 맞아요. 그다음에는 차 타고 바닷가로 간 장면을 그리는 거

예요. 그러면서 막 그림을 그리는데, 선생님 같으면 벤치 다리를 쉼표로 그릴 것 같아. 어때? 그러면 정말 쉬는 모습 같잖아."

"재밌겠다."

"그러고 난 뒤 다시 돌아오는 길, 바닷가에 등대가 있는 모습을 그리면 어떨까? 등대가 기둥이 되고, 밑에 점을 찍으면 등대 느낌표가 되겠지?"

"마지막에는 어떻게 해요?"

"음, 마지막에는 집에 돌아오는 장면을 그리고 적당한 곳에 물음표를 넣으면 어떨까?"

아이들은 저마다 한 편의 이야기를 국어 공책 네 장에 나누어 담아 보려 했다. 서툴고 어색하고 뭔가 안 어울리는 것 같지만, 이 과정을 통해 아이들이 좀더 문장부호에 친숙해지길 바랐다. 지난해에는 이 그림책이 없어서 2학기에 기계적으로 문장부호를 익히게 했는데, 이런 과정을 거치니 훨씬 자연스럽다. 지난해에는 글을 잘 쓰던 아이도 습관적으로 마침표를 빠뜨리는 모습을 자주 봤더랬다. 그때 가르친 아이가 올해 스승의 날에 바른 글씨로 열심히 편지를 써서 내게 주었는데, 세상에, 또 마침표가 빠져 있는 게 눈에 띄었다. 올해처럼 했더라면 조금은 달랐을까? 2017.6.29.

# 띄어쓰기와 맞춤법
## 그리고 받아쓰기

오늘 수업의 문은 동화책《이웃집 통구》로 열었다. 방학 전 들려주었던 이야기에서 계속 이어나갔다. 한 꼭지 분량이 적어 5분도 안 되어서 이야기가 끝났다. 내일 이야기를 이어가겠다고 하니 난리다. 주인공 상구의 이혼한 어머니가 갑자기 나타나는 듯 이야기가 전개되면서 긴장감을 높였기 때문이었다. 그래서 못 이기는 척 한 꼭지 더 들려주었다. 어머니 등장은 사실이 아닌 것으로 밝혀져 아이들도 아쉬워했는데, 통구의 저녁식사 초대 이야기가 전개되면서 아이들의 궁금함은 더욱 커져가는 듯했다. 아이들이 동화책 이야기를 즐겁게 듣는 것 같아 나도 덩달아 기분이 좋아졌다. 벌써 다 읽은 책을 빌려가겠노라 선언한 아이들이 너무도 많아 고민이다.

오늘 첫 시간은 국어 1단원의 문법 영역을 다루었다. 받침 있는 글자 익히기였는데, 아이들이 자주 틀리는 부분이 나왔다. '낚시'의 'ㄲ' 처리라든지, '깍, 쌌, 었, 있' 등 아이들이 자주 틀리고 헷갈려하는 글자들이었다. 문장수업을 하면서 눈치챈 바이지만 '같, 갔, 갖' 자들은 유독 심했다. 이것까지 합쳐서 문장 속에서 헷갈릴 수 있는 글자들을 다시 점검하며 안내했다. 어제 학부모 설문지에 '시험과 받아쓰기'를 했으면 한다는 아쉬운 글이 있었다. 두루 설명하고 안내했지만, 자세히 들여다보지 않거나 이래저래 사정이 있어 간담회에 참여하지 못한 부모들의 의견이었다.

낱말과 어절을 외워서 받아쓰기 형태로 시험하는 것이 아이들의 어휘능력 향상이나 문장능력 향상에 크게 도움이 되지 않는다는 것을 강조했지만, 아직도 부모들은 자신들의 경험만 가지고 시험과 받아쓰기를 요구하고 가정에서도 그렇게 지도하려 한다. 중고학년 선생님들이 계속 토로하는 고충도 이런 부분이다. 중고학년이 됐는데도 여전히 맞춤법이 많이 틀리고 문장을 완성하지 못하는 아이들 때문에 걱정이 많은데, 알고 보면 대부분 어렸을 적 시험형식의 받아쓰기를 겪은 아이들이다. 설문지에 의견을 준 부모님의 의견대로 라면 이 아이들은 어렸을 적 받아쓰기 경험으로 이 부분이 해결됐어야 한다. 왜곡된 경험은 참으로 무섭다는 생각이 들었다.

반면, 우리 아이들은 겪은 일을 자유롭게 글로 써보며 문장력을 익히고 맞춤법도 함께 해결하고 있다. 분명 대부분의 아이들이 1학년에 익혀도 좋은 맞춤법들을 해결하고 2학년으로 넘어갈 것이다. 도대체 무엇이 대안이란 말일까? 조만간 이 부분을 다시 한 번 학부모들에게 안내해야 할 것 같다.

문법 영역에 들어가기 전에 교과서 1단원 텍스트 '돌잡이'를 잠시 아이들과 읽어보았다. 대부분의 아이들이 거침없이 읽었다. 아이들과 이 이야기도 충분히 나누었다. 꽤 많은 아이가 자신이 들었던 돌잔치 경험을 이야기했다. 글 읽기로 새롭게 알게 된 것을 말해달라 했더니 꽤 많은 아이가 이렇게 답했다. '실'을 잡으면 오래 산다는 이야기를 처음 들었다고 말이다. 아이들이 이렇게 글을 읽으면서 새로운 지식을 얻는 경험을 많이 하면 좋겠다. 2017.11.8.

그림일기와
일기 쓰기

점심 먹고 돌아온 뒤, 일기장을 나눠준 다음 아이들을 돌려보내려
하는데, 아인이가 내게 살며시 다가와서는 한마디 건넨다.

"선생님."
"왜?"
"저 오늘 별 다섯 개 받은 일기 있잖아요."
"음, 그래서."
"안 읽어줘요?"
"읽어줘야지, 당연히. 어서 가져와."

막상 일기를 읽어주면 부끄러움에 온몸을 비틀며 얼굴을 감싸는 아
인이인데, 별 다섯 개 일기가 무척이나 자랑스러웠나 보다. 뿌듯한 마음
으로 아인이 일기를 읽어주니 역시나 부끄러워 온몸을 비틀며 앉아 있
다. 오늘은 태현이에게도 일기를 잘 썼다고 칭찬해주었다. 아마도 처음
별 다섯 개를 받았을 것이다. 태현이가 솔직한 자기 마음을 글에 담을
줄 알게 되다니 너무도 신기했다. 1학기만 해도 낱말 하나 읽기 힘들어
했는데 녀석과 실랑이 벌여가며 노력한 끝에, 2학기부터는 스스로 낱말
과 문장을 읽기 시작했다. 요즘에는 읽는 속도도 부쩍 빨라졌다. 그래서
일까? 마니또가 몰래 건네준 쪽지를 읽고서는 나를 부른다.

"선생님, 이거 보세요."

"왜?"

"이거 총소가 아니라 청소잖아요?"

"그래, 청소지. 야, 태현이가 이제 틀린 글자도 찾아낼 줄 알게 됐네."

녀석은 씩 웃으며 자랑스럽게 어깨를 쫙 폈다. 2016.11.28.

아이들에게 일기장을 돌려주자 준서가 별 다섯 개를 받았다며 자랑스러운 얼굴로 친구들 앞에서 읽어달라 한다. 오늘 준서의 일기는 마음이 참 따뜻해져오는 글이었다. 글쓰기를 테크닉으로 아는 사람들이 많은데, 준서의 글을 보면 좋은 글이란 한 사람의 삶과 생각, 마음이 그대로 드러난 글을 말한다는 것을 깨닫게 된다. 아이들이 이런 글을 자꾸 써주면 좋겠다. 글쓰기가 자체가 목적이 아니라, 아이들이 글로 자기 삶을 가꾸도록 해주는 게 내 바람이고 내 교육의 목적이다. 아직은 자기 삶을 돌아볼 줄 모르는 아이들도 언젠가는 꼭 그렇게 되기를 바랄 뿐이다. 준서는 '힐끔'이라는 말을 곧잘 쓴다. 다른 아이들 몇몇도 그렇다. 지금 함께 읽고 수업하고 있는 동화책에서 나온 이 말을 자기 글에 쓰는 것이다. 책읽기와 글쓰기가 어떻게 아이들의 어휘력을 확장시키는지를 잘 보여준다.

2016년 12월 20일 화요일 날씨: 덜덜
동생을 내가 받은 날 | 심준서


오늘 태권도가 끝나고 엄마가 동생 받으라고 말했다.
나는 슈퍼 앞에 숨어 힐끔 보았다.
가방 보일까봐 가방을 벗고 숨었다.
동생이 유치원 차에서 내렸다.


"형아, 가방 다 보인다."

나는 모른 척했다.

"형아, 여기 있다."

동생이 너무 보고 싶었다. 나는 나가버렸다.
동생이랑 시장 열리는 쪽으로 가서 시장 구경을 하고
동생이랑 이야기하며 집으로 갔다. 2016.12.21.

맨 위에 겹받침 글자를 쓰게 하고 아리에 그림과 낱말을 쓰게 하면 된다. 한 번만 안내하면 아이들이 스스로 즐겁게 만든다. A4 용지를 반으로 접어 겹받침 사전을 만들어보자. 일상에서 발견한 낱말을 틈 날 때마다 기록하게 하면 좋다.

 1학년 아이들에게 '시'를 소개하고 수업한다는 것은 어떤 의미일
까? 일단 아이들에게 시는 가지고 놀 수 있는 '글로 된 장난감'이라 할
수 있다. 아이들은 시를 가지고 놀아야 한다. 갓 글말세계에 들어온 아
이들이 그림과 동화와 같은 문학작품을 만나는 것 외에 간결하고도 재
치 있고 때때로 아이들의 마음을 흔드는 시를 가지고 노는 일 자체로
도 아이들은 언어에 대한 능력을 한층 키워갈 수 있다. 어디 능력뿐이
랴. 긴 글 속에서 너무도 어렵고 깊은 의미를 파악해내야 하는 아이들
에게 마치 노래 같은 시, 리듬을 타는 시, 자신의 마음을 대신하는 시
를 만나게 하는 것은 밋밋하고 건조한 학교생활과 가정생활에 활력을
불어넣곤 한다. 그래서 아이들은 시를 좋아하고 시로 만든 노래를 좋
아하고 이따금 시를 쓰고 싶어 한다. 1학년 아이들도 다르지 않다. 1학
년 아이들에게는 시를 만나고 가지고 놀고 입으로 즐기고 몸으로 느끼
는 과정만으로도 충분하다.

"선생님, 저거 오늘 왜 안 해요?"

"뭐?"

"저거요. 가을이요."

"아, 칠판에 적어놓은 거? 오늘 아침에 선생님이 시간이 없어 나눠 주질 못했어. 내일 다시 할게. 이 시 맘에 드니?"

"네!"

그러더니, 광훈이가 소리 높여 노래를 부른다. 그러자 태현이도 뒤따라 부르고 아이들 전체가 노래를 부르기 시작한다.

하마, 가을이 왔다
철둑 가 코스모스
쫄로리 서서 웃는다
엄마는 코스모스를 보고
날씨가 추워서
우예 사꼬 한다.(가을, 천금선)

경상지역 4학년 시골 아이가 쓴 이 시는 백창우 씨의 손을 거쳐 아름다운 노래로 만들어졌다. 그런데 이 시만 좋은 건 아니다. 어제 성장발달기록장에 추석을 보내고 써온 예은이의 글도 참으로 곱고 예뻤다. 너무도 예쁘고 곱게 써 와 의심이 들어 물었더니 엄마가 글 틀리는 것만 봐주고 내용은 모두 자기가 쓴 거라고 했다. 그래서 더욱 반갑고 고마운 글이었다. 1학년 아이들의 생활글이 짧을 때면 오히려 시 같다. 그래서 시처럼 행을 주어 늘어놓아 보았다. 내 눈도 밝아지려 한다.

보름달 | 최예은

인천 할머니랑 놀이터에 나왔다.
밤하늘을 보니 보름달이 떠 있다.
달 때문에 밤하늘이 밝아졌다.
달을 보니 내 눈이 밝아졌다. 2016.9.20.


## 나만의 시집
## 만들기

학기 초에는 그저 시를 읊게 하고 노래로 가까이하게 했다. 백창우 선생의 시노래가 매우 유익했다. 일주일에 하나씩 시로 만든 노래로 시간을 보내는 일은 아이들에게나 교사에게나 쉼 없이 바쁘게 돌아가는 교실 속 작은 쉼터 역할을 해주었다. 숨통이 트인다고나 할까? 시로 만든 노래를 부르는 아이들의 노랫소리가 종일 교실을 떠다닐 때면 힘들고 짜증나던 생각들이 저만치 흩어지는 느낌을 자주 받곤 했다. 그렇게 6월을 맞이할 때면 나는 칠판에 금요일마다 시 한 편을 적어두고 월요일 아침 아이들과 함께 읊을 준비를 했다. 시를 읊고, 감상을 나누고, 다음날 아이들에게 8절 도화지 절반의 크기로 1cm 정도의 풀붙일 공간이

나만의 시집 만들기 제작에 관한 기본 형태. 말만으로 설명하기보다는 직접 칠판에 크게 그려 보여주는 게 좋다.

마련된 종이를 나눠준다. 아이들은 그곳에 칠판에 적힌 시를 따라 쓰고 네임펜으로 덧칠하듯 글을 쓴다. 다음 날에는 색연필로 시 내용과 어울리는 그림을 그리게 하고, 또 다음 날에는 다시 함께 읊고 마무리를 한다. 그렇게 일주일에 한 편씩 시를 모아 나가면 11월에는 교실을 가득 채우고도 남을 아이들의 시집이 만들어진다. 그럴듯하게 표지까지 만들어 붙이면 글공부, 시공부 하면서 만든 나만의 시집이 완성되는 것이다.

··· ✎ ···

3-4교시는 국어수업이었다. 요즘 우리 반 아이들은 시를 공부하고 있다. 엊그제 배운 〈아기의 대답〉을 암송시켰더니 거의 모든 아이들이 다 외웠다. 〈아기의 대답〉이라는 시를 조금 바꿔 우리 반 아이들 모습에 적용해 급조해 읊었더니 킥킥 웃으며 재미있어한다. 그러자 한 녀석이 따라 한다.

"선생님 하고 부르면 머리를 긁적긁적 하고 대답하지요."
"선생님이 언제 너희들이 부르면 이렇게 머리를 긁적긁적했냐?"
"맞아요. 했어요."
"말도 안 돼. 내가 이랬다구?"
"하하하."

시는 삶을 나누는 도구이자 다른 삶에 대한 공감을 끌어내는 도구이다. 그저 학습의 대상으로만 여기게 되면 아이들은 시의 참맛도 모른 채 기능적으로 분석해 문제풀이식 학습만 하게 된다. 시수업에서는 재미있든 없든 아이들이 시를 가지고 놀며 즐길 수 있도록 하는 게 매우 중요하다. 오늘은 〈아침〉이라는 시를 배웠다. 아침에 나를 깨우는 것들에 대한 이야기도 함께할 수 있었다. 그래서 아직은 글쓰기에 익숙하지 않은 아이들에게 말 걸어 직접 시를 만들어보자 했다. 그랬더니 세 아이가 대답해준다. 그것을 컴퓨터로 옮겨 모니터로 보여주니 아이들이 신기해한다.

아침 | 권영훈, 박정수, 김동길


따르릉, 따르릉.
시계가 일어나래요.


뚝, 뚝.
엄마가 일어나래요.


멍, 멍.
우리 강아지가 함께 놀재요.


아이들에게 시는 매우 낯설다. 동화책, 그림책 등은 가까이하지만 시가 주는 감흥과 감동을 느끼기란 쉽지 않다. 말글이 주는 즐거움을 깨닫게 해주는 '시'수업은 그래서 어렵다. 시수업이 어려운 까닭은 교사가 시를 자주 접하지 않는 탓이기도 하다. 그래서 몇 년 전부터 나도 동시부터 어른 시까지 자주 읽고 즐기려 하고 있다.

시를 즐기는 방법 가운데 내가 자주 쓰는 '나만의 시집 만들기' 활동을 아이들과 함께해보았다. 이번 창의적 체험활동 북아트수업을 함께 엮어낸 시간으로 구성해보았는데, 아직 일정한 틀에 글자 집어넣기가 쉽지 않은 아이들이 곧바로 달려와 한마디씩 건넨다.

"선생님, 이렇게 하면 돼요?"
"선생님, 실수했어요."
"선생님, 이제 됐죠."

글쓰는 법을 처음부터 다시 가르쳐야 한다는 생각에 마음이 무거웠지만, 천천히 지도해가며 처음이니 다 괜찮다고 응원해주었다. 시간이 걸리는 작업인데다 출장이라 꼼꼼히 살펴주지 못한 게 못내 아쉬웠다. 앞으로 시수업을 마치더라도, 1주일에 하나씩 시를 암송하고 느껴보며 자기 시를 담아보는 '나만의 시집 만들기' 활동을 꾸준히 해나가려 한다. 2016.6.23.

8절 도화지 절반을 잘라 가로로 눕혀 오른쪽 끝에 1cm 정도의 풀 붙일 곳을 마련한 뒤 이어붙여간다.

## 동시로 공감하며
## 글공부하기

시 가지고 노는 방법 가운데 바꿔쓰기가 있다. 마침 교과서에 바꿔쓰기가 실려 있어 조금 일찍 접근했는데, 사실 쉽지 않았다. 1학기에 실릴 교육내용은 아닌 것 같아 조정이 필요해보였다. 그럼에도 몇몇 아이들은 재미나게 따라와주었다. 시 가지고 노는 일은 글밥이 많은 동화책에서는 하기 힘든 과정이다. 시를 통해 글말의 세계로 빠르게 안내할 수 있다는 점에서 1학년 아이들에게 시 맛보기와 시 바꾸기 등 시로 하는 다양한 활동은 매우 중요하고 필요한 일이다. 10월부터는 '백구'라는 노래도 아이들에게 들려주며 긴 가사와 노래를 익히게 했다. 한 달 동안 자주 부르게 했더니 11월 즈음에는 각자 맡은 부분만 부르며 우리 반 모두가 함께하는 시노래 공연을 할 수 있었다. 그러고는 가사를 모두 타이핑해서 아이들에게 나눠주고 보고 부르면서 문장을 익히고 써보면서 띄어쓰기와 낱말도 익히는 과정을 진행했다. 이 과정은 그림책《백구》로 그림책을 먼저 만나게 하고 그림책에 실린 그림을 스캐닝해서 파워포인트에 담아 그림책에 붙어 있는 작은 시디의 MR을 사용해 하나의 영상으로 만들었다. 일종의 색다른 빛그림책 공연이었다.

첫 시간은 시로 여는 국어수업. 교과서에 실린 '좋겠다'라는 시를 자기 이야기로 바꿔 시를 써보는 수업. 아직 서툰 아이들과 한 시간 동안 씨름했다. 연이나 행을 가르치려 하지는 않았지만, 시의 형식이 이런 것이라 가르치며 어른이 쓴 시와 닮은 형식을 갖도록 애썼다. 한 시간만으로는 부족해 내일도 다시 해보자고 했다. 윤희는 내 옆을 지나가면서 "선생님, 시 쓰는 거 재미있어요." 한다. 다행이다. 많은 아이가 힘들어했는데 말이다. 아이들이 바꾼 '좋겠다'는 시의 내용을 보니 간간히 재미있는 내용이 보인다. 시 쓰는 게 좋았다는 윤희는 이렇게 써주었다. 2017.7.11.

좋겠다 | 김윤희


민지는 좋겠다,
연필이 많아서
연필이 적으면
자주 깎아야 되니까.


수진이는 좋겠다,
새 옷만 입어서
친구는 언니라서
새 옷만 입으니까.


3-4교시에는 지난 번 배웠던 동시 '달'을 율동으로 만들어보았다.


"달달 무슨 달, 시 알죠? 이걸 노래로 바꿔 불러볼까요?"
"자, 그럼, 여기다 우리가 율동을 한번 만들어 넣어보자. 여러분이 만들어보는 게 어때?"

"좋아요."

"자, 손바닥 무릎치고 손뼉치고 '쟁반같이'에서 쟁반은 어떻게 할까?"

"쟁반은 식탁에 놔야 하니까 이렇게 옆으로 하고."

"둥근 달은 위로 둥글게 하면 돼요. 이렇게."

"그럼, 쟁반과 둥근 달을 어떻게 이으면 될까?"

"이렇게 밑으로 돌리고 바로 위로 올리면 돼요."

이렇게 만들어진 간단한 율동으로 우리는 시를 노래하고 몸으로 나타내보았다. 아이들은 국악시간에 이어 이런 시간들도 좋아한다. 머리로만 공부하는 일이 아이들에게 정말 맞지 않다는 걸 새삼 느낀다. 그래도 어쩔 수가 없다. 오늘은 여기까지만 하고 어제 공부한 안도현의 〈배꼽시계〉처럼 4행시 혹은 5행시를 만들어보는 수업을 하며 시에 대한 감각을 높이고자 했다. (중략) 오늘 몇몇 아이들이 안도현 시를 따라 처음으로 시를 흉내 내어 써보았다. 그렇다. 이렇게 시작을 하는 것이다.

아빠 엄마 | 우영준

(아) 아빠! 심심해!

(빠) 빨리 놀자!

(엄) 엄마랑 놀아!

(마) 마트에 갔다 올게, 아빠는. 2016.9.6.

5교시에는 동지축제를 준비하고 혹시 모를 자리에 올려놓을 아이들의 또 다른 모습을 만들기 위한 시간을 마련해보았다. 그림책《백구》를 보여주고 노래도 들려주며 나중에 모든 아이들이 함께 무대에 올라 빛그림책 공연의 색다른 모습을 만들어내기 위한 준비였다.

"오늘 여러분에게 보여줄 그림책은《백구》라고 해요. 김민기라는 분이 시를 지었는데 이것을 노래로 만들었어요. 혹시 양희은이라는 몸집이 크고 노래를 잘 부르는 어른을 아는가 몰라요. 노래는 그분이 불렀어요. 실제로 있었던 일을 시와 노래로 만든 거예요. 한번 볼까요?"
"슬픈 이야기에요."
"어떻게 알았어?"
"표지만 봐도 슬퍼 보여요."
"그렇구나. 그래요. 좀 슬퍼요. 그래도 어떤 이야기인지 볼까?"

첫 번째는 그림책을 보여주고 두 번째는 노래를 들려주고 세 번째에는 내가 직접 노래를 불러주며 빛그림책으로 만든 작품을 모니터로 보여주었다. 아이들에게 그림책을 보여주고 나자 몇몇 아이의 표정이 심상치 않다. 윤솔이는 듣고 보는 내내 한숨 쉬며 몰입했고 준우는 자기 눈을 가리키며 눈에 고인 눈물을 보여주었다. 몇몇 아이들 입에서는 이런 말이 흘러나왔다.

"속상하다, 속상해."
"맞아. 속상해."

백구라는 개가 새끼를 낳다가 병원에 갔는데, 무서워 도망치다 차에 치어 죽었다는 안타까운 이야기와 노래를 들으며 아이들은 사뭇 숙연해졌다. 한 아이가 지루하다며 불평해 아쉽기도 했지만, 전반적으로는 아이들에게 적지 않은 공감을 일으킨 내용이었다. 나중에 함께 한 꼭지를 불러보면서 아이들에게 가르칠 수 있겠다는 자신감도 생겼다.

오늘 아이들에게서 들은 말 중 최고의 말은 "속상하다, 속상해"였다. 다른 이의 이야기에 같이 공감하며 마음 아파하는 아이들이 얼마나 예뻐 보였는지 모른다. 타인의 아픔에 공감하지 못하며 자라는 아이들이 얼마나 많은 오늘인가. 앞으로 남은 넉 달의 과정에서 아이들이에게 진정 가르쳐야 할 것은 지식이 아니라 한 사람으로 성장하며 아픔과 기쁨에 공감할 수 있는 마음이라 생각했다. 2016.8.25.


## 맘에 드는 '시'를
## 선택할 권리

흔히 어른이 아이들에게 들려주는 시를 우리는 '동시'라고 한다. 그런데 아이들이 직접 쓴 것을 동시라 부르는 경우도 있다. 이것을 구분지어 '어린이시'라고 따로 부르게 한 지가 꽤 됐는데도 그렇다. 3월부터 조금씩 때때로 노래와 함께 아이들에게 맛보게 했던 많은 동시와 어린이시를 한동안 교사인 내가 일방적으로 아이들에게 전해주기만 했다. 그러다 1학기 말부터 교실에 있는 100권이 넘는 시집을 교실 앞 공간 바닥에 늘어놓고 표지나 제목이 마음에 드는 시집을 골라 자리에 앉아서 읽어보게 했다. 교과서에는 한 편의 시에 모든 아이가 공감하는 수업을 하게 한다. 그러나 모든 아이가 공감하는 시는 그리 많지 않다. 어떤 이유에서든 자신의 처지와 삶의 궤적, 그날의 몸 상태와 생각, 느낌에 따라 아이들도 얼마든지 다른 시를 선택할 수 있고, 그렇게 해야만 한다. 아이들에게도 그런 선택의 기회를 주며 시와 만나게 할 때 비로소 자신에게 맞는 시도 찾을 수 있고, 기회가 닿을 때 자신의 삶이 담긴 시를 쓸 수 있다. 이러한 뜻에서 이런 수업시간도 마련해보았다.

··· ✎ ···

오늘 첫 시간은 직접 고른 시집에서 마음에 드는 시를 골라 나만의 시집에 담는 것으로 채웠다. 지난주에는 내가 아무것이나 시집을 주었다면 이번에는 바닥에 깔아놓은 시집 가운데 직접 선택하게 했다. 비록 1학년일지라도 선택권을 갖고 스스로 마음에 드는 시를 골라본 경험은 다음 학습을 위해서도 매우 중요한 작업이다.

아이들은 저마다 한 권씩 가져가서 읽어댔다. 작은 소리로 읽는 풍경이 지난주에 이어 펼쳐졌다. 지난주보다 안정적인 자세와 태도로 시집을 읽었다. 그렇게 읽은 시집에서 시 하나를 골라 발표하는데, 지난주보다 훨씬 나아졌다.

"시를 읽다가 정말 내가 이 시 때문에 말할 수밖에 없는 것을 골라 보세요."
"저는 시에 물이 흘러내리는 것처럼 시를 적은 게 맘에 들었어요."
"저도 은행잎으로 책갈피를 만든 적이 있었어요."
"저도 밭에 까만 비닐을 씌운 걸 본 적이 있어서 골랐어요."

"할아버지끼리 애들처럼 지팡이 들고 싸우는 모습이 웃겨서 골랐어요."

"저도 기린이라는 시가 기린 목처럼 표현한 글씨가 재밌어서 골랐어요."

"저는 엄마하고 언니가 보고 싶어 이 시를 골랐어요."

지민이는 무슨 시인지도 모르고 '엄마야, 누나야'라는 시를 꺼내 들었다. 그래서 이게 나중에 노래로 만들어졌다고 알려주고 내가 직접 노래를 불러주었다. 그러고는 어머니께 불러드리면 알 거라 했더니 노래를 다 못 외워서 못 가르쳐줄 거란다. 그래서 하루 종일 불러주고 음악을 틀어주었다. 2017.7.17.

7월부터 아이들은 달마다 교실에 있는 시집을 선택하여 읽고 그중 그날 자신의 심정과 어울리는 시나 마음에 드는 시를 골라 까닭을 말하며 시와 친해지는 연습을 했다.

# 시로 할 수 있는 것들:
## 시 쓰기와 시 낭송공연

　3월부터 쭉 이어지는 시 맛보기와 시 가지고 놀기, 나만의 시집 만들기, 시집 선택하여 읽기, 시로 문장공부를 쭉 따라 하다 보면 아이들에게 시를 쓰게 하고 싶은 욕망이 일어난다. 아이들 가운데 몇몇은 시를 써서 내밀기도 한다. 1학년 아이들에게 시를 쓰게 하는 일은 자연스러워야 한다. 억지로 가르친다고 될 일이 아니다. 아이들이 시를 즐기고 자기 삶을 글로 나타낼 준비가 됐을 때, 교사가 살짝 등 떠밀어 시의 세계로 등단시켜야 한다. 무엇을 쓸지 감을 잡지 못하는 아이들에게는 생활글을 시로 만들어보게 하거나 몇몇 주제를 던져주는 것도 좋다. 잘 쓰고 못 쓰고는 시에서 그 아이가 보이는가에, 머리로 쓴 글이 아니라 가슴으로 쓴 글인가에 달렸다. 생활글처럼 시도 교사가 자주 만나고 생각해야 보는 안목이 생긴다. 시 쓰기는 곧바로 시낭송 준비로 이어지곤 한다. 아이들이 직접 쓴 시를 교실 속에서만 낭송하는 것이 아니라 무대 위에 올려 학부모와 다른 친구들이 함께 즐겨야만 비로소 1학년 아이들의 시공부가 완성된다.

··· ✎ ···

　셋째 시간에는 '시 맛보기'를 했다. 그야말로 시를 맛보는 시간. 지금까지는 어른들의 시를 맛보았지만, 오늘은 한 시간가량 어제 우리 반 동무들이 쓴 시를 함께 읽고 맛보며 느낌을 나누었다. 시를 쓰는 것만큼이나 시를 가지고 아이들이 함께 이야기를 나누고 삶을 나누는 일은 매우 중요하다. 본디 시의 가치가 여기에 있기 때문이다. 어제 시

쓰기 공부를 하며 느꼈던 일을 오늘 글로 써온 아이들도 있었다. 용준이는 다음과 같이 썼다.

> 2016년 12월 7일 수요일 날씨: 밖에는 춥고 교실에는 더움
> 시 쓰기 | 장용준
>
> 수요일 날 학교에서 시 쓰기를 했다. 지금까지는 남에 시를 보고 따라 썼는데, 이제는 선생님이 자기가 시를 써야 한다고 하셨다. 선생님은 일기 쓴 거를 추려 써야 한다고 하셨다. 나는 총 뽑기라는 시를 썼다. 그 내용은 코코래빗 앞에서 총을 뽑아서 태우랑 바꾸는 내용이었다. 나를 그 시를 다 외웠다. 정말 재미있었다.

"자, 오늘은 여러분이 쓴 시를 함께 읽고, 맛보면서 느낌을 나누는 공부를 하려 해요. 자 우리 반 친구들이 쓴 시 한번 볼까요?"

그렇게 우리 아이들이 쓴 시 모두를 펼쳐놓고 아이들이 하는 말을 받아써보았다. 처음에는 어떻게 이야기해야 할지 모르던 아이들이 점점 더 이야기가 많아졌다.

> 공개수업 | 심준서
>
> 학교에서
> 공개수업 하는 날
> 선생님들이

들어오신다
가슴은 두근두근
우리 선생님이
그림책을 읽어주신다.
뒤에서는 촬영하고
애들은 시끄럽다.

학급마무리 잔치 때 시낭송 장면

"준서의 마음이 잘 드러나는 것 같아요. 저도 그때 두근거렸거든요."


아파트 불빛 | 박준우


7시에 시작하는
아파트 불빛
나는 노래도 지었다.
'7시에 시작하는
아파트 불빛
잠이 안 온다.'


"뭔가 귀신 나올 것 같아요. 노래는 재밌네요."
"나라도 잠이 안 올 것 같아요."
"합창하는 거 같아요."
"재밌어요. 웃겨요. 노래를 잘 지은 거 같아요."
"그렇게 부르는 게 웃기기도 하고 귀여워요." 2016.12.8.

## 다시 1학년 담임이 된다면: 시수업

책을 준비하면서 모임 선생님들과 시공부를 했다. 10년 만에 새롭게 시작하는 시공부는 남달랐다. 경험이 쌓인 탓인지 이전과 다른 느낌이 들었다. 수준 높은 동시를 만나면서 아이들과 시를 가지고 놀고 싶다는 생각만 들었다. 공부하면서 좋은 동시란 아이들과 어른 모두를 만족시킬 수 있는 것이어야 한다는데 동의도 했다. "동시는 시가 되어야 하고 시는 다시 동시로 부정되어야 한다"는 이오덕 선생님의 동시관을 어렵지만 조금씩 이해하면서 즐겁게 동시를 만났다. 동시에 관한 공부에 《다 같이 돌자 동시 한 바퀴》와 《해묵은 동시를 던져 버리자》가 도움이 되었다. 어린이시에 관한 책으로는 《어린이는 모두 시인이다》가 좋았다. 구체적으로 시를 쓰는 법을 익히는 데는 이호철 선생님의 《이호철의 갈래별 글쓰기 교육》이 도움이 됐다. 아이들과 동시와 어린이시로 노는 법도 모임선생님들과 이야기해보았다. 다시 1학년 담임을 맡으면 재미나게 해볼 수 있을 것이다. 다음 사진은 함께 모임하는 선생님이 시공부 뒤 아이들이랑 동시로 조각 맞추기 놀이를

동시를 가지고 노는 아이들

모둠별로 다시 조합한 동시 모음

하는 장면이다. 온전한 시를 행마다 잘라 섞어 원래 모습을 찾는 것인데, 제목도 비워두어 아이들 스스로 만들어보게 했다. 문학에는 정답이 없다고 한다. 동시도 마찬가지다. 아이들이 짜맞춘 시도 어떻게 보면 아이들 시각에서는 더 맞는 흐름일 수도 있다. 그것을 인정하고 원작과 견주는 시수업. 시수업은 아이들과 시를 가지고 노는 것으로 시작해야 한다.

# 온작품으로 만나는
## '그림책'과 '동화' 수업

 1학년 아이들에게 그림책은 이야기책이다. 국어교과서뿐만 아니라 통합교과서에도 중요한 자리를 차지하고 있다. 하지만 그림책을 가지고 수업을 하는 모습을 보면 주로 활동을 위한 수업의 도구로 쓰이는 경향이 짙다. 그림책 자체로 아이들과 삶을 나누는 경우가 그렇게 많지 않아 보였다. 물론, 생활지도와 각종 수업에서 활동을 자극하고 돕는 역할도 매우 중요하다. 그러나 아이들이 타인과 자신을 돌아보게 하는 공감능력과 시각 문해력을 높여 읽기능력을 글자만이 아닌 이미지로 확장시키는 역할 또한 가볍게 여길 수는 없다. 초등학교 1학년 국어수업에서 그림책 읽기는 그래서 좀더 신중하게 접근할 필요가 있다. 교사들의 공부와 실천이 매우 필요한 영역이다.

 아직 글에 익숙하지 않은 아이들도 그림은 이해할 수 있다. 글은 누군가의 도움이 필요하지만, 그림은 아이들 스스로 보며 다가갈 수 있다. 그렇기 때문에 1학년 아이들에게 그림책은 제일 만만하고 적당한 책일지도 모른다.

 좋은 그림책을 들여다보면 그림이 글을 위해 존재하는 것이 아니라 그림 자체로 큰 역할을 하고 있다는 걸 알게 된다. 글을 모르는 아이들도 이런 그림의 역할을 발견하고 이해하는 순간, 그림책의 세계에 푹 빠져든다. 이러한 아이들일수록 그림책 속 글자를 부담스러워하지 않고 친숙하게 받아들이는 경우를 자주 볼 수 있다. 이와 관련하여《독서교육, 어떻게 할까?》의 저자 김은하는 시각 문해력 지도 지지 연구자들의 결과를 바탕으로 글자의 의미를 못 읽어내는 것만 문맹이 아니라, 시각 이미지의 의미 또한 제대로 혹은 비판적으로 읽어내지 못하면 문맹이라고 했다. 읽기지도의 목적이 아이들의 삶을 돕기 위한 것이라면 글뿐만 아니라 그림까지도 텍스트로 취급해 적극적으로 수업에 받아들이고, 지도할 필요가 있다는 것이다.

그림책이 1학년들도 쉽게 접근할 수 있는 텍스트라면, 동화는 아이들의 기초 문해력 상태에 따라 접근 양상이 천차만별이다. 2학기에 들어가면 국어교과서에 실린 텍스트가 갑자기 너무도 많아져 아이들과 교사들을 당황시킨다. 이것은 다른 교과에서 더욱 도드라진다. 국어교과에서 아이들의 읽기 발달 상태 기준을 너무 높게 잡은 것도 문제지만, 다른 교과가 아이들 읽기 문제를 고려하지 않고 서술해서 여러 교과로 수업을 해야 하는 교사들을 힘들게 하고 있다. 이런 상황에서 동화읽기는 글의 세계로 빠르게 들어가도록 도와주는 적절한 안전장치라고 볼 수 있다. 9월부터 그림책뿐만 아니라 동화책도 틈틈이 자주 읽어줌으로써 글공부에 흥미를 유발하고, 어느 정도 분위기가 무르익을 11월부터 한 권의 동화책을 함께 읽고 삶을 나누며 다양한 활동을 통해 친숙하게 안내한다. 이런 과정이 갑자기 닥친 활자에 대한 두려움과 거부감을 완화해준다. 지금부터 소개할 실천들은 그림책과 동화로 진행한 1년의 국어수업이다. 온작품이 갖는 역할과 힘은 어떠했으며 아이들은 그 속에서 어떻게 자랐는지를 보여주는 사례이다.

# 아이들과 삶을 나누는
# 그림책수업

아이들에게 그림책을 읽어줄 때 가장 크게 목적을 두는 건 '삶'을 나누는 것이다. 삶 나누기란 그림책으로 아이들과 이야기를 나누는 것 자체이기도 하다. 그림책을 보면서 생각나는 것들, 알고 있는 것들을 친구들과 이야기하는 풍경이 하나의 삶이다. 삶을 나누는 과정에서 아이들은 스스로를 돌아보고, 공감도 하고, 교사 역시 새로운 통찰을 얻기도 한다. 그림책 읽기 자체가 수업이자 삶이라는 것을 매번 깨닫는다. 문학이 주는 힘이 이런 것이리라.

그런데 이런 문학의 힘을 오판해 교훈만 가득한 작품으로 아이들을 가르치려 드는 어른들이 아직도 많다. 하지만 아이들이 좋아하는 그림책이 무엇인지만 살펴보아도 이러한 오판이 얼마나 무의미한지 깨달을 수 있다. 토니 로스의 《신통방통 제제벨》이라는 그림책이 대표적인 예다. 제제벨이라는 아이들의 영웅이자 어른들에게 늘 모범생이었던 아이가 마지막 장면에서 악어에게 잡아먹히고 끝나버리는 어이없고 충격적인 장면에서 많은 아이들이 해방감을 느끼는 이유를 어떻게 이해해야 할까? 그림책 《프레드릭》에서 늘 시와 노래를 즐기며 노는 주인공이 일만 열심히 하는 친구들에게 박수갈채를 받는 장면을 어떻게 해석해야 할까?

아동문학평론가 원종찬 교수는 《교사를 위한 온작품 읽기》에서 아이들은 바보가 아니라고 말한다. 문학적 효과를 충분히 즐길 수 있는 존재라는 것이다. 어설프게 교훈적인 이야기로 아이들을 가르치려 드는 순간, 아이들은 책과 문학에서 멀어진다.

《독서교육, 어떻게 할까?》의 김은하는 그림책을 아이들에게 읽어줄 때 교사들이 자주 해야 하는 말이 있다고 한다. 그건 바로 "뭐가 보여요?"라는 말이다. 그림책을 보여줄 때, 어른이나 교사들이 흔히 "이 그림을 왜 이렇게 그렸을까?"라고 질문한다. 그러나 이런 질문은 아이들이 그림을 보는 눈을 좁혀버리기 쉽다. 나 또한 준비 없이 그림책을 들고 아이들에게 다가갈 때면 자주 이런 질문을 던지곤 했다. 실수한 셈이다. 그림책을 읽을 때는 아이들이 찾은 것 중심으로 미처 찾아내지 못한 부분이나 놓친 부분을 교사가 챙겨 질문을 하면 좀더 풍성한 이야기를 나눌 수 있다. 그래야 아이들이 그림책의 세계로 거리낌 없이 들어온다. 어른들의 간섭과 어설픈 질문이 오히려 아이들의 사고를 막아버리지 않도록 아이들과 그림책이 제대로 만날 수 있게 애쓰는 교사의 노력이 필요하다. 그러한 노력은 바로 그림책에 관한 공부다. 많은 그림책을 접하고 그림책에 대한 이해를 높이는 학습이 그림책수업의 질을 좌우한다.

"오늘 이 그림책을 보여주는 까닭은?"

"제목에 'ㅍ'이 들어가 있어서요."

"맞아. 그런데 이 책에는 보다시피 생쥐와 사계절에 대한 이야기가 나와요."

"사계절이 뭐예요?"

"봄, 여름, 가을, 겨울이잖아. 넌 그것도 모르냐?"

"모를 수도 있지. 선생님도 모든 걸 알지는 못해요."

"프레드릭이다."

"맞아, 제목이 프레드릭이지. 그건 그렇고 프레드릭이라는 게 뭘까?"

"저 생쥐 이름 같아요."

"와, 잘 맞췄어요. 자. 한번 볼까요? 뭐가 보여요?"

"생쥐가 꽃을 들고 있어요."

"맞아, 그런데, 속표지에는?"

"등을 돌리고 있어요."

"왜 그런 걸까? 한번 보자구요."

이 그림책의 다섯 마리 생쥐 가운데 프레드릭은 일하지 않고 무언가를 모으는 생쥐로 나온다. 다른 네 마리 쥐들은 열심히 일하면서 겨울을 준비하는데, 프레드릭은 딴짓하는 듯, 마치 게으른 베짱이처럼 보이기만 한다. 그때마다 나머지 생쥐들은 프레드릭에게 물었다.

"프레드릭, 넌 왜 일을 안 하니?"

그러자 프레드릭은 이렇게 대답했다.

"나도 일하고 있어. 난 춥고 어두운 겨울날들을 위해 햇살을 모으는 중이야."

어느 날 들쥐들은 동그마니 앉아 풀밭을 내려다보는 프레드릭을 바라보며 물었다.

"프레드릭, 지금은 뭐해?"

"색깔을 모으고 있어. 겨울엔 온통 잿빛이잖아."

한번은 프레드릭이 조는 듯 보여 물었다.

"프레드릭, 너 꿈꾸고 있니?"

그러자 프레드릭은 이렇게 답한다.

"아니야, 난 지금 이야기를 모으고 있어. 기나긴 겨울엔 이야깃거리가 동이 나잖아."

마침내 겨울이 찾아오고 첫눈이 내리면서 다섯 들쥐는 돌담 틈새로 들어가 겨울을 나게 된다. 그러다 음식이 떨어지고 재잘댈 힘도 없어졌다. 그때 네 마리의 들쥐가 예전에 프레드릭이 무언가를 모으고 있다고 했던 것을 떠올린다. 그래서 묻는다.

"프레드릭, 네 양식은 어떻게 되었니?"

그러더니 프레드릭은 커다란 돌 위로 기어올라가 따뜻한 햇살을 보내주고 다양한 색의 넝쿨 꽃과 양귀비 꽃, 딸기 덤불 이야기를 전해주었다. 그리고는 공연하듯 다음과 같이 말했다.

"눈송이는 누가 뿌릴까?
얼음은 누가 녹일까?

궂은 날씨는 누가 가져올까?
맑은 날씨는 누가 가져올까?"
유월의 네잎클로버는 누가 피워댈까?
날을 저물게 하는 건 누구일까?
달빛을 밝히는 건 누구일까?

하늘에 사는 들쥐 네 마리.
너희들과 나 같은 들쥐 네 마리.

봄 쥐는 소나기를 몰고 온다네.
여름 쥐는 온갖 꽃에 색칠을 하지.
가을 쥐는 열매와 밀을 가져온다네.
겨울 쥐는 오들오들 작은 몸을 웅크리지.

계절이 넷이니 얼마나 좋아?
넘치지도 모자라지도 않는 딱 사계절."

프레드릭이 이야기를 마치자, 들쥐들은 박수를 치며 말했다.

"프레드릭, 넌 시인이야!"

들쥐들의 찬사를 받은 프레드릭이 하는 말.

"나도 알아."

이 그림책을 아이들에게 읽어주면서 아이들보다는 오히려 나를 떠올렸다. 딱 집어 말하면, 우리 반 진우를 바라보는 나를.

진우는 학교 오면 모든 것이 놀잇감으로 보이는 듯, 바지 주머니와 등에 블록으로 만든 총을 넣고 총소리를 내며 종횡무진 교실을 뛰어다닌다. 그 모습이 마냥 귀엽지만, 막상 수업에 들어가면 무언가 자신의 세계가 아니라는 듯 딴짓으로 시간을 보내며 내가 잔소리를 마구 주워섬기게 만드는 아이이기도 하다. 그럼에도 꿋꿋하게 웃으며 그러지 말고 잘 지내자며 내게 추파를 던지는 사랑스러운 아이이다. 이 일기를 쓰는 도중에도 방과 후 교실을 마치고 교실에 들러 나를 보고 웃으며 가려 한다. 그래서 그냥 가는 게 어딨냐고 했더니 뽀뽀해주고 간다.

아이들에게 우리 반의 프레드릭은 진우라고 했다. 아직 유치원생 같은 모습을 보이지만, 녀석도 지금 무언가를 모으고 있는 중이라고. 그게 햇살인지, 색깔인지, 이야기인지는 선생님도 모르지만, 언젠가는 그 햇살과 색깔, 이야기를 풀어낼 것이라고. 그래서 그림책을 보여주는 도중에 아이들에게 프레드릭을 부르는 네 마리의 들쥐 역을, 진우에게 프레드릭 역을 맡겼다. 아이들이 신나하며 무엇을 하고 있냐고 물어본다. 녀석은 부끄러운지 그만하라고 했다. 마지막에 "프레드릭, 넌 시인이야!"를 바꿔 "진우야, 너는 사랑스러워"라고 했더니 부끄럽다고 난리다.


"진우야, 너도 대답해야지."

"뭐라고요."

"'나도 알아' 하고. 자, 다시 한 번 진우에게 '넌 사랑스러워' 해주세요."

"넌 사랑스러워."

"나도 알아요."

딱히 이 녀석만 그렇겠나. 모든 아이가 자기만의 햇살, 자기만의 색깔, 자기만의 이야기를 모아가며 하루하루를 살아갈 것이다. 다만 그 햇살과 색깔, 이야기들을 어른들이 모른 체하거나 모르고 있을 뿐이다. 아이들에게 그림책을 읽어주면서 오히려 나를 돌아보았다. 2017.4.13.

## 우리 반만의
## 그림책 만들기

그림책으로 아이들과 시간을 보내다 보면 가끔씩 아이들을 독자가 아닌 작가로 만들고 싶을 때가 있다. 그림 그리고 글을 따라 쓸 정도만 되어도 충분히 가능한 일이다. 그렇게 만든 그림책이 2년에 걸쳐 여덟 권이다. 함께 만든 그림책을 교실에 전시해놓으면 너나없이 서로 보겠다고 달려든다. 집으로 가져가면 안 되냐고 묻는 아이들도 있는데, 때로는 본래 그림책보다 자신들이 만든 그림책을 더 좋아하는 모습도 보인다. 아이들이 직접 만든 그림책 중《진정한 일곱 살》이라는 책이 있다. 이 책을 가지고《동화로 여는 국어수업, 동화로 크는 아이들》의 저자인 최은경 교사의 수업 사례를 참고하여 따라 실천해보았다.

··· ✎ ···

그림책《진정한 일곱 살》에서는 진정한 일곱 살이 되려면 '이가 몇 개쯤은 빠져야 돼'야 된다는 식의 말이 이어진다. 진정한 일곱 살이 되려면 어른들에게는 유치하게만 느껴지는 그 무엇 정도는 할 줄 알아야 한다는 주장을 편다. 하지만 이야기 끝에는 진정한 일곱 살이 되지 못해도 여덟 살, 아니면 아홉 살에 이루면 되니, 지금 무엇을 못한다고 너무 기죽지 말라며 괜찮다는 격려와 위로를 전하고 있다. 이 지점에서 아이들에게 나는 물었다. "너희들은 여덟 살인데, 진정한 여덟 살은 무엇을 할 줄 알지?"

아직 글 못 쓰는 아이들을 생각해 발표내용을 칠판에 써주었다. 8절 도화지에 1cm 풀 붙일 공간을 남겨둔 채 반을 접어 한 장씩 나눠주고 거기에 색연필로 그림 그리고 칠판에 적힌 글도 받아쓰게 했다. 나중에 그것을 모두 이어 붙여 표지까지 만들어 붙이니 그럴듯한 우리 반 아이들만의 그림책이 완성되었다.


"자, 이 세상에는 수없이 많은 별만큼 수많은 일곱 살이 있대, 그러면 수많은 여덟 살도 있겠지? 너희들처럼."

"네!"

"진정한 일곱 살은 앞니가 하나쯤 빠져야 된대. 진정한 여덟 살인 너희들은 두세 개씩 빠져야겠지?"

"그럼요. 나는 여섯 개 빠졌는데요."

"어, 어, 나는 일곱 개거든?"

"나는 조금 있으면 빠질려고 해요."

"그러면 조금 있으면 태준이는 진정한 여덟 살이 되겠네."

"진정한 일곱 살은 음식을 가리지 않고 골고루 먹는대."

"나도 그러는데."

"야, 진우야, 너가 언제?"

"진짜로 진정한 일곱 살은 스피노사우르스가 누군지 알아야 하고 그릴 줄도 알아야 하는데, 너희들도 이런 공룡 그릴 줄 아니?"

"기본!"

이때부터 아이들 입에서 '기본'이라는 말이 나오기 시작했다.

"진정한 일곱 살은 반려동물이 외롭지 않게 잘 놀아줘야 하는 거래."
"기본!"
"나도 우리 집 강아지 잘 돌봐줘요."
"진정한 일곱 살은 마음이 통하는 단짝 친구가 있다는데, 너희들도 있니?"

이 순간 몇몇 아이가 서로 바라보며 누구랑 누구랑 단짝이라고 이야기해주기 시작했다. 그런데, 어떤 아이가 다른 아이와 단짝이라고 이야기했는데, 상대방이 생뚱맞다는 표정을 지어 무안하게 만드는 일도 벌어져 어이없이 웃기도 했다.

"진짜로 진정한 일곱 살은 양보할 줄 알아야 하고, 진짜 진짜 진정한 일곱 살은 용기가 있어야 한대."
"저도 용기가 있어요."
"용준이, 어떤 용기?"
"에펠탑에서 번지 점프할 용기요."
"에펠탑에서? 헐~ 그러다 죽을지 모르는데?"
"히~"
"또?"
"책상을 폴짝 뛰어넘을 수 있는 용기요."

"그건 기본이거든!"

"아무나 다 할 수 있어!"

"아냐, 누구에게는 그런 게 용기가 될 수 있어. 모든 걸 잘할 수는 없잖아."

"자, 진정한 일곱 살은 자기 집 주소와 전화번호를 외울 줄 알아야 한다는데, 너희들 중 이걸 모르는 사람이 있어?"

그렇게 아이들과 나는 모처럼 그림책으로 서로의 삶과 생각을 나눌 수 있었다. 올해 전국초등국어교과모임에서는 온작품 읽기 수업을 운동처럼 벌이고 있다. 방법적인 면도 중요하지만, 온작품이 아이들에게 가져다주는 행복과 나누는 삶 자체가 중요한 게 아닐까? 문학 작품 하나로 서로 마음을 읽어내고 공감하는 경험이 얼마나 중요한지 아직 모르는 사람이 많다. 책은 마음을 나누고 공감의 경험을 쌓는 도구가 되어야 한다. 그런 경험을 수업에서 쌓게 하는 일이 지난 10년간 공부하며 내가 터득한 가장 큰 가치이기도 하다.

아이들마다 '진정한 여덟 살'은 어떤 모습인지 이야기해보라고 했다. 서로 하려고 난리 치는 아이들이 있는가 하면, 뭘 이야기해야 할지

우리 교실에서 칠판 퍼포먼스는 어떤 식이든 이렇게 자주 일어난다. 이 수업을 할 때는 1학기여서 아이들이 직접 글로 쓰기는 무리여서 아이들이 발표하면 칠판에 받아써주었다. 아이들은 이 글을 그대로 받아서 그림책에 담았다.

아이들 작품의 맨 앞에 도화지를 하나 더 붙여 속표지를 작성한 뒤에 표지를 붙이도록 해 책의 완성도를 높여야 한다. 이어붙인 아이들 작품의 맨 끝은 붙이지 않아야 아이들 작품을 쭉 늘어놓고 한 번에 감상을 할 수가 있다.

그림책을 만드는 과정은 '나만의 시집 만들기'와 같다. 다만 8절 도화지를 그대로 써서 1cm 정도 풀을 바를 공간을 남겨두어 딱풀로 이어붙이면 된다. 딱풀로도 충분하니 투명테이프를 쓰지 않도록 한다.

자기가 놓고 싶은 적당한 곳에 문장을 쓰고 어울리는 그림을 그리게 했다. 이름을 빼지 않고 적도록 해 누구의 작품인지 알게 했다.

표지는 모두 이어붙인 작품의 두께와 앞뒤 표지를 고려해 머메이드지를 덮어 씌워 접을 자국을 남긴 뒤에 잘라 딱풀을 발라 붙였다.

몰라 살짝 뒤로 물러서며 고민하는 아이들도 보였다. 그렇게 아이들 하나하나의 이야기를 들으려 애썼는데, 몇몇 아이는 도무지 입을 열지 않으려 해 조금 고생했다. 그렇게 완성해본 진정한 여덟 살들의 이야기를 일부 소개해본다.

현서: 진정한 여덟 살은 스스로 머리를 감을 줄 알아야 해.

정한: 진정한 여덟 살은 아침에 가방을 혼자서 챙겨야 해.

예서: 진정한 여덟 살은 집에서 혼자서도 놀 줄 알아야 해.

주현: 진정한 여덟 살은 혼자 씻을 수 있어야 해.

다은: 진정한 여덟 살은 방에서 혼자 잘 수 있어야 해.

윤솔: 진정한 여덟 살은 혼자 머리를 묶을 줄 알아야 해.

효영: 진정한 여덟 살은 유치한 것을 보면 안 돼!

광현: 진정한 여덟 살은 모종을 잘 심어야 해.

벼리: 진정한 여덟 살은 시계를 잘 볼 수 있어야 해.

미슬: 진정한 여덟 살은 장난감을 사달라고 하지 말아야 해.

영준: 진정한 여덟 살은 딱지치기를 잘해야 해.

이렇게 그야말로 대단한 우리 반 여덟 살들은 자신들의 주장을 그림에 담아 그림책을 엮기 시작했다. 2016.7.15.

글이 없는
그림책 만나기

　그림책 가운데는 글자 없는 책도 간혹 있다. 글이 없는 책은 아이들
의 상상력을 마구마구 자극한다. 무엇이 보이는지 이야기 나누고 때로
는 만들어가는 데 아주 적합하다. 1학년 아이들과 나눈 책은 주로《문
제가 생겼어요》,《파도야 놀자》,《하늘을 나는 모자》였다. 이 가운데 두
가지 수업 사례를 나누고자 한다.

　먼저《문제가 생겼어요》는 표지 그림에서도 눈치 챌 수 있듯이 식탁
보에 다리미 자국을 남겨버린 아이가 어머니 오시기 전에 감쪽같이 둘
러댈 수 있는 상황을 만들어보려 애를 쓰는 이야기이다. 다리미 모양
을 쥐 모양이나 부엉이 모양으로 꾸며 원래 식탁보에 그런 그림이 있
었던 것처럼 어머니를 속이겠다는 익살스러운 내용이다. 아이들과 그
림책을 본 뒤, 도화지에 다양한 모양의 다리미 틀을 제시하고 너희들
은 어떻게 하겠냐고 물어보았다. 그림책에 나온 내용에서 크게 벗어나
지는 않았지만, 나름 고민하여 그림을 그리고 기뻐하는 아이들의 모습
이 보기 좋았다.

　그림 없는 그림책으로 실천한 다음 책은《하늘을 나는 모자》이다.

어떤 젊은이가 쓰고 있는 모자가 바람에 날려 여러 사람을 거쳐 우여 곡절 끝에 다시 돌아온다는 간단한 이야기지만, 글자 없이 그림으로 상황이 이어져 아이들의 상상력을 끌어내는 데 제격이었다. 그림으로 본 상황을 각기 다르게 해석하는 모습이 보기 좋았다. 이것을 문장공부와 결합시켜 글이 없는 그림책을 글이 있는 그림책으로 바꿔내도록 아이들에게 안내하였다. 그림책을 보며 이야기를 나눈 뒤 상황을 하나씩 다시 설명하도록 했다. 이때 아이들의 입말에 기대었다. 입으로 완성한 문장은 깍두기 공책에 옮겨 쓰게 했고 내게 가져와 검사를 받고 다듬을 부분을 고쳐가며 천천히 진행했다. 말로 표현하지 않은 채 글로 쓰기란 1학년에게는 아주 힘든 일이다. 반대로 입으로 표현하게 되면, 문장으로 표현하는 데 거침이 없다. 완성된 문장은 내가 나눠준 그림책 복사본의 아래 공간에 써넣게 하고 묶어서 열제본기로 제본해서 돌려주었다. 나중에 표지까지 완성했을 때 아이들이 얼마나 자랑스러워 보였는지 모른다.

··· ✏ ···

어제 걸개그림을 만들면서 아이들에게 다림질을 시켰는데, 한 곳을 너무 오랫동안 누르는 바람에 자칫 광목천이 탈 뻔하기도 했다. 그때 같은 상황을 다루고 있는 그림책《문제가 생겼어요》가 떠올라 바로 책을 챙겨 오늘 수업의 내용과 방향을 바꿔보았다. 그림책을 읽어주고 아이들에게도 식탁보에 생긴 자국을 어떻게 변형시킬 건지 생각하게 했다. 아침에 내가 준비해준 도화지에 상상한 것을 그려보라고 했더니 몇몇 아이들이 내 곁으로 다가와 책에서 본 것을 따라 해도 되냐고 물어 그러라고 했다. 그래도 불안한지 이렇게 해도 되냐고 몇 번이나 묻

는다. 괜찮다고, 마음대로 상상해서 예쁘게만 하면 된다고 해도 몇 번
이나 또 묻는다. 왜 이렇게 불안해하는 걸까. 불안과 두려움. 실패에 대
한 걱정. 이런 걸 걱정할 나이가 아니어야 할 텐데. 부디 실패하거나
조금은 싫은 소리를 들어도 어떻게든 해보려 하는 마음을 먹길 바라
고 바랄 뿐이다. 그렇게 해서 완성된 아이들의 작품을 칠판에 붙여보
았다. 참으로 예뻤다. 이제 차근차근 묶어서 다음 주 중에 우리 반만의
그림책으로 만들어볼 작정이다. 올해 첫 그림책이 탄생할 듯. 2017.3.24.

··· ✎ ···

오늘은 지금까지 공부한 문장들을 바탕으로 글 없는 그림책에 문장
을 넣어 자신만의 그림책 만들기 수업을 시작했다. 그림책으로는 로트

라우트 수잔네 베르너의 《하늘을 나는 모자》를 선정했다. 아이들은 일단 글이 없다는 말에 신기해했다. 머리카락이 별로 없는 한 청년의 모자가 바람에 날려 숱한 동물과 사람을 거쳐 다시 제 주인을 찾아가는 과정을 그린 그림책인데, 아이들은 이런 단순한 서사구조에서도 흥미를 느꼈다. 아이들은 저마다 한마디씩 덧붙이며 이야기를 만들 준비를 해주었다. 오늘은 15장면 중 5장면만으로 이야기를 꾸며보게 했다. 많은 사례를 들어가며 안내해주었더니 아이들은 금세 적응하며 글을 써 나갔다. 2017.10.24.

3-4교시는 글 없는 그림책 《하늘을 나는 모자》에 문장을 써넣는 과정을 마무리할 시간이었다. 총 15쪽지 중 11~15쪽지를 채워가는 과정이었다. 장면마다 아이들과 충분히 이야기를 나누고 아이들에게 써보게 했다. 이제는 아이들도 자연스럽게 그림장면을 문장화해나갔다. 윤아는 주인공이 자기 모자를 쓰고 있는 눈사람에게 다가가 들고 있던 바구니와 바꿔 모자를 쓰고 손짓하던 장면 중에서도 눈사람이 고개를 돌려 주인공을 바라본 장면에 주목한 글을 썼다. 아이들이 섬세하게 그림을 바라보며 표현하는 데는 아직 익숙하지 않다고 생각했는데, 어떤 녀석을 보면 딱히 그렇지도 않아 보였다. 아이들에게 그 장면을 설명해주었더니 자기들도 알고 있었다고 한다. 그렇지만 그것을 글로 나타낸 아이와 무심코 흘려보낸 아이들은 분명 다르다. 2017.11.6.

오늘 첫 시간은 글자 없는 그림책 《하늘을 나는 모자》에 붙여넣은 글을 복사하고, 또 다른 공간에 다시 글을 채워넣는 수업으로 진행했다. 지난주까지 줄글공책에 무던히도 채워낸 글을 그림에 옮겨 담는 과정이다. 이때 선생님 잔소리가 없으면 아이들은 집중하지 않고 말해주었던 것을 또 묻거나 대충 해버리기 일쑤다. 총 15장의 그림 아래 사각의 네모 칸에다 자신들이 썼던 글을 그대로 옮겨담는 것뿐이지만, 1학년 아이들에게는 쉬운 일이 아니다. 그것도 최대한 정성을 다해 예쁘게 글을 옮겨담으려면 무척 힘이 든다. 하지만 이렇게 해야 성취감도 얻는다. 잘할 수 있는 일도 처음부터 못하겠다고 말하는 아이들이 곧잘 보인다. 이 아이들에게도 무엇이든 천천히 정성스럽게 하면 괜찮은 결과물을 얻을 수 있다고 격려하고 자극해주어야 한다. 그것이 잔소리처럼 들릴지라도. 이런 과정이 없다면 아이들은 제멋대로 또는 귀찮아 대충 해버리고 만다. 이런 점에서 잔소리는 교사에게 어쩔 수 없는, 불가피한 선택이다.

　정성을 다해 글씨를 쓰다 보니 두 시간이 흘러가도록 절반밖에 그림책을 채우지 못했다. 괜찮으니 내일 나머지를 완성하자고 했다. 짐작한 대로 금요일에 표지를 완성해야 나름 완성된 아이들의 그림책, '나만의 그림책'이 나올 수 있을 것 같다. 한 달 전, 한 학부모님이 아이가 글쓰기를 힘들어한다며 걱정이라고 말했다. 그런데 지난주에는 이런 그림책 만드는 과정에서 나름대로 성취감을 느꼈는지 글쓰기가 훨씬 재미있어졌다고 한다며 대견해하셨다. 누구나 이런 방법에 만족감과 성취감을 느끼는 것은 아니겠지만, 그동안 시험과 받아쓰기로만 일관했던 국어교육, 글쓰기 교육이 이제는 달라져야 한다는 생각은 변함없다. 2016.11.14.

아이들 그림책 제본은 열제본기를
이용하였다.

여기까지 오는데 참 많은 시간이 걸렸다. 1학기 때도 글 없는 그림책《파도야 놀자》로 문장 완성 수업을 해보려 했지만, 결국 하지는 못했다. 시간적인 문제도 있었지만 문장에 대한 아이들의 이해도가 부족했기 때문이었다. 무리하게 아이들에게 깊이 있고 생각이 필요한 문장을 쓰게 하기보다는 아이들을 충분히 지도하고 안내하여 편히 쓰도록 해야겠다는 생각이 지금 와서 꽃 피우는 게 아닌가 싶다.

아이들마다 자신만의 그림책을 완성하기까지 10차시가 필요했다. 12차시가 필요한 아이들도 있었다. 하지만 교과서 텍스트에서 단순한 문장을 습득하는 것보다 이렇게 본인이 그림을 직접 보고 느낀 점을 문장으로 표현하는 과정에서 책을 만들어보게 하는 일이 아이들에게 무척 뿌듯한 일임에는 틀림이 없다. 아이들은 자신이 쓴 그림책이 실제로 제본되어 책으로 엮이는 과정을 매우 신기하게 지켜보았다. 늘 도화지에 이어붙이는 그림책을 만들다 이번에는 아이들마다 그림책을 가지게 했더니 사뭇 다른 느낌과 감동이 있는 듯했다. 만들어진 그림책을 직접 만져보고 웃는 아이들 모습이 귀엽고도 사랑스러웠다.

2017.11.15.

# 그림책을
# 색다르게 만나기

그림책을 색다르게 만난다는 것은 무슨 뜻일까? 일반적으로 아이들을 아치형태로 교실 앞자리로 불러 모으고 교사가 의자에 앉아 그림책을 펼쳐들고 보여주고 읽어주는 일이 일상이라면, 때로는 다르게 접근해보는 것도 좋다. 그중 하나가 '빛그림책' 공연이다. 먼저 그림책을 장마다 혹은 한 장을 잘게 쪼개 스캐닝해 둔다. 이것을 파워포인트에 담아 둔다. 파워포인트에 담기 전에 포토샵 같은 프로그램으로 글자를 지워주면 더욱 좋다. 그리고 나서는 그림책의 글자를 타이핑해 극본으로 만들어놓고 어울리는 배경음악을 찾아두면 모든 준비는 끝난다. 이렇게 해서 암막이 처진 시청각실 같은 공간에서 전등을 모두 끄고 공연을 하면 된다. 극본을 읽어야 할 아이들에게는 핀 마이크나 폰 전등을 켜주고 마이크를 주어 읽는데 불편함이 없도록 하고, 극본에 참여하기 싫어하는 아이들은 컴퓨터 앞에 앉혀 키보드로 화면을 넘기도록 한다. 이렇게 일 년에 네 편을 준비해두면 모든 아이가 한 편씩 참여해 즐길 수 있다. 작은 학교에 있을 때는 고학년이 준비한 공연을 저학년에게 보여주기도 했다. 이것 말고도 할 수 있는 것이 바로 그림자극이다. 그림자극은 준비하고 설명하기가 어려워 사진으로 대신한다.

그림자극을 담아 준비한 그림책수업으로는 《무지개 물고기》를 소개하고 싶다. 나눔의 가치를 전하는 이 그림책을 아이들과 수업하는 일은 처음에는 쉽지 않았다. 내가 가진 소중한 것을 다른 이에게 전해줄 때 비로소 느껴지는 나눔의 가치를 깨닫기란 1학년 아이들에게 어려운 일이다. 그림으로 이해했지만, 이것을 수업으로 끌어와 재구성하기 어려워

그림자극 정도를 꾸미고 그림책을 조금 다르게 만나게 하는 게 전부였다. 그러다 우연히 전국초등국어교과모임의 작은 모임인 시흥모임 발간 《그림책 읽는 즐거운 교실 1》에 고학년을 대상으로 실려 있던 무지개 물고기 수업 사례를 보았다. 이것을 저학년에 맞게 재구성해서 수업을 해보면 좋겠다고 여겨 시작했던 수업이었는데, 아이들이 기대 이상으로 적극적으로 호응해서 기분 좋게 마무리했던 기억이 지금도 뚜렷하다. 먼저 그림책으로 이야기를 나눈 뒤, 물고기 모양의 틀이 그려진 도화지를 모두 나눠주고 아이들에게 우리만의 무지개 물고기를 만들어보자 했다.

1학년 아이들에게는 반드시 시연이 필요하기에 칠판에 커다랗게 물고기 모양의 그림을 그려놓고 시범을 보였다. 우선 비늘마다 담임인 내가 잘하는 것을 써놓았다. 글쓰기, 책읽기 따위로. 그리고 몇 칸의 비늘에는 내가 잘하지 못하는 것을 써놓을 공간을 마련해놓았다. 그리고는 아이들에게 물어 비늘을 채우게 했다. 그렇게 채워진 물고기의 비늘은 아이들의 도움으로 완성되었다. 아이들이 무지개 물고기였던 셈이다. 어느 누구도 혼자 스스로 서지 못하고 모두의 도움이 필요하다는 것을 아이들이 몸으로 깨닫기를 바랐다. 그러고는 아이들에게도 앞에 놓은 도화지에 자신이 잘하는 점을 적게 하고 남은 비늘은 일어나서 친구들을 찾아다니며 가지고 싶은 비늘을 받아 적어오게 했다. 그렇게 완성한 우리 반 아이들의 무지개 물고기가 칠판을 가득 채웠다. 하지만 이것으로 끝을 낼 수는 없었다. 친구에게 얻은 재능 가운데 한 가지 정도는 일주일 동안 친구들에게 배울 수 있도록 안내를 했다. 줄넘기를 하지 못하는 아이가 줄넘기 비늘을 받았다면 다음 주 동안만이라도 친구에게 줄넘기를 배우고, 그림을 못 그려 그림 잘 그리기 비늘을 받은 아이들은 그림을 지도받도록 했다. 무지개 물고기 수업은 그렇게 완성되었다.

… ✎ …

"자, 선생님의 장점은 기타 치기, 음식 만들기, 책 읽기, 책 만들기, 글쓰기 등등이 있어요. 이제 몇 칸이 남았는데, 누구의 장점을 가져올까 싶네? 다들 자기 장점들을 이야기해줄래요?"

"저는 피아노를 잘 쳐요."

"맞아, 선생님은 피아노를 못 쳐. 선생님 아들은 잘 치는데, 네가 나와서 여기 비늘을 채워줄래?"

"음, 그리고…… 선생님은 스케이트를 타지 못해요. 잘 타고 싶은데, 혹시 스케이트 잘 타는 사람 있나?"

"저요! 저요!"

"지원이가 스케이트 잘 타는구나. 그럼, 너가 나와서 이 비늘을 채워줄래?"


이렇게 해서 칠판에 박진환 선생님의 무지개 물고기가 채워졌다. 색칠하는 방법도 알려주며 활동을 안내했는데, 뜻밖에 아이들은 예쁘게 꾸미는 것은 뒷전이고 다른 사람의 장점을 가져오는 데 더 큰 관심을 보였다. 차근차근 자신의 장점을 완성하고 색까지 다 칠한 사람만 움직여 친구들을 만나 장점을 받아오라고 했더니 그제서야 안정을 찾았다. 하나둘, 저마다의 장점이 채워지고 무지개 물고기가 완성되어가는 모습이 정말 보기 좋았다. 아이들이 자기 장점을 나눠주며 뿌듯해하는 것도 참 보기 좋았다. 그렇게 두 시간이 흐르자 어느 정도 윤곽이 잡혔다. 완성시켜 내게 가져오는 아이들이 하나둘 늘어났다. 다들 자기가 그렸지만 예쁘단다. 귀엽단다. 중간 놀이시간을 마치고 3교시에 들어가 아이들이 완성한 작품을 칠판에 붙이고는 이렇게 물었다.

칠판에 크게 그림을 그려놓고 설명을 해야 아이들이 쉽게 이해할 수 있다. 시연을 미리 충분히 해야 한다. 아이들이 칠판으로 나와 선생님이 채우지 못한 부분을 채우도록 비어 있는 비늘에 글을 쓰게 하면 좋다.

어느 정도 자기 비늘이 완성이 되면 빈 곳을 채워줄 친구들을 찾아 부탁을 하도록 한다. 네가 가진 빛나는 비늘을 줄 수 있겠냐며 부탁을 하는 과정에서 아이들은 서로를 조금씩 알게 되고 나눔의 가치를 깨달을 수 있었다.

친구들의 도움으로 완성한 나의 무지개 물고기

그림자극을 준비하기 위한 도구들

역할을 나눠 그림자극에 참여하는 아이들

실제 그림자극이 어떻게 만들어지는지를 경험으로 배우도록 관객과 배우의 역할을 모두 해보게 했다.

"어땠어요? 그림책 속 무지개 물고기는 소중한 자기 비늘을 다른 물고기에게 주었을 때 기분이 좋다고 했는데, 여러분은?"

"좋았어요. 내 장점을 다른 친구에게 주니까 기분이 좋았어요."

"어떤 걸 주었는지 다들 이야기해볼까요?"

"저는요? 머리 묶는 걸 줬어요."

"예나는 자기 머리를 혼자 묶을 수 있어?"

"네!"

"야, 누가 가져갔니? 예나의 장점 말이야. 그래, 이제 너희들도 조금 있으면 스스로 머리를 묶을 수 있게 될 거야."

"저는 피아노 잘 치는 걸 전해주었어요."

"이건 누가 가져갔어요?"

"그래, 너희들도 이제 열심히만 하면 피아노를 잘 치게 될 거야."

이 활동에서 아이들이 나눔의 가치를 얼마나 깨달을지는 모르겠다. 하지만 아이들이 가장 적극적으로 움직이며 스스로 내용을 채우려 했고 그 결과를 서로 손 들고 말하고 싶어 했다는 점에서는 꽤 훌륭한 수업이었다는 생각이 들었다. 중고학년 사례를 1학년에 적용하는 데 이런저런 고민을 많이 했지만 노력하고 준비한 만큼 교사인 나도 많은 걸 배운 것 같아 기분이 무척 좋았다. 더욱 내 기분을 좋게 만드는 것은 우리 반에 지금 24마리의 무지개 물고기가 돌아다니고 있다는 것이다. 2017.7.12.

## 한 작가의
## 여러 그림책 만나기

그림책으로 수업하면서 해본 또 다른 시도는 아이들에게 한 작가의 여러 작품을 쭉 만나게 하고 반응을 살피는 것이다. 주의 깊게 관찰하는 아이들은 같은 작가의 다른 작품에서 공통점과 차이점을 찾아내는 모습을 보여주었다. 친구들이 미처 찾지 못한 지점을 알려주는 과정에서 그림책 읽는 방법을 자연스럽게 터득하는 모습도 보였다. 어떤 아이는 출판사에 관심을 보이기도 하고, 작가들마다의 차이점을 이야기하는 아이도 있었다. 깊이 있는 그림책수업으로서 이런 방식도 꽤 괜찮았다.

지난 2년 동안 아이들과 함께 만나본 작가는 김윤정 작가와 백희나 작가였다. 김윤정 작가를 학교로 초대해 작가와 그림책에 대한 관심을 높였다. 백희나 작가에 대해서는 내용을 정리해 공개수업을 했고, 나중에는 국어교과모임 선생님들과 '백희나 작품전'을 학교 도서실에서 열기도 했다.

··· ✎ ···

오늘 읽어줄 그림책은 두 권이었다. 하나는 교과서에도 실려 있어 아주 유명한 백희나 작가의 《구름빵》. 다른 하나는 백희나의 또 다른 책 《어제저녁》.

"백희나 작가님의 작품 《구름빵》을 읽어보니까 어떤 점이 기억에 남나요?"
"음, 저는요. 구름이 나뭇가지에 걸려 있는 게 재미있었어요."

"저는요, 구름빵 먹고 사람이 날아다니는 게 웃겼어요."

"저는요, 그림이 마치 인형이랑 물건을 만들어 갖다놓고 사진을 찍은 것 같아서 신기했어요."

"그래요, 백희나 작가님은 참 신기한 것들을 그림에 많이 담아내는 작가인 것 같아요. 앞으로 백희나 작가님의 책을 더 보여줄 텐데, 또 어떤 상상력을 보여줄지 궁금해요. 그건 그렇고. 백희나 작가님의 그림책을 보면 신기하고 기발한 상상만이 아닌 또 다른 느낌은 없었을까?"

"주인공들이 아빠를 생각하는 마음이 보였어요."

"야, 그런 걸 건호가 읽어냈구나. 어떤 장면에서?"

"구름빵을 만들어 붕붕 날아다니다가 아빠가 있는 버스 안으로 빵을 갖다줘서 다시 회사로 붕붕 날아가게 만든 장면이요."

"맞아. 백희나 작가님의 그림책은 신기하고 기발한 상상력도 보이지만, 이렇게 따뜻한 마음을 읽어낼 수 있어 좋아요. 그럼, 백희나 작가님의 또 다른 작품을 함께 읽어볼까요?"

그렇게 나는 백희나 작가의 그림책《어제저녁》을 읽어주었다. 조금은 생뚱맞고 낯선 그림들이지만, 그것이 하나의 이야기로 이뤄져 모둠책으로 만들어진 기발한 상상력을 발휘한 책. 그러면서도 주인공들의 따뜻한 마음들이 서로 전해지는 이야기.

"책에는 작가의 마음이 담겨 있어요."

"정말이요?"

"그럼, 그걸 발견하고 읽어내면 책을 잘 읽는 거예요. 글을 줄줄 읽는 게 잘 읽는 게 아니라, 작가가 어떤 마음으로 이런 책을 만들었을까를 생각하고 느끼는 것. 이게 바로 진짜 책을 읽는 거지."

우리 아이들이 글자만 읽는 책읽기가 아니라 진정한 책읽기를 하기 바라는 마음으로 함께 읽어가려 한다. 다음 주까지 여덟 권의 백희나 작가 작품을 읽으면서 이런 내 의도를 알아주었으면 했다. 2016.10.31.

··· 🖉 ···

오늘은 아이들에게 백희나 그림책《장수탕 선녀님》과《꿈에서 맛본 똥파리》를 읽어주었다.

"《장수탕 선녀님》아직 안 읽어본 사람?"

"아직 좀 있네? 많이들 빌려가기에 거의 다 읽은 줄 알았는데."

"자, 그럼 오늘 백희나작가님의《장수탕 선녀님》과《꿈에서 맛본 똥파리》라는 작품을 읽어줄게요."

"야~ 재밌겠다."

"재밌겠지?"

"네."

"그럼, 보자.《장수탕 선녀님》부터 해볼까?"

"음, 그런데 말이야. 너희들은 진짜 이 표지에 있는 사람이 선녀로 보여?"

"하하하. 할머니 선녀에요."

"그렇긴 하다. 얼굴도 주글주글하고."

"자, 다 같이 읽어봅시다."

"목욕합니다."

"여러분, 다들 목욕탕에 가봤죠?"

"네."

"여러분도 엄마나 아빠가 이렇게 빨갛게 때를 밀어주나요?"

"아니요?"

"저희 아빠는 그렇게 해요. 아파 죽겠어요."

"이렇게 요구르트도 먹어? 목욕하고?"

"네, 우리 아빠는 맨날 사줘요."

"좋겠다."

"그런데 백희나 선생님 그림책에는 뭔가 비슷한 게 있지 않아요?"

"그림이 사진 같아요."

"인형을 만들어서 사진을 찍어요."

"그래, 그런 것 같아. 그런데 꼭 그런 것만은 아니야. 조금 있으면 볼 그림책《꿈에서 맛본 똥파리》는 그렇지 않거든."

"주인공들이 다 착해요?"

"어떻게?"

"양보도 많이 하고 잘 도와줘요."

"그렇지. 그래서 그때 선생님이 이야기했잖아. 기억나? 백희나 작가님의 그림책은 참 어떻다?"

"따뜻하다."

"그래, 너희들은 그걸 착하다고 말하지만."


이어서 그림책《꿈에서 맛본 똥파리》도 읽어주었다. 아이들이 귀여운 개구리와 올챙이들을 보고 웃는다. 개구리가 올챙이 동생들을 위해 똥파리 잡는 모습을 보고 웃는다. 개구리가 올챙이 동생들을 위해 똥파리를 잡다가 지친 모습을 보고도 웃는다.

　"주인공 개구리를 동생 올챙이들이 뭐라고 불렀죠?"

　"오빠!"

　"다시 한 번!"

　"오빠!"

　"고마워~ 선생님보고 오빠라고 해줘서."

　"우~ 말도 안 돼!"

　"그건 그렇고 주인공 개구리 모습이 나중에 어떻게 됐어요?"

　"지쳤어요. 힘들어서."

　"그러게 어떤 모습을 보고 힘든 줄 알았지?"

　"입을 벌리고 혀를 길게 뺐어요."

　"너희들도 뛰다가 지치면 입을 벌리고 혀를 내밀지. 그때를 생각해
보면 알 거야."

　"이 작품도 백희나 선생님 것인데, 다른 그림책하고 어떤 비슷한 점
이 있을까?"

　"개구리가 남을 잘 도와주어요."

　"남이 아니라 동생!"

　"그래 동생을 잘 도와주지."

　"백희나 작가님의 작품은 그래서?"

　"착해요."

　"착하기도 하고 참 따뜻한 작품이지. 다음 주에는 또 다른 작품을
읽어줄 거예요. 기대해요." 2016.11.3.

131

　오늘은 지난주부터 이어 온 백희나 작가의 책 네 권(《구름빵》,《어제 저녁》,《장수탕선녀님》,《꿈에서 맛본 똥파리》)을 표지만 보여주며 환기시켰다.


　"와, 벌써 우리가 네 권이나 봤어."
　"난 꿈에서 맛본 똥파리가 제일 재미있던데."
　"난 구름빵."


　아이들이 한 작가의 작품에서 저마다 자기가 좋아하는 작품에 대한 평을 늘어놓기 시작한다. 구체적으로 왜 좋았냐고는 묻지 않았다. 그건 내일 물어볼 작정이다.


　"오늘 읽어볼 백희나 작가님의 작품은《달 샤베트》예요."
　"샤베트?"
　"샤베트 몰라요?"
　"네."
　"그거 있잖아. 과일즙에 설탕이나 얼음, 물을 타서 달콤하게 마시는 거."
　"아~"
　"그런데, 달 샤베트는 뭐예요?"
　"뭘까? 어디 한번 보자구."
　"여기는 어디지?"
　"아파트요?"

"그래요. 그런데, 그 옆에 뭐가 있지요?"

"노란 달이요."

"창문 밖으로 웬 동물이 부채를 들고 있네. 읽어보지 않아도 날씨는?"

"더워요."

"자, 속 제목에도 달 샤베트."

"녹고 있어요. 달이."

"그러게 무슨 일이 일어난 걸까? 한번 들어가보자."


무더운 날 전기를 아낌없이 써대던 아파트 주민들. 어느새 무더운 날씨에 달까지 녹아내리면서 이야기는 시작된다. 달에서 물이 떨어지자 부지런한 반장 할머니가 대야를 들고 나가 달에서 떨어지는 물방울을 받아내며 시작하는 기발한 상상의 이야기. 대야에 담긴 달물은 빛을 낸다. 반장 할머니는 그것을 샤베트 틀에 나누어 담아 냉동실에 넣어두었다. 그러다 정전! 주민들은 달물이 가득한 반장 할머니 집 앞에 줄을 서기 시작하고 반장 할머니는 사람들에게 냉동실에 넣어두었던 달 샤베트를 아낌없이 나누어준다. 이를 받아먹은 사람들은 몸이 시원해지면서 잠에 빠져든다. 그러다 똑똑거리는 소리.


"앗! 토끼다."

"이 토끼들은 누굴까?"

"아, 달에 사는 토끼 있잖아요. 그 토끼들일 것 같아요."

"정말 그럴까? 한번 보자구."

"정말 그러네. 옥토끼. 그런데 왜 왔지?"

"달이 다 녹았잖아요."

"그래, 그랬나 봐. 그런데 어떻게 하고 있지? 반장 할머니가?"

"남은 달물을 화분에 부어요."

"그러니까 뭐가 나오기 시작했어요."

"달맞이꽃!"

"달맞이꽃, 기억나요?"

"네."

그렇게 달맞이꽃은 달빛을 다시 만들어내고 세상은 다시 원래 모습으로 돌아가 평화로워진다는 이야기. 그러자 현실 이야기를 좋아하는 현민이가 지적질을 한다.

"말도 안 돼, 어떻게 달맞이꽃에서 달이 나와요."

"말이 안 되니까 그림책이지. 이 그림책은 상상의 이야기잖아요. 지금까지 본 백희나 선생님의 모든 책이 다 기발한 상상을 이야기하고 있어요."

옆에서 아이들도 "맞아, 맞아"라며 추임새를 넣어주니 머쓱해진 현민이는 씩 웃기만 한다.

"내일은 이제 남은 백희나 작가님의 남은 두 권의 책을 함께 읽을 겁니다. 기대돼죠?"

"네." 2016.11.7.

··· ✎ ···

어제까지 읽었던 백희나 작가의 작품 다섯 점을 하나하나 훑어보고 인상 깊은 장면과 기억에 남는 특징들을 이야기 나눴다. 그 뒤로 오늘 마저 보여주고 들려줄 그림책 두 권 중 하나를 꺼냈다.


"자, 오늘 들려줄 이야기는?"

"와, 이상하다."

"선생님, 얼굴이 안 보여요."

"그러네. 얼굴이 구름에 가렸죠?"

"그런데 백희나 작가님의 다른 작품하고 뭔가 비슷하지 않아요?"

"맞아요. 장수탕 선녀님."

"그러네. 분위기가 비슷하지?"

"자, 첫 장을 열어볼까?"

"으잉, 먹물을 잘못 만져 흰 구름에 뿌려버렸대. 이렇게 되면 어떻게 되지?"

"비가 와요."

"정말 그럴까?"

'그렇네. 그런데 이 장면 어디서 많이 본 것 같지 않아요?"

"구름빵!"

"그렇지. 백희나 작가님의 작품 같다. 그지?"

"네."


그렇게 그림책 《이상한 엄마》를 아이들과 함께 읽고 이야기를 나눴다. 몸이 아픈데 집에 아무도 없을 때의 기분을 그림과 이야기로 풀어내는 백희나 선생님의 기발함에 아이들은 푹 빠져들었다. 두 번째 그림책은 《삐약이 엄마》. 덩치가 큰 고양이. 닭을 괴롭히고 달걀을 빼앗아 먹기를 좋아하는 괴물 같은 고양이. 그런데 어느 날 그 고양이가 따뜻한 달걀을 하나 빼앗아 먹고 난 뒤 배가 불러와 병아리를 낳게 된다는 황당하고도 기발한 이야기.

"여러분, 저번에 선생님이 들려준 동화책《날아라, 뻑뻑아!》기억나요?"
"네."
"그때 태어난 작은 오리가 처음 본 사물이나 사람을 누구로 여긴다고 했죠?"
"엄마."
"그럼, 이 작고 귀여운 병아리도 그렇게 될까? 한번 봅시다."
"정말 그러네. 이 고양이가 병아리를 어떻게 하고 있는지 보자."

이렇게 이야기를 나눈 뒤, 그동안 읽었던 일곱 권의 백희나 작품 중

그동안 읽어주고 보여준 백희나 그림책에 대한 아이들의 선호도 조사

가장 맘에 드는 책을 골라 이야기를 나누는 수업으로 이어갔다. 저마다 맘에 드는 작품을 고르는데, 선택한 작품에는 스티커를 붙여 어떤 작품을 우리 반 아이들이 가장 선호하는지도 파악해보았다. 1등은 어제 아이들에게 읽어준 《달 샤베트》가 차지했다.

어린 아이들과도 이런 수업이 가능할까 여기겠지만, 그건 어른들이 잘 몰라서 하는 소리이다. 아이들에게도 선택할 자유와 권리가 있다. 다만 우리 어른들이 그동안 아이들은 뭘 잘 모른다고 여겨 선택할 권리와 자유를 주지 않았던 것 뿐이다. 한 작가의 다양한 작품을 읽어가며 아이들은 같은 작가의 이야기지만, 차별성을 몸으로 깨달을 수 있었고 자기가 선호하는 작품에 대한 의사표현을 해보는 경험도 쌓았다.

다음 시간은 도서실 가는 시간. 학교에서 도서실 마무리 잔치를 준비하고 우리 국어모임에서 백희나 작품으로 전시회도 하는 터라 풍성한 준비가 돼있었다. 2교시에는 아이들을 데리고 도서실로 가서 백희나 작품전에 나온 여러 작품을 감상하고 이야기를 나누었다.


"선생님, 예뻐요. 우리 게 제일 잘한 것 같아요."

"선생님, 이게 뭐예요."

"음, 이거는 5학년 언니, 오빠들이 한 건데, 나 같으면 표지를 이렇게 만들거라고 상상해서 그린 작품이야. "

"아, 난 이게 제일 멋있어."

"난 이건데."

"이건 뭐예요?"

"음, 3학년들이 나 같으면 이렇게 구름빵을 만들었을 거라고 상상해서 만든 거야."

"선생님, 이건 우리 교실에도 있잖아요."

"응, 책등 팝업이지? 1반 선생님이 선생님한테 배워서 조금 더 크게 만든 거야."

"이건요?"

"이건 내가 삐약이 엄마라면 하는 생각으로 편지를 보낸 건데, 한번 읽어볼래?"

"저건 뭐예요?"

"이건 알사탕을 흉내 내서 만든 건데, 스티로폼으로 알사탕 흉내를 내 밑에 글을 써서 나만의 알사탕을 만들어본 거래."

"예쁘다."

"그렇지?"

"자, 앉아볼래요? 관람하니까 어때요?"

"백희나 그림책으로 다양하게 작품을 만든 걸 보니까 신기해요."

"책을 읽고 나도 저런 거 만들어보고 싶다는 생각이 들었어요."

짧은 시간이었지만, 아이들은 저마다 하고 싶은 말들이 많았는지 마구 쏟아내었다. 책 한 권을 읽고 이렇게 다양한 결과물과 이야기를 나누는 경험만으로도 아이들에게 뜻깊은 시간이었을 것이다. 2018.1.2.

그림책마다 만들어본 무대팝업 전시 　도서실에 전시한 작품을 관람하는 아이들

학교 도서실 한편에 백희나 작품 전시회를 알리　모둠 아이들이 만든 무대팝업 작품
는 포스터도 붙여보았다.

## 다시 1학년 담임이 된다면: 그림책수업

그림책을 보여주고 읽어주는 과정에서 아이들의 질문과 대답 못지않게 중요한
것이 반응이다. 각기 다른 환경에서 살아온 아이들은 그림책을 대하는 자세와
태도도 각각 다르다. 그 섬세한 차이를 느끼며 그림책을 읽어내는 일은 수업의
또 다른 재미이자 아이들을 읽어야 하는 교사에게도 매우 중요한 일이다. 《지구
인이 되는 중입니다》의 저자 최은경 교사는 백희나의 《알사탕》으로 아이들에게

질문한다. 어떤 소리가 들리는 알사탕을 가지고 싶냐고. 아이들 대답 속에는 저마다의 바람이 담겨 있고 그 지점에서 아이들을 읽어낼 수 있다. 바로 그 알사탕을 그려보게 하고 세상에 단 하나밖에 없는 그림책을 만드는 과정에서 아이들은 온전히 작품을 만나고 만들어낸다. 《온작품을 만났다 낭독극이 피었다》의 저자 박지희는 아이들에게 책을 읽히는 것은 아이들이 기꺼이 책 속 인물들의 자리에 서보게 하는 것이라고 했다. 그런 경험이 바로 독서라고. 그것을 연습하는 것이 바로 수업이며 그 과정에서 아이들은 스스로 자신이 감정을 읽고 인정하고 타인의 감정까지 이해하며 성장하는 것이라고 했다. 다시 1학년 담임이 된다면 그림책이 아이들에게 삶의 최대 가치인 타인에 대한 공감을 얻게 한다는 점에 좀더 주목해 수업을 해보고 싶다.

## 온작품 '동화'
## 읽기 수업

1년 내내 옛이야기를 들려주다가 9~10월 즈음에 들어서서는 동화책을 읽어주기 시작했다. 짧은 옛이야기와 그림책 보여주기에 익숙했던 아이들을 긴 호흡을 가진 동화책에 적응하게 하는 데 시간이 필요했다. 느린 전개에 처음에는 시큰둥하다가도 조금씩 사건이 일어나고 인물의 특성이 부각되면서 흥미를 느끼기 시작하면 아이들은 동화를 한 번에 끝까지 읽어주지 않는 내게 불만을 토로하기도 했다. 옛이야기나 그림책에서 맛보지 못한 동화식 화법에 익숙해지자 교실과 도서실에서 동화책에 관심을 보이는 아이들이 부쩍 늘어났다. 이렇게 동화책에 익숙해지고, 교육과정의 성취기준과 내용이 끝날 무렵인 11월 말부터 6주간 '동화책 깊이 읽기'로 국어수업을 진행했다. 온작품 읽기 수업의 일환으로 동화책 한 권을 깊이 읽기로 하고 선택한 책은《가방 들어주는 아이》였다.

이 동화는 석우라는 아이가 2학년에 올라와 어쩔 수 없이 장애를 안고 사는 영택이의 가방을 1년 동안 들어주어야 하는 상황에서 시작한다. 그 과정에서 성장해가는 석우의 모습에 공감하며 독자인 아이들이 함께 성장하길 바라는 내용이다. 동화책의 수준은 2학년 이상의 읽기능력을 요구했지만, 지난 1년 동안 아이들에게 수많은 그림책과 옛이야기를 보여주고 들려주며 병행한 문장공부의 힘과 우리 반 아이들의 읽고 쓰는 능력을 믿고 수업을 진행해보았다. 수업은 기존의 다른 교과 교육과정을 결합시켜 준비했다. 수업에 들어가기 전에 가정에서 충분히 읽기를 연습한 뒤에 학교에 올 수 있도록 했다. 대부분의 아이들이 적응하는 데 큰 무리가 없었는데, 부모님들에게 부탁을 드렸는데도 읽어 오지 않은 아이들이 종종 있어 아쉬웠다.

이런 아이들을 위해서라도 수업시간에 꼭 한 번씩 돌아가며 소리 내어 읽는 기회를 주었다. 소리 내어 읽고 들으면서 집중도를 높여갔다. 6주 간 긴 호흡으로 진행한 수업에서 아이들의 읽기 능력이 이전보다 향상되었고 동화 전체의 줄거리와 인물의 심리에 대한 이해도도 높아졌다. 낯선 낱말에 대한 관심과 호기심이 높아지고 동화책 속 문장에 나타나는 기호를 이해해 실제로 일기를 쓸 때 반영하는 아이들도 많아졌다. 받아쓰기는 양념처럼 한 꼭지를 읽고 다시금 되돌아보게 하는 수준으로 했다. 그러자 받아쓰기에 흥미와 재미를 느끼는 모습도 볼 수 있었다. 이야기 속 등장인물의 삶을 아이들의 삶과 이어서 견주어보게 하는 등 다양한 활동으로 풀어내려 노력했다. 아이들은 이야기를 좀더 친숙하게 자신의 삶으로 끌어와 말과 글로 풀어내며 동화책에 대한 높은 이해도를 보여주었다. 1학년 아이들에게도 이런 활동이 가능하다는 걸 알게 되어 유의미한 경험이고 배움이었다. 동화책은 도서실에서 책을 구입할 때 부탁해 아이들 수만큼 준비하여 모든 아이가 한 달이 넘게 자기 책처럼 읽고 관리하게 하면서 수업을 진행했다.

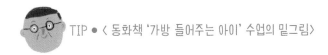

| 꼭지 | 차시 | 수업내용 | 성취기준(1~2학년군) |
|---|---|---|---|
| 개학날<br>맡은 임무 | 1 | – 첫 꼭지를 돌아가며 함께 읽고 경험과<br>느낌 나누기<br>– 어려운 낱말, 모르는 낱말, 겹받침 낱말<br>찾아보고 뜻 알기(공책에 정리) | [듣기 · 말하기]<br><br>• 자신의 감정을 표현하며<br>대화를 나눈다.<br><br>• 듣는 이를 바라보며 바<br>른 자세로 자신있게 말<br>한다.<br><br>• 말하는 이와 말의 내용<br>에 집중하며 듣는다.<br><br>[읽기] |
| | 2 | – 첫 꼭지 속에 담긴 거리 측정해보기<br>(50m가 어느 정도의 거리인지 알아보기)<br>– 거리 측정을 통해 석우의 마음 읽기 | |
| | 3~4 | – 친구와 관련된 노래 배우고 부르기<br>– 대화글 쓰는 법 익히기<br>(익힌 문장기호를 바탕으로) | |
| | 5~7 | 대본 작업한 내용으로 역할극 하기 | |
| | 8 | – 글 다시 읽고 짧은 문장 받아쓰기<br>(5~10문장 정도)<br>– 첫 꼭지 활동을 마친 뒤 느낌 나누기 | |
| 가방 두 개<br>맨 아이 | 1 | – 두 번째 꼭지를 돌아가며 함께 읽고 경<br>험과 느낌 나누기<br>– 어려운 낱말, 모르는 낱말, 겹받침 낱말<br>찾아보고 뜻 알기 | • 글자, 낱말 문장을 소리<br>내어 읽는다.<br><br>• 문장과 글을 알맞게 띄<br>어 읽는다.<br><br>• 글을 읽고 주요 내용을<br>확인한다.<br><br>• 글을 읽고 인물의 처지<br>와 마음을 짐작한다.<br><br>• 읽기에 흥미를 가지고 즐<br>겨 읽는 태도를 지닌다. |
| | 2~3 | – 가방 두 개를 맨 석우의 마음 읽기<br>– 실제로 가방 두 개 매고 걸어다녀보고<br>느낌 나누기<br>– 가방 두 개 매고 달리는 이어달리기 하<br>기 | |
| | 4~5 | – 축구를 하지 못하는 석우의 마음 읽기<br>– 실제로 축구를 해보고 느낌 나누기 | |
| | 6~7 | 대본 작업한 내용으로 1,2꼭지 역할극 하기 | |
| | 8 | – 글 다시 읽고 짧은 문장 받아쓰기<br>(5~10문장 정도)<br>– 꼭지 활동을 마친 뒤 느낌 나누기 | |

| 꼭지 | 차시 | 수업내용 | 성취기준(1-2학년군) |
|---|---|---|---|
| 영택이 잘못이 아닌데 | 1 | – 세 번째 꼭지를 돌아가며 함께 읽고 경험과 느낌 나누기<br>– 어려운 낱말, 모르는 낱말, 겹받침 낱말 찾아보고 뜻 알기 | [쓰기]<br><br>• 글자를 바르게 쓴다.<br>• 자신의 생각을 문장으로 표현한다.<br><br>[문법]<br><br>• 문장에 따라 알맞은 문장부호를 사용한다.<br>• 글자, 낱말, 문장을 관심 있게 살펴보고 흥미를 가진다. |
| | 2 | – 영택이에 대한 석우의 마음 변화 읽기<br>– 내 마음이 달라진 경험한 이야기 나누기 | |
| | 3 | – 마니또 활동 점검하며 친구를 돕는 느낌 나누기<br>– '사랑의 온도계' 만들며 남을 돕는 활동 계획해보고 실천하기 | |
| | 4 | – 친구를 생각해보며 시 써보기<br>– 친구에 관한 시 맛보기 | |
| | 5~7 | 대본을 바탕으로 1~3꼭지 역할극 하기 | |
| | 8 | – 글 다시 읽고 짧은 문장 받아쓰기 (5~10문장 정도)<br>– 꼭지 활동을 마친 뒤 느낌 나누기 | |
| 쓸쓸한 생일잔치 | 1 | – 네 번째 꼭지를 돌아가며 함께 읽고 경험과 느낌 나누기<br>– 어려운 낱말, 모르는 낱말, 겹받침 낱말 찾아보고 뜻 알기 | [문학]<br><br>• 느낌과 분위기를 살려 그림책, 시나 노래, 짧은 이야기를 들려주거나 듣는다.<br>• 인물의 모습, 행동, 마음을 상상하며 그림책, 시나 노래, 이야기를 감상한다.<br>• 시나 노래, 이야기에 흥미를 가진다. |
| | 2 | – 생일잔치 경험 나누기<br>– 쓸쓸한 생일을 맞으며 울부짖은 영택이의 마음 읽기 | |
| | 3 | – 마니또에게 주는 선물과 편지 확인하기<br>– 마니또 노래 부르기 | |
| | 4 | – 이달의 생일인 친구들에게 생일노래 부르고 축하해주기<br>– 이달의 생일인 친구들에게 편지 쓰기 | |
| | 5~7 | 대본을 바탕으로 1~4 꼭지 역할극 하기 | |
| | 8 | – 글 다시 읽고 짧은 문장 받아쓰기 (5~10문장 정도)<br>– 꼭지 활동을 마친 뒤 느낌 나누기 | |

| 꼭지 | 차시 | 수업내용 | 성취기준(1~2학년군) |
|---|---|---|---|
| 달라진 영택이 | 1 | - 다섯 번째 꼭지를 돌아가며 함께 읽고 경험과 느낌 나누기<br>- 어려운 낱말, 모르는 낱말, 겹받침 낱말 찾아보고 뜻 알기 | [성취기준보다 아이들]<br><br>온전한 작품 하나로 6꼭지의 수업활동을 기획하고 보니 1~2학년군의 성취기준을 거의 모두 담고 있었다. 성취기준을 보지 않고 교사와 1년을 함께 한 아이들의 언어능력과 수업에 임하는 태도, 반응을 생각하여 기획을 하다 보니 자연스럽게 성취기준을 포괄하고 있었던 것. |
| | 2 | - 1학기와 달라진 '나'의 모습 찾기<br>- 1학기와 달라진 '친구'의 모습 혹은 '선생님'의 모습 찾기 | |
| | 3~4 | - 1학기와 달라진 나의 모습을 간단한 팝업북으로 만들어 나타내고 전시하기 | |
| | 5~7 | 대본을 바탕으로 1~5꼭지 역할극 하기 | |
| | 8 | - 글 다시 읽고 짧은 문장 받아쓰기 (5~10문장 정도)<br>- 꼭지 활동을 마친 뒤 느낌 나누기 | |
| 모범상장 | 1 | - 여섯 번째 꼭지를 돌아가며 함께 읽고 경험과 느낌 나누기<br>- 어려운 낱말, 모르는 낱말, 겹받침 낱말 찾아보고 뜻 알기 | 성취기준보다 중요한 것은 교육과정에 따른 학습 내용과 학생의 상태이다. 그것에 따라 6주간의 수업을 기획, 구성하여 한 편의 교육과정을 완성시키는 작업이 온작품 읽기 수업의 가장 큰 특징이다.<br><br>따라서 온작품 읽기 수업은 기능중심으로 쏠린 국어교육과정을 내용중심으로 구성해 국가교육과정의 부족한 부분을 채우고 교사의 전문성을 담아내는 의미 있는 시도라 할 수 있다. |
| | 2 | - 상장을 받아본 경험과 느낌 나누고 석우의 마음 읽기<br>- 내가 올해 꼭 받아야 된다고 생각하는 상 이야기 나누기<br>- 내게 주는 상장 만들기 | |
| | 3~5 | 대본을 바탕으로 1~6꼭지 역할극 하기 학급마무리 잔치 무대에 올릴 준비하기 | |
| | 6 | - 글 다시 읽고 짧은 문장 받아쓰기 (5~10문장 정도)<br>- 꼭지 활동을 마친 뒤 느낌 나누기 | |
| | 7~8 | - EBS 방송 제작 '가방 들어주는 아이' 영상 관람하고 이야기 나누기<br>- 온작품 읽기의 모든 과정을 마친 것에 대한 소감 나누기 | |

　도서실에서 가져온 동화작가 고정욱의 대표 동화 《가방 들어주는 아이》로 국어수업을 했다. 요즘 전국초등국어교과모임에서 한창 운동을 벌이는 '온작품 읽기'의 일환으로 준비한 동화책이었다. 교과서를 넘어서 온전하고도 훌륭한 작품 하나로 국어의 성취기준을 모두 포괄하면서도 풍성한 언어학습을 할 수 있는 온작품 읽기 수업을 조금씩 실천해보려는 것이다. 1학년을 대상으로는 처음 시작하는데다 다소 시기가 늦은 것 같아 아쉽지만, 제한된 6주의 시간을 이 책 여섯 꼭지에 맞춰 재미있고도 의미 있게 수업을 준비해보려 한다. 오늘은 아이들에게 한 권씩 나눠 준 책을 보며 책 소개를 했다. 그러고는 첫 꼭지, '개학 날 맡은 임무'를 함께 읽고 간단한 받아쓰기 활동으로 마무리 지었다. 아직 읽기능력이 충분하지 못한 두 아이는 책을 함께 읽는 분위기 속에서 잘 듣고, 이어지는 활동을 함께할 수 있도록 안내할 작정이다.


　"표지부터 우리 볼까? 어떤 모습인 것 같아요?"

　"다리가 불편한 친구의 가방을 들어주는 것 같아요."

　"그렇죠. 재빨리 눈치 챘네. 소연이. 자, 책 제목을 다 같이 읽어볼까요?"

　"가방 들어주는 아이."

　"작가와 출판사는?"

　"고정욱, 사계절."

　"제목부터 볼까? 함께 읽어요."

　"개학 날 맡은 임무."

　"임무가 뭐죠? 아는 사람? 어, 태우."

"누가 뭐 시키면 하는 거요."

"어, 잘 알고 있네. 맞아요. 내가 해야 될 일 같은 거지요. 자, 또 읽어봅시다."

나는 아이들과 첫 꼭지를 한 장씩 읽으며 질문도 받고 상황묘사도 해가며 이해를 도왔다.

"선생님, 알루미늄이 뭐예요?"
"선생님, 얼떨떨이 뭐예요?"
"선생님, 쭈뼛쭈뼛이 뭐예요?"
"선생님, 배낭이 뭐예요?"
"선생님, 신세가 뭐예요?"

아이들은 한 꼭지에 숨은 어려운 낱말의 뜻을 쉴 새 없이 물어댔고, 때로는 친구들이, 때로는 선생인 내가 설명해주면서 함께 읽었다.

"그런데, 선생님, 이게 무슨 말이에요? 15쪽 맨 밑이요."
"응? 아, 이거. 여러분 다시 한 번 읽어볼까요?"
"에이, 먹는 조기는 맛있기나 하지. 우리 조기는 쓸데없는 것만 시키고 난리야."
"이게 무슨 말일까?"
"담임선생님한테 욕하는 거예요."
"어떻게 알았지?"
"담임선생님 이름이 조기준이라고 앞에 나왔어요."

"그래요. 여기서 조기는 담임선생님의 별명이에요. 조금 나쁘게 부르는."

"그러면, 어…… 어, 박진환 선생님은 박쥐라고 해야겠다."

"뭐?"

이렇게 아이들과 이야기도 나누고 웃기도 하고 떠들면서 책 한 권을 익혀나가는 일을 1학년과 할 수 있다는 게 신기하다. 1학기만 해도 제대로 읽는 것도 힘들어하던 아이들이었는데 말이다. 책을 읽으면서 몇몇에게 읽기를 시켰는데, 시원하게 읽지 못하고 떠듬거리는 아이가 있었다. 그래서 오늘 이 책을 들고 가서 집에서 첫 꼭지를 충분하게 소리 내어 읽어오라는 숙제를 내주었다. 더 읽고 싶은 아이들은 미리 읽어도 된다고 했다.

"2011년 개정 교육과정에 따른 교과서는 영역의 통합과 문학제재의 약진이 두드러진다는 것이 특징이다. 그러나 정작 대부분 초등 선생님들은 아동문학에 대한 체계적인 이해를 배우지 못했으며, 동화책을 읽은 경험도 많지 않다. 어쩔 수 없이 실제 수업은 교과서와 지도서에 나와 있는 그대로 가르치기 십상일 것이다. 그런데 교과서에 실린 작품은 그 특성상 '가장 무난한' 작품들일 따름이다. 이들 작품 대다수가 '문제 없는' 작품이지 '뛰어난' 작품은 아니라는 것이다."

《동화로 여는 국어수업, 동화로 크는 아이들》(최은경, 2014)에 실린 추천글이다. 이 글에서 주목할 점은 많은 초등학교 교사가 아동문학을 모른다는 것이다. 아울러 평소에 동화책을 읽지 않는다는 점이다.

그러니 많은 교사가 국어수업에서 지도서를 넘어서지 못한다. 전문성이 없다는 이야기이기도 하지만, 아이들의 삶을 모른다는 뜻이기도 하다. 아동문학 비평가로 저명한 이재복은 《우리 동화 바로 읽기》(한길사, 2002)에서 아이들을 정말 알고 싶다면 동화를 읽으라는 조언까지 하고 있다. 난 이번 동화수업을 통해 아이들의 삶을 좀더 깊이 이해하고 친해지고 싶다. 문학작품에 드러난 풍경과 낱말, 문장을 하나하나 읽고 만나며 흉내도 내보면서 아이들의 면면을 다시 보려 한다. 교과서를 넘어서 훌륭한 작품을 아이들과 함께 나누면서 책 읽는 즐거움을 우리 아이들에게 전해주고자 한다. 모쪼록 얼마 뒤면 헤어져야 할 아이들과 내가 이 책 한 권으로 오랫동안 서로를 기억하게 될 추억이 만들어지길 바란다. 2016.11.18.

아침노래를 부르고 옛이야기를 들려주고는 지난주에 맛본 동화책 《가방 들어주는 아이》를 펴도록 했다. 새로운 줄공책까지 꺼내라고 했는데, 서너 명의 아이들이 준비하지 못했다. 밴드에 미리 공지했는데도 몇몇 아이가 새롭게 공부할 공책이 없어 기존 공책에 덧붙여 쓸 수밖에 없었다. 일단 첫 꼭지를 다시 아이들에게 읽어보게 했다. 내용을 파악해가며 어려운 낱말이나 겹받침도 확인하게 했다. 낱말 풀이를 새롭게 해보고 서로에게 물어가며 뜻풀이를 했다. 한번은 주인공 석우가 담임선생님으로부터 제일교회와 가까운 사람들 손 들라고 했을 때의 상황에서 나타난 거리 문제로 아이들에게 질문을 던졌다.

"여러분, 50미터가 어느 정도 거리인지 알아요?"

"잘 몰라요."

"1미터가 50개 있는 거 아니에요?"

"어, 잘 아네. 근데, 1미터가 얼마나 긴 줄 아나?"

"몰라요."

"100센티미터요."

"야, 벌써 그런 걸 아는 친구가 있네. 자, 선생님이 들고 있는 이 자 길이가 얼마인지 아는 사람?"

"30센티미터."

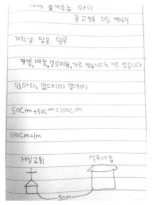

책의 제목과 꼭지 제목을 쓰고 잘 모르거나 틀리기 쉬운 낱말을 쓰게 했다. 내용 중 꼭 살펴볼 것은 때때로 그림을 그려보게도 했다.

동화 속 문장을 옮겨 쓰게 해 문장부호를 다시 확인하고 쓰는 법을 익히게 했다.

"아니? 50센티미터에요. 이걸 두 개 이으면?"

"100센티미터."

"그렇지. 100센티미터는 다른 말로 1미터라고 해요. 이건 3학년 가면 배울 건데. 이 책에 석우네 집하고 제일교회랑 50미터라고 하니 얼마큼 되는지 알아봐야 하지 않겠어?"

"네."

이렇게 하고는 나중에 산책을 대신해 아이들과 운동장에 가서 모둠끼리 의논해 1미터 거리를 짐작해 50미터가 어디까지인지 맞춰보라고 했다. 그랬더니 남학생들이 근사치에 가까운 답을 내었다.

"50미터를 맞춘 모둠은 예원이 모둠이에요.

그런데 한번 볼까? 여기서부터 저쪽까지의 거리가 석우네 집하고 영택이집 근처인 제일교회가 있는 50미터 거리예요. 가까워요?"

"네."

"석우가 영택이 가방 들어줄 수 있는 거리예요?"

"네, 저 정도는 나도 할 수 있어요."

"맞아요. 그래서 동화책에 나오는 조기준 선생님이 석우에게 부탁을 했던 거예요. 저 정도면 도와줄 수 있을 거라고."

"그런데, 석우는 하기 싫어했어요. 왜 그랬을까?"

"귀찮아서."

"그런 것도 있는데, 다른 이유도 있었어요."

"알아요."

"자~ 그건, 나중에 얘기하고 다른 걸 먼저 해볼까?"


아이들은 줄공책에도 제일교회와 석우네 집을 그려 50미터라고 표시해가며 책을 읽고 또 읽었다. 책을 빨리 읽지 않고 천천히 읽어가며 책 한 권으로 교과서 영역까지 해결해 독서의 힘과 가치를 깨닫게 하는 교육. 이것을 최근에 내가 속한 전국초등국어교과모임에서는 '온작품 읽기'라고 말하고 있다. 실제로 새롭게 개정되고 있는 2015 교육과정에도 국어교과서에 '한 학기 책 한 권 읽기'라는 대단원이 신설된다고 한다. 현장교사들의 실천과 요구가 받아들여진 것인데, 시대는 이렇게 바뀌고 있다. 그런데도 여전히 시험지로 아이들 언어능력, 국어실력을 평가하려는 낡은 방식을 고집하는 학교가 사라지지 않고 있다. 안타까운 일이다. 2016.11.21.

"지난주에 보니까 '목발을 짚어'라고 쓰지 못하고 '집어'라고 쓴 친구들이 많던데, 한번 볼까요?"

"네."

"여기서 '집어'라는 말은 언제 쓰면 알맞을까요?"

"젓가락으로 집을 때요."

"손으로 집을 때요."

"그렇죠. 그런데 책에 나온 말은 '목발을 짚어'라고 해서 어디를 짚을 때 이렇게 받침을 쓰는 거지요. 한번 따라 써보세요."

낱말 사용법은 받아쓰기나 단어장에서만 익힐 수 있는 것은 아니다. 아이들이 직접 읽고 쓰는 문장 속에서 자연스럽게 익히는 것이 훨씬 효과가 크다. 영어 공부할 때, 낱말의 쓰임새를 모르고 무조건 영어 단어를 외우는 방식이 옳지 않다는 것은 다들 잘 아는데, 우리말글도 마찬가지다. 한 달 동안 한 책으로 꾸준히 되풀이해서 읽고 쓰고 때로는 동화 속 이야기를 흉내면서 우리 말글을 대하는 일이 아이들에게 더 편해졌으면 좋겠다.

"이번 주에는 《가방 들어주는 아이》 두 번째 이야기에 나온 내용 중에서 하나를 그대로 따라 해보려는데, 한번 맞춰볼까요? 지난주에는 실제로 제일교회와 석우네 집까지 50미터가 얼마나 되는지 알아보았죠?"

"축구요!"

"그래, 축구가 나오네. 석우가 가방 들어주기는 싫고 축구는 하고 싶고. 그 마음을 우리가 한번 느껴보기로 해요."

"와~"

"그다음은?"

"초콜릿하고 사탕을 한번 먹어볼까?"

"네!"

"진짜요?"

"그럼, 실제로 초콜릿하고 사탕을 먹으면서 석우의 마음을 이해해 보는 것도 좋겠지? 그런데 이왕이면 지금 우리가 비밀친구를 하고 있으니 비밀친구에게 몰래 줄 선물로 준비해보는 것도 괜찮겠죠? 이번 주 금요일 어때요?"

"좋아요~"

이 밖에도 겹받침이 들어가는 말과 낯선 낱말을 살펴보고 번갈아 읽으면서 동화책으로 국어공부를 했다. 어느 정도 익숙해져가는 모습이 보기 좋다. 이런 과정을 통해서 아이들의 말글살이와 언어발달상태를 지켜볼 수 있어 나에게도 좋은 경험이라 여기고 있다. 2016.11.28

석우와 영택이네 집까지의 거리를 직접 발로 재    주인공 석우의 마음을 이해하며 축구도 해보았다.
어가며 체험해보았다.

오늘 첫 시간은 《가방 들어주는 아이》를 한 번 읽고 책에 담긴 내용을 실제로 해보는 날. 내일 할 것을 오늘로 당겨 일정을 바꿔보았다. 먼저 가방 두 개와 축구공 두 개를 들고 조금은 찬바람이 부는 운동장으로 나갔다. 가방 두 개를 들고 나간 까닭은 《가방 들어주는 아이》에 등장하는 석우의 느낌을 직접 느끼기 위해서였다. 실제로 가방 두 개 든 느낌을 나누고 이어달리기를 하면서 즐거운 시간을 보냈다.

"실제로 가방 두 개를 드니까 느낌이 어땠어요?"

"무거웠어요."

"석우는 걸었는데, 우리는 뛰었잖아요. 그래서 더 힘들었어요."

"그래도 느낌은 알 것 같잖아요. 석우는 영택이 가방까지 1년 동안 두 개의 가방을 들고 다녀야 하는데, 하고 싶었겠어요?"

"아니요!"

"우리가 뛴 거리가 몇 미터예요?"

"여러분이 뛴 거리는 50미터도 되지 않아요. 실제로 날마다 그렇게 가방 두 개를 가지고 걸으면 쉽지는 않았을 거예요."

가방 두 개를 매고 이어달리기해보며 석우의 마음을 짐작해보았다.

이야기 속에 등장하는 인물의 고통과 걱정을 직접 체험해보는 글 읽기. 그만큼 아이들은 이야기 속으로 한 걸음 더 들어갈 수 있었다. 이어지는 놀이는 축구. 가방을 들고 가던 석우에게 친구들이 축구하자고 유혹했다. 얼마나 하고 싶었을까. 우리 아이들에게도 한번 시켜보았다. 얼마나 하고 싶었을까를 체험해보는 시간. 남자와 여자를 섞어 두 편으로 갈라 한 개의 공으로 축구를 해보았다. 짐작한 대로 공 하나에 아이들이 떼로 몰려간다. 그 모습을 지켜보던 준서가 내 곁에 와서 씩 웃으며 하는 말.

"선생님"
"왜?"
"좀비 같아요."
"하하하."

정말 그랬다. 공 하나에 달려드는 아이들 모습이 마치. 그래서 이제 나머지 공 하나를 더 주었다. 그랬더니 훨씬 편하게 공이 이어지기 시작했다. 그런데 가만히 보니 여자아이들의 활약이 만만치 않다. 예원이와 벼리의 뜀박질과 볼 낚아채기는 놀라울 정도였다.

"예원아, 너 축구 엄청 잘하네."
"태권도 학원에서 배웠어요."

워낙 가볍게 통통 뛰는 아이라 축구에서도 발놀림이 예사롭지 않았다. 다른 여자아이들도 잔뜩 뛰어놓고 힘들다고 헉헉거리며 쉬겠다고 앉아버렸다. 그것도 잠시, 이내 일어나 다시 공을 쫓아간다. 그러길 15분. 꽤 오랫동안 쉬지도 않고 뛰던 녀석들은 빨개진 얼굴로 돌아와 힘들다고 난리를 친다. 손을 씻으라 단단히 주문해놓고 교실로 다시 돌아왔다.

"힘들었지만, 축구는 재미있지요?"

"네."

"석우가 정말 축구를 하고 싶었을까?"

"네, 재밌으니까."

"친구들이 유혹해서 넘어갈 만하지?"

"네. 근데 힘들어요." 2016.11.30.

··· ✏ ···

오늘 아침 첫 수업은 동화책 《가방 들어주는 아이》 다섯 번째 이야기를 돌아가며 낭송하는 것으로 시작했다. 그러고는 내용 확인에 들어갔다. 오늘 활동과 관계가 있기 때문이었다.

"이번 이야기의 제목은?"

"달라진 영택이요."

"영택이가 어떻게 달라졌죠?"

"음…. 목발을 짚고 다녔는데, 나중에는 지팡이만 짚고 다닐 수 있게 됐어요."

"두 발을 목발로 짚고 다녔는데, 이제는 한 발로 다닐 수 있게 됐어요."

"그랬죠. 그런데 영택이만 달라졌을까?"

"석우도 달라졌어요."

"어떻게?"

"석우가 처음에는 영택이 돕는 거 귀찮아했는데, 나중에는 자연스럽게 해줬어요."

"왜 그랬을까?"

"영택이가 어쩔 수 없이 장애인이 됐다는 걸 알았어요."

"그래, 잘 말해줬어요."

"그럼, 영택이랑 석우만 달라졌을까?"

"……"

동화책을 읽고 자기 이야기를 하고 그것을 글로 쓰고 자그마한 종이에 재미있게 담아보게도 했다.

"아이들도 달라졌어요."

"야, 동현이가 잘 말해줬네. 아이들은 어떻게 달라졌지?"

"처음에는 찔뚝이라고 놀리고 생일잔치에도 안 갔는데, 나중에는 칭찬해줬어요."

"칭찬?"

"이제 잘 걸어 다닌다고 박수도 치고 소리도 질렀어요."

"맞아요. 이제 다른 친구들도 영택이를 더 이상 찔뚝이라 놀리지 않게 됐죠. 자, 그럼! 이제 우리 이야기해봅시다. 여러분은 뭐 달라진 거 없나?"

"저요, 저는 1학기 때 그림을 잘 못 그렸는데, 이제는 잘 그리게 됐어요."

"그래, 지민이는 그렇게 달라졌지. 또 하나 있는데. 전에는 음식을 골고루 안 먹었는데, 이제는 조금이라도 먹으려고 하잖아."

"아, 맞다!"

막상 자신들이 1학기 때와 뭐가 달라졌는지 확인시키니 한동안 헤매는 아이들이 꽤 많았다. 평소에 자신의 변화에 대해 생각을 잘 안하

아이들 작품은 끝날 때마다 모두 전시해 두루 살펴보게 한다. 교실은 공부하는 곳이기도 하지만 때때로 전시장 같아야 한다.

며 살기 때문일 것이다. 늘 비슷한 일상의 되풀이 속에서 돌아보지 않으면 자신을 잘 알지 못하게 될 것이 분명하다는 것을 아이들을 통해서 새삼 깨닫게 된다. 이 활동을 통해서 아이들은 저마다 자신이 1년 동안 무엇이 달라졌는지를 잠시나마 생각할 수 있었다. 아이들에게 생각한 것을 글로 쓰고 이야기하고 팝업 책으로 꾸며내라고 하고 그 과정을 지켜보았다. 그러고는 이제 저 녀석들도 조만간 내 곁을 떠나가겠구나 하는 생각이 들었다. 2017.12.6.

··· ✐ ···

오늘 첫 수업은 동화책 《가방 들어주는 아이》를 읽고 마지막 꼭지의 제목 '모범상장'처럼, 아이들이 자신에게 상을 주는 시간이었다. 지난 1년 동안의 자신을 돌아보고 무엇이 나아졌는지, 무엇을 잘하게 됐는지를 생각해보라고 했다. 그래서 그것으로 자신에게 상장을 주자고 했다.

"자, 나는 어떤 상을 받으면 될까?"
"잘 생각이 안 나요."
"왜, 넌 글씨가 안 좋았는데, 2학기 때 예뻐졌잖아. 그거 가지고 상을 주면 되지 않을까?"
"아, 맞다!"
"선생님, 나는요. 1학기 때는 복도에서 막 뛰었는데, 지금은 안 뛰어다녀요. 그걸로 해도 돼요?"

"상 이름을 뭘로 할 건데."

"복도상이요."

"하하, 복도상? 그건 아닌 것 같은데. 질서상이라고 하면 어떨까?"

"그게 뭔데요?"

"질서 몰라? 차례 잘 지키고 복도 조용히 다니고 줄 서서 기다리는 것을 질서 잘 지킨다고 하잖아요."

"아하."

상이 없는 학교에서 아이들은 스스로에게 상을 주며 동화책 이야기를 다르게 즐겨보았다.

상장의 제목들은 저마다 다르기도 하고 어떤 아이들은 비슷하기도 했다. 그러면서 나는 우리 아이들에게 우리 학교는 상장이 없다고 했다. 그랬더니 아이들은 왜냐고 물었다. 지난날을 돌이켜보면 상장은 늘 받는 아이들만 받았다. 시간이 지나면서 늘 상을 받는 아이와 그렇지 못한 아이들의 차이가 생기고 차별이 생겼다. 공립학교가 마치 특정한 아이들을 위한 학교로 변질되었다. 그런데도 학부모도 교직원들도 그것을 자각하지 못하는 것이 큰 문제였다.

동화를 극본으로 만들어 연습을 했다.

연극은 학급마무리 잔치 무대로 올렸다.

지금도 일반학교에서는 상장의 남발로 상의 가치를 떨어뜨리는가 하면 늘 상을 받는 아이들과 그렇지 못한 아이들의 차이가 차별로, 상처로 남아 일찍부터 학교를 멀리하고 포기하는 아이들을 양산하고 있다. 상황이 이런데도 우리 학교의 일부 학부모님은 시험이 있고 상장이 있는 학교로 전학했으면 한다거나, 우리 학교가 그렇게 바뀌길 바라고 있다고 말한다. 자신의 자식은 언제나 상장을 받고 시험점수가 높을 거라 여기는 것일까? 공립학교는 누구에게든 평등한 공간이고 모두가 공평한 대접을 받는 곳이어야 한다.

지금까지 공립학교는 상장과 시험으로 아이들을 구분하고 차별하고 줄 세웠다. 그 결과 학교는 가기 싫은 곳, 공부는 나하고 먼 것이라는 인식을 대부분의 학생이 품게 만들었다. 우리가 선망하는 핀란드의 교사와 학부모도 경쟁이 필요하다고 말한다. 단, 우리 생각과는 다른 방식의 경쟁이다. 그들에게 경쟁이란, 자기 자신을 이기는 것이다. 자기 자신과의 싸움에서 이기는 학생들이 사회적으로나 개인적으로나 성공할 확률이 높다는 것을 그들은 꾸준한 실천과 경험으로 증명해 보였다. 2017.12.13.

# 한 걸음
더

동화책은 그림책과 다른 결로 아이들의 마음을 뒤흔든다. 그림책보다 서사가 길어서일 것이다. 그림책을 천천히 읽는다고 해도 동화가 주는 서사의 힘과 견주기는 어렵다. 단계마다 감정의 골이 쌓이기도 하고 흥미와 반전이 되풀이되면서 사람의 마음을 들었다 났다하는 동화의 서사는 이야기에 대한 관심을 높이기에 충분하다. 더구나 아직 읽기의 힘이 약한 1학년들은 교사가 읽어주는 동화가 꿀맛이다. 끊어진 다음 이야기가 궁금해 서둘러 도서실로 달려가거나 부모님을 졸라 기어코 책을 사서 먼저 읽고 또 읽는다.

세계적인 언어학자 스티븐 크라센은 읽기 능력을 기르는 데 가장 효과적인 것으로 문학을 들고 있다. 자기 삶과 관련이 있으면서도 판타지의 세계로 안내하여 아이들을 빠르게 빨아들이는 이야기의 힘이 읽기 능력을 향상시킨다는 것이다. 그동안 내가 만난 1학년 아이들도 교사가 읽어주는 동화를 즐겼고 수업에서 읽기 능력을 확장하여 스스로 동화책을 찾아나서는 모습을 보여주었다. 결국 동화도 삶에서 시작해야 했다. 처음 1학년을 맡았을 때는 어떤 책을 골라야 할지 몰라 잘 알려진 책을 골라 시작했다. 《가방 들어주는 아이》가 그랬다. 그러다 다시 1학년을 맡고 나서는 먼저 저학년 동화를 두루 살펴보았다. 1학년에게 알맞은 동화의 특징이 무엇인지도 살펴보았다. 《교사를 위한 온작품 읽기》의 저자 원종찬은 어린이가 어떤 이야기에 공감하며 무엇에서 재미와 카타르시스를 느끼고 깨달음을 얻는지는 연령에 따라 큰 차이를 보인다고 했다.

동화의 수준은 대체로 10세 안팎으로 나누어 보는 것이 일반적이다.

10세 이하는 현실적인 사고 체계가 확립되기 전이라 동물이나 인형도 사람처럼 대한다고 한다. 자기중심성이 강한 데 비해 장애를 스스로 해결하는 힘은 약한 아이들이라 긍정적인 믿음을 주는 이야기가 도움이 된다. 이야기는 복잡하지 않고 단순 명료해야 한다. 이 아이들을 위한 동화는 과장, 환상, 의인화 기법을 특권처럼 사용할 수 있다. 그러므로 1학년 아이들에게는 생활동화나 판타지 동화가 매우 적절하다. 이 연령대 아이들에게 읽어주기 좋은 책이 많이 출간돼 있어 선택의 폭도 매우 다양했다. 생활 동화는 생활 동화대로 판타지는 판타지대로 아이들은 그 어떤 이야기도 빠르게 흡수하며 몰입해갔다.

내가 들려준 동화이건 아이들이 친구들과 함께 읽은 동화이건 아이들은 주인공의 삶을 은근히 자신의 삶과 견주어본다. '나도 저랬다' 하고 감정이입이 되기도 하고 주인공과 함께 기뻐하고 슬퍼하고 분노한다. 아이들이 책을 가까이하지 않는 이유는 정말 재미있고 감동적인 책을 만나지 못했기 때문이라는 말이 있다. 아이들에게 동화로 다가갈 때는 정말 아이들의 마음을 뒤흔들 이야기로 다가가야 한다. 지나치게 교훈적이거나 윤리를 말하는 책은 학생들의 흥미를 끌지 못한다. 시간이 흐르면서 동화책 보는 내 안목도 발달하여 아이들 읽기 수준에도 맞고 감성에도 맞는 동화가 눈에 쏙쏙 들어오기 시작했다. 일상에서 읽어주는 책과 수업에서 다룰 책을 분리해서 1학년 아이들을 위한 동화책 관련 데이터를 차곡차곡 쌓아갔다.

교사는 온작품 읽기 수업을 준비할 때 '어떤 책으로 어떤 활동을 할 것인가'부터 구상하려 한다. 하지만 더 중요한 것이 있다. 교사가 선택한 텍스트를 분석하는 것이 먼저다. 텍스트를 천천히 읽고 충분히 소화한 뒤 수업을 구상하고 밑그림을 짜는 것이 기본이다. 하지만 그렇게 공들여 계획을 짠다고 해서 수업이 그대로 진행되지도 않는다. 아이들이 읽으면서 어떤 감흥과 어떤 생각을 할지는 예상하기 힘들기 때문이다. 어느 지점에서는 즉흥이 작동되어야 하고 즉흥적으로 나온 수업 거리가 오히려 더 좋을 때는 그대로 진행하는 것이 좋았다. 온작품 읽기 수업은 교사의 계획과 아이들의 즉각적인 반응과 호응, 교사의 수업 변경이 섞여지는 상호작용의 과정과 결과여야 한다. 일방적인 교사의 수업계획으로 아이들을 몰아가는 수업이 아닌 아이들의 호흡에 기대어 중심을 잃지 않으면서도 함께 이야기를 읽어가며 깨우치는 수업. 이것이 온작품 동화읽기 수업의 묘미이다.

모든 갈래의 국어 수업이 그렇듯이 온작품 '동화' 읽기 수업도 일상이 바탕이 되어야 한다. 아이들에게 늘 동화를 읽어주며 이야기를 나누던 삶이 그대로 수업으로 이어질 때, 수업의 질은 확실히 달라졌다. 아울러 교사들이 동화에 대한 이해를 높이는 공부를 곁들이면 좋겠다. 아이들 말글살이가 1학년 삶의 전부를 지배하고 있다고 해도 과언이 아니기에 일상에서 교사도 동화를 가까이 하는 습관이 길러졌으면 좋겠다. 처음에는 힘들고 낯선 만남이지만 자꾸 만나고 아이들에게 읽어주는 맛을 깨우치면 동화의 세계에 교사도 빠져들게 된다. 그럴 때라야 비로소 온작품 '동화' 읽기 수업을 제대로 준비할 수 있다.


## 단편 동화로 해본
## 온작품 읽기

다시 1학년을 맡으면서 단편동화로도 온작품 읽기 수업을 해 보았다. 그중 골라 함께 읽었던 책은 《쿵푸 아니고 똥푸》였다. 이 책에는 세 가지 짧은 동화가 담겨 있다. 이 중 표지 제목과 같은 첫 번째 이야기를 가지고 아이들과 수업을 해보았다. 아이들이 가장 좋아하는(?) '똥' 이야기이기도 하지만, 자신감 부족한 한 아이에게 용기를 넣어주는 일종의 판타지 동화였다. 이 번 수업은 줄공책이 아니라, 크라프트지로 된 작은 공책에 아이들이 글을 읽고 생각하고 느낀 것을 글과 그림으로 나타내게 했다. 이것은 《교사, 수업을 살다》라는 책을 작업하면서 평소 친분이 있었던 《행복한 교실》의 강승숙 선생님의 인터뷰 차 교실을 방문하여 국어수업을 방문하며 배웠던 것이기도 했다. 실제로 이 내용은 이듬해 《강승숙 선생님의 행복한 온작품 읽기》(2020)라는 제목을 달고 출간되었다.

크라프트지로 꾸민 온작품 읽기 공책

나는 먼저 온작품 읽기가 무엇인지를 아이들에게 설명하고 표지를 그리고 동화의 표지를 함께 읽고 이야기를 나누고 또 표지를 그려보는 것으로 수업을 시작했다. 그리고는 책 본문의 첫 문장으로 아이들에게 자기 삶을 이야기하는 것으로 시작했다. "산다는 것은 백만 사천 이백 팔십 아홉 가지의 멋진 일을 만나게 된다는 뜻이에요."라는 첫 문장에서 나는 1학년 아이들에게도 산다는 것이 무엇이고 멋지게 산다는 것이 무엇인지를 물어보았다. 뜻밖의 재미난 반응에 첫 수업은 생각보다 즐겁게 시작을 했다. 이어서 이야기 속 상황을 그림으로 나타내게 하고 비유적인 표현도 그림으로 표현해 상황을 이해하게 했다. 책을 읽으면서 곳곳에서 만난 문장부호와 흉내 내는 말을 확인하게 했다. 책 내용에서 속담과 수수께끼를 만날 때면 이에 대한 것도 함께 조사하고 이야기를 나누었다.

책으로 삶 나누고 공책에 정리하기

핵심어 익히고 인물 파악하기, 인물의
말과 행동을 문장부호로 나타내기

책에서 만난 속담과 수수께끼로 즐기고
흉내 내는 말 익히고 공책에 정리하기

동화 표지를 옮겨 그리고 나서

이야기 주인공 탄이의 어머니가 필리핀 출신이라는 것을 알게 되어서는 필리핀이 어디에 있는지가 궁금하다는 아이들 얘기가 나와 직접 찾아보기도 하고 그려 보게도 했다.

말풍선 스티커를 붙여 인물의 말과 행동에 대해 이야기도 해보았다. 스토리를 따라 수업을 미리 기획했지만, 그야말로 아이들의 반응에 따라 즉흥과 변주가 가득했던 온작품 '동화'읽기 수업이었다. 이 과정을 통해 책을 읽고 느낌을 이야기해보게 하고 그림과 글로 감상을 간단히 나타내는 것으로 세 꼭지의 이야기를 한 달에 걸쳐 즐겼다. 단순히 글만 읽고 다 읽었다고 했던 아이들이 천천히 때로는 깊이 읽고 생각하고 나누면서 아이들은 자연스럽게 책을 만나는 법을 익히게 되었고 글을 읽는 법도 알게 되었다. 돌아가며 책의 문장을 읽고 멈칫하며 생각해 보고 때로는 달려 읽으며 궁금한 뒷이야기를 찾아 읽고는 적지 않은 해방감도 느낄 수 있었다.

작품을 다 읽고 이야기 나누고 문장 공부로    동화책 표지 그림을 다 그리고 난 뒤 전시하여
감상문 쓰기    감상하기

··· ✎ ···

오늘 하기로 했던 온작품 읽기 《쿵푸 아니고 똥푸》 시간. 그때 또 어디선가 소리가 들려왔다.

"오늘은 왜 옛이야기랑 《화요일의 두꺼비》 안 읽어줘요?"
"아, 맞다. 알겠어요. 일단 맨 처음 글쓰기 정리하세요."

그렇게 옛이야기랑 화요일의 두꺼비를 신 나게 들려주고 읽어주었다. 동화책 《화요일의 두꺼비》는 오늘 제법 길게 읽어주었다고 생각했는데 아이들은 그래도 아쉽단다. 이번 주면 모든 이야기가 끝날 텐데 그때 아이들의 생각은 어떻게 달라져 있을지 궁금하다.
다음으로 《쿵푸 아니고 똥푸》 읽기 시간. 이 책에는 세 가지 이야기가 담겨 있다. 택배이야기와 쥐의 라면이야기. 총 세 가지를 차근차근 읽으면서 이런 저런 생각과 느낌을 내가 제공하는 공책에도 적고 그리면서 정리해나가려 한다. 때로는 상황극으로 표현을 할 수도 있고 때로는 그림자극이나 낭독극을 만들어볼 작정이다. 아쉽게도 몇몇 아이는 집에 놔두고 안 가져왔다고 하고 몇몇은 책 자체를 구입하지 않았던 것 같았다. 아쉽기도 하고 괜히 미안하기도 했다. 책을 사도록 강요할 수도 없는 터라 내 책을 빌려주고 친구랑 같이 읽게 하는 수밖에 없었다. 이렇게 해서라도 가야 한다. 교과서에 잘린 텍스트와 빈약한 내용으로는 아이들의 읽기 능력을 도울 수 없는 것은 확실하기 때문이다.

먼저 표지를 보게 했다. 표지의 이미지를 읽는 것도 공부다. '시각적 문해력'이라는 용어가 서구유럽에서 매우 중요한 교육요소로 관심을 받고 있다는 것만으로도 책 읽기에서 새롭게 주목해야 할 지점이 어디인지를 알 수 있다. 그림을 보며 주인공의 표정과 주요 캐릭터의 모습과 특징을 살펴보고 작가와 출판사에 대해 이야기하며 뒤표지에 소개된 이 책의 나머지 내용을 확인하는 과정을 거쳤다. 나중에는 속표지를 살펴보고 첫 이야기《쿵푸 아니고 똥푸》관련 그림표지 등도 보았다. 다들 신기해하며 웃는다. 아이들의 관심을 한참 받을 즈음 본문을 소리 내어서 개인별로 읽게 했다.

그렇게 일정정도 읽게 한 뒤에는 나와 함께 읽는 과정을 거치는 순서를 밟았다. 오늘은 일단 한 두 문장만 읽으면서 어떻게 생각할 수 있고 생각해야 하는지를 익혔다. 이 책의 첫머리에 있는 문장은 이 책을 평하는 사람들의 호평을 받는 문장이 담겨 있다. 이를 테면,

"산다는 것 백만 사천 이백 팔십 구가지 멋진 일을 만난다는 것이에요."
"멋진 일은 슬픈 날에 찾아와요."
아이들에게 백만 사천이백팔십구가 얼마나 큰 수인지를 수로 보여주

며 호기심을 불러 일으켰다. 산다는 게 정말 얼마나 신나면 이렇게 많게 수를 말했을까 생각해보자고 했다. 그리고 멋진 일은 슬픈 날에 찾아온다는데, 이런 경험이 있느냐고 물어보고 싶었는데, 그만 점심시간이 되어서 이것은 다음날에 다시 하자고 했다. 그리고 공책을 어떻게 만들어 쓸 수 있는지를 가르쳐 주었다. 5학년이 만든 공책을 보고는 다들 놀라워하는데, 일단 시작을 해봐야 알 것 같다. 1학년은 어떻게 해야 할지를. 2020.11. 9.

··· ✏ ···

동화 《쿵푸 아니고 똥푸》로 온작품 읽기 수업을 해보았다. 표지와 속표지가 완성이 되고 비로소 오늘부터 글을 천천히 읽어가며 생각한 바를 공책에 나타내는 과정을 거치는 수업이었다. 책 첫 줄에 "산다는 건, 백만 사천 이백 팔십 아홉 가지의 멋진 일을 만나게 된다는 뜻이에요."라는 지점에서 아이들에게 물었다.

"여러분은 산다는 게 어떤 거라고 생각해요?"

아이들은 고민이 많아 보였다. 어떻게 써야 할지 가늠할 수 없는 모양이었다. 그래서 이런 저런 예를 들어주었다. 그랬더니 한두 명씩 쓰기 시작하는데 평범하게 적는 아이도 있지만 꽤 흥미로운 표현들이 나왔다.

"재경이가 산다는 건 선생님과 재미있게 지내는 거예요."
"제민이가 산다는 건 재미있게 노는 것이에요."

"내가(수현이가) 산다는 건 가족들이랑 같이 놀러 가는 거예요."

"제인이가 산다는 건 모든 경험을 할 수 있는 기회예요."

"내가(하은이가) 산다는 건 싸우고 혼나고 재밌고 행복한 일이다."

"윤재가 산다는 건 가족이랑 친구들이 행복하게 지내는 거예요."

"성하가 산다는 건 바름반 친구들이랑 사이좋게 지내는 것이에요. 그리고 가족이랑 행복하게 사는 거예요."

"연후가 사는 것은 엄마 아빠 언니랑 행복하게 사는 것이에요."

"지아가 산다는 건 학교에서도 잘 지내고 가족들이랑 친구들이랑도 사이좋게 노는 거예요."

이밖에도 "선생님이 반 친구들에게 세발자전거 두 대의 바퀴 수는 모두 몇 개냐고 물었을 때였어요."라는 문장에서는 직접 아이들과 이 문제를 그림으로 나타내어 더 해보자고도 했다. 처음에는 못 그릴 것 같다는 아이들이 언제 그랬냐는 듯 제법 그리는 아이들이 늘어났다. 당분간 글을 읽으면서 글 내용을 자기 나름대로 어떻게 해석해서 어떤 지점을 공책에 담을 지를 하나씩 가르쳐 줄 작정이다. 이것이 어느 정도 되면 다음부터는 1학년 아이들이라고 해도 자기 나름대로 정리해나가지 않을까 싶다. 그걸 기대하고 있다. 2020. 11. 16.

··· ✎ ···

아이들은 《화요일의 두꺼비》 이야기가 끝났는데, 새로운 동화를 읽어달란다. 다음 주에 하겠다고 하니 보챈다. 할 수 없이 저번에 읽어주려 했던 김성진의 동화 《엄마 사용법》을 읽어주겠다고 했다. 그랬더니 좋다고 난리다. 책을 먼저 보기 전에 항상 하는 표지 읽기부터 시작했다.

"뭐가 보여요?"

"아이가 보여요."

"저 여자가 엄마인가?"

"엄마 표정이 무표정이에요."

"무표정이라는 말도 아네."

"근데 저기 위에 고릴라도 보여."

"쫓아가는 사람은 경찰일까?"


엄마를 사용하는 방법이라니. 아이들은 제목에서부터 궁금함을 쏟아낸다.


"제목이 왜 엄마 사용법일까?"

"엄마를 마음대로 하고 싶은 거 아닐까요?"

"엄마가 잔소리하고 그러니까 저 아이가 조종을 하는 거 아니에요?"

"엄마가 로보트인 거 같아요."

"여러 가지 답이 나왔는데, 정말 왜 작가가 엄마 사용법이라는 제목을 달았는지 우리 함께 읽어보기로 해요."

"오늘은 얼마만큼 읽어줄 건대요."

"음, 이 책은 《화요일의 두꺼비》와 다르게 작은 제목들이 붙어 있어요. 총 다섯 개인데, 오늘은 첫 번째 이야기를 들려줄 게요. 제목은 '생명 장난감'."

"생명 장난감?"

"생명 장난감이 뭘까?"

"살아 있는 거 가지고 장난치는 거요."

"에이, 너무 무서운 이야기다."

"장난감이 살아 있다는 거 같아요."

"엄마가 장난감인가?"

"궁금하죠."

"그럼, 한번 읽어볼게요."

지금 《쿵푸 아니고 똥푸》도 읽고 수업을 해야 하는데, 아이들은 이미 동화에 푹 빠져있다. 《본대로 따라쟁이》에 이어 《화요일의 두꺼비》. 이제 《엄마 사용법》까지. 남은 두 달 동안 내가 할 수 있는 최선이 아이들이 책에 가까워지고 말글을 다루는 법에 좀 더 익숙해지게 될 수 있다면 그것만으로도 고마울 따름이다. 어찌됐든 앞으로 가려 한다. 《엄마 사용법》 첫 번째 이야기에 아이들은 이미 푹 빠져버렸다. 1부가 끝났다고 하자 또 아쉬움을 한껏 뿜어낸다. 2020.11.13.

··· ✎ ···

어제 오늘 날이 갑자기 따뜻해졌다. 겨울로 들어섰다가 다시 가을로 돌아선 느낌이랄까. 일기 예보를 보니 남쪽에서 따뜻한 바람이 세게 밀려들어와서 그렇단다. 오늘 내일은 위쪽에서 날아오는 차가운 기온이 내려와 둘이 맞부딪혀 꽤 많은 비가 중부지방에 내릴 것 같단다. 어쨌거나 이른 아침 출근을 해서 창문을 여는 데 바람이 살갑다. 공기는 썩 좋지는 않았지만. 아이들을 기다리면서 음악을 틀어놓고 간단히 청소를 하려는데, 문득 책이 읽고 싶어졌다. 한 달 전부터 내 주위에서 계속 머물던 동화 《5번 레인》이 들어왔다.

왠지 읽고 싶어 첫 장을 넘기는데 두어 쪽 넘기면서 이게 동화인지 아님 소설인지, 아님 한 편의 영화인가 싶기도 해서 신기했다. 갑자기 주인공 강나루의 뒷이야기가 궁금했다. 때마침 아이들이 들어와 읽기는 접어야 했지만 종일 여운이 남았다. 내가 좋아하는 영화나 소설을 닮은 동화. 영화로 치면 〈건축학 개론〉 같은 느낌이랄까? 아이들 체온을 재고 아침에 할 거리를 안내하는데, 주아가 둥글게 말아 온 도화지를 펼치더니 내게 선물이라 전한다. '박진환 선생님 사랑해요.'라는 글과 함께 요즘 우리가 한창 읽고 있는 《쿵푸 아니고 똥푸》 표지 그림이 그려져 있었다.

내게 주려고 전날 얼마나 마음을 다해 그렸을까. 정말 고마웠다. 아침에 바빠서 주아에게 충분하게 말을 못 건넸지만, 정말 고마웠다. 9월에 아버지 손에 이끌려 전학을 왔던 주아. 처음에는 수줍게 주뼛주뼛 망설이기만 하던 녀석이 지금은 친구들을 많이 사귀면서 전에 없이 활발해지고 학교 오는 재미에 푹 빠져 있는 듯하다. 이제 얼마 남지 않은 1학년. 나와 맺은 인연을 오랫동안 기억해주길 바랄 뿐. 아침 수업을 시작해야 할 무렵 바람이 창문으로 훅 하고 들어오는 바람이 더욱 살갑게 느껴졌다.


오늘은 옛이야기는 시간 관계상 생략하고 동화책을 꺼내들었다. 《엄마 사용법》을 꺼내자마자, 아이들이 입에서 합창 같은 소리가 터져 나왔다.

"와, 《엄마 사용법》이다."
"아, 재밌겠다."

이쯤 하면 내 독서교육법은 성공적이라 할 수 있겠다는 생각이 들었다. 아이들은 오늘도 귀를 쫑긋, 눈을 반짝이며 《엄마 사용법》의 네 번째 이야기 '파란 사냥꾼'을 들었다. 할아버지를 만난 현수는 엄마가 기대했던 자기 엄마가 아니라며 아쉬워한다. 할아버지는 현수에게 오히려 진짜 엄마가 하는 것들을 모두 가르쳐주라고 한다. 그랬더니 조금씩 엄마가 현수가 기대한 엄마로 바뀌어갔다. 그때 고장 난 생명 장난감을 수거하러 온 파란 사냥꾼과 신고를 한 빨간 눈의 할머니 때문에 현수의 엄마 장난감은 긴장을 하고 두려워한다.

여기까지가 오늘의 이야기 끝. 아이들은 역시나 아쉬워한다. 그리고 내일이 마지막이라고 하니 어떻게 그렇게 이야기가 빨리 끝나느냐고 아우성이다. 이렇게 아이들에게 읽어준 책이 최근에 두 권. 《화요일의 두꺼비》와 《엄마 사용법》을 다 읽었는데, 아이들의 감흥을 어떻게 해서든 남겨놓고 싶은 데 어떻게 할까 궁리 중이다. 내가 들려주는 이야기에 흠뻑 빠져 있는 아이들. 세 번째 읽어 줄 책은 무엇으로 할까 고민이다. 아무튼 아이들이 무척이나 좋아하니 다행이고 고맙다.

다음으로는 한동안 뜸을 들였던 《쿵푸 아니고 똥푸》. 오늘은 진도를 좀 빼자는 생각으로 속도를 냈다. 그래도 아이들에게는 이렇게 말했다.

"자, 이제 책을 꼭꼭 씹어 먹읍시다."

"에? 책을 어떻게 씹어 먹어요."

"설마 선생님이 진짜 먹자고 그러는 거겠어요?"

"그럼요?"

"책을 대충 읽지 말고 꼼꼼히 읽자는 거예요. 여러분에게 책을 읽으라고 하면 그냥 쉽게 읽고 말잖아요. 빨리 읽는 게 잘 읽는 게 아니에요. 이렇게 천천히 읽고 생각하고 이야기 나누고 그림도 그리는 게 재밌지 않아요?"

맞다고 동의하는 아이들을 붙잡아서 다시 수업으로 들어갔다. 오늘은 모두 다 같이 읽자고 했다. 스무 명이 넘는 아이들이 한 문장을 함께 읽으며 씹어 먹기 시작했다. 주인공 탄이의 이름이 나왔을 때는 탄이 얼굴도 그리고 탄이 주인공 이름과 친구 이름을 함께 쓰게 했다. 흉내 내는 말 '어기적어기적'이 나왔을 때는 주인공이 똥 싸고 걷는 모습을 그림으로 나타내게도 했다. 그리고는 이 책에서 너무 자주 나오는 말 줄임표를 익히고 공책에 표시해보도록 했다.

마침내 똥푸맨이 등장했을 때 똥푸맨의 모습을 그리고 말풍선 붙임 쪽지를 주어 똥푸맨의 외침도 쓰게 했다. 이 모든 과정에 아이들은 흥미롭게 참여하며 함께 읽기 재미에 푹 빠져갔다. 나중에는 책 속에서 나온 속담 '병 주고 약 준다'는 말도 가르쳐주었다. 생각보다 아이들이 속담을 몰랐고 이 속담의 뜻은 더 몰라 설명해주느라 이런 예 저런 예를 들어주었더니 그제야 이해를 한다는 표정들이었다. 실로 동화책은 이런 내용으로 가득한데 아이들은 정말 너무도 빨리 읽어버리고 있는 것이다. 아이들 입에서 천천히 곱씹어 읽는 게 얼마나 중요한지 알았다는 느낌들이 쏟아져나오길 바랄 뿐이다.

오늘 아이들에게는 읽기 마지막 부분에 나온 수수께끼를 과제로 내주었다. 똥푸맨의 수수께끼는 얼굴이 검정이고 하얗고 노랗고 상관없이 똑같은 게 뭐냐는 것에 답을 똥으로 맞춘 내용을 참고해서 아이들에게 너희들은 어떤 수수께끼를 알고 있냐고 했더니 다들 모른단다. 그래서 집에서 하나씩 부모님께 듣거나 검색해서 알아서 공책에 적어오게 했다. 책을 읽어가며 자기 경험, 지식, 생각, 느낌을 총동원하여 연습해보고 익히는 것이 이 시기의 아이들에게 매우 중요한 경험이다. 이런 걸 배우지 못하고 학년을 거듭하니 아이들은 책을 어떻게 읽어야 하는지 모르는 것이다. 한글을 안다고 책을 읽을 줄 아는 것이 아닌 까닭이 여기에 있다. 2020.11.18.

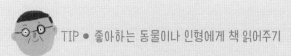

1학년 아이들에게 소리 내어 읽어보는 과정을 밟게 되면 좀더 정확히 읽기 상태를 읽어낼 수 있다. 떠듬거리고 받침을 잘못 읽거나 띄어 읽기를 하지 않거나 문장부호를 무시하고 읽는 아이들이 곧잘 보인다. 때로는 발음이 부정확해 잘못 읽는 아이들도 보인다. 심한 아이들은 전문적인 교정이 필요해 보이기도 한다. 부모와 상담을 통해 일찍 교정하게 안내한 경험도 있어 나는 직접 소리 내 읽게 하는 과정을 빼놓지 않는다. 잘못된 발음은 글을 쓸 때도 틀리게 쓰는데 큰 역할을 하는 경우가 많아 담임이 신경을 써서 살펴볼 필요가 있다. 하지만 소리 내어 읽기를 시키는 가장 큰 목적은 아이들이 글자를 읽을 줄은 알지만 유창하게 읽지는 못할 때 이를 돕는 과정으로 매우 효과적이기 때문이다. 아이들에게 읽기를 시키면 틀릴 것을 걱정하거나 잔소리나 꾸중을 들을까 미리 염려하여 작은 소리로 숨죽이며 읽는 경우도 보게 된다.

이때 아이가 좋아하는 인형이나 동물을 곁에 두고 읽게 하면 좀더 편하게 읽는 연습을 시킬 수 있다. 아무도 듣지 않는 상태에서 혼자 읽는 것이 아니라 자신이 좋아하거나 친숙한 인형이나 동물을 곁에 두고 읽게 하면 의외로 아이들은 신경 써서 읽는다. 인형이나 동물이 자신이 읽어주는 걸 듣는다고 상상하고 의미 전달에 힘을 쏟기 때문이다. 상황에 따라 로봇이나 피규어도 괜찮다. 《독서교육, 어떻게 할까》의 저자 김은하는 비슷한 방식으로 북미의 여러 도서관에서 시각장애인 안내견을 앞에 두고 아이들이 책을 읽어주는 프로그램도 있다고 전한다. 이 과정을 통해 더듬거리는 읽기 실력이지만 다른 사람에게 책을 읽어주는 기쁨을 느끼며 읽어주기 연습을 할 수 있다는 것이다. 교실에도 아이들이 좋아할만

한 인형이나 로봇을 곳곳에 구비해두어 아이들이 책을 읽어주게 하면 좋다. 가끔 숙제로 내주어 집에서 인형이나 동물에게 책을 읽어주는 연습을 해 오게 하면 학교로 돌아온 아이들은 신나게 읽어주었던 경험을 전하기도 한다.

인형과 동물에게 책을 읽어주라는 숙제를 내준 날.
어머님들이 아이들 숙제하는 모습을 전해주었다.

도움을 주는 책들

**《1학년 첫 배움책》** (휴먼어린이)

: 박지희 교사가 오랫동안 1학년 담임을 경험하며 스스로 만든 학습지 형식의 한글 익힘책이다. 이 책에는 숫자를 익히고 책을 읽는 법을 안내하는 과정까지 담겨 있어 1년 내내 폭넓게 활용할 수 있다. 원격연수로도 제작돼 있으니 이를 활용하면 더 큰 도움을 받을 수 있을 것이다.

**《초등학교 1학년 우리말 우리글》** (휴먼어린이)

: 전국초등국어교과모임의 오랜 실천과 경험을 담아 만든 대안국어교과서이다. 1년 동안 닿소리와 홀소리를 익히며 다양한 활동을 경험하게 하는 통합교과 체제로 구성돼 있다. 1학년 교육과정과 교과서를 다르게 볼 수 있는 안목까지 얻을 수 있다.

**《한글의 탄생》** (돌베게)

: 저자 노마 히데키는 '한글'이 '문화의 혁명'이며 '언어란, 문자란 무엇인가?'라는 보편적인 질문을 통해 한글을 통찰한다. 한글의 창제 원리를 '지(知)의 혁명'이라고 주장하는 그의 논리와 주장에서 한글의 제자 원리를 새롭게 읽어낼 수 있다.

**《한글교육 길라잡이》** (미래엔)

: 한국교원대 이경화 교수와 제자들이 각종 국내연구결과물과 국어교육과정과

교과서를 바탕으로 한글교육의 철학과 방향에 대해 고민한 것을 정리해놓았다. 공립학교 체제에서 오늘날 한글교육의 모습을 엿볼 수 있다.

### 《세종규칙 한글 1,2》 (동아기획)

: 한글을 문법이 아니라 시각적 청각적 발음 학습과 한글의 생성원리의 규칙을 아이들이 느낌으로 발견하여 스스로 터득하게 하면 쉽게 익힐 수 있다는 워크북 형식의 책인데, 발음을 지도할 때 유용하게 활용할 수 있다. 반복학습 형식이어서 개별학습이나 가정에서 따로 지도할 때 안내하면 좋다.

### 《10일 한글 읽기, 쓰기》 (나무와 가지)

: 현직 교사가 훈민정음을 자음과 모음 순으로 풀어 한글을 익히도록 구성한 책이다. 반복학습이 많아 가정이나 개별학습 시에 활용하면 좋다.

참고로 초등학교 1학년 현 교육과정과 교과서에 대한 이해를 높이고자 한다면 서울교육정책연구소에서 펴낸 《한글교육의 안정적 학교 정착을 위한 실행 방안 연구》를 추천한다. 현행 교과서의 문제점과 한계에 대한 이해를 도울 수 있다.

이밖에도 훈민정음 해례본을 풀이해 정리한 책 《사람이 하늘과 땅을 품는다》를 읽어보는 것도 좋겠다. 꼭 이 책이 아니어도 아이들에게 한글을 가르치는 교사라면 기본적으로 훈민정음에 대한 이해는 바탕에 두어야 하지 않을까 싶다. 적어도 한글을 가르치는 과정에서 외국이론과 실천을 무분별하게 가져다 쓰는 오류는 범하지 않아야 하지 않을까.

### 《초등학생을 위한 맨 처음 어휘 맞춤법 띄어쓰기》 (김영주)

'이름씨'(명사), '움직씨'(동사), '그림씨'(형용사)로 나누어 52개의 고빈도어를 활용해 낱말과 문장을 익히도록 해놓았다.

《동무동무 씨동무》, 《가자가자 감나무》 (편해문)

《내가 처음 쓴 일기: 1학년 한 반 아이들이 쓴 일기》 (윤태규)
《내 꿈이 어때서》 (박진환, 임연아 엮음_아이들 생활글모음집)
《지구를 지켰다》 (박진환, 임연아 엮음_아이들 생활글모음집)
《아이들 글 읽기와 삶 읽기》 (박진환)

문학동네와 창비, 사계절, 비룡소 등에서 출간하는 동시집을 학교나 교실에 갖춰 놓으면 좋겠다. 아이들의 시집으로는 《쉬는 시간 언제 오냐》, 《벌서다가》, 《새들은 시험 안 봐서 좋겠구나》, 《개구리랑 같이 학교 갔다》를 다루거나 이오덕 선생님과 이호철 선생님의 글쓰기 관련 책을 참고하길 바란다.

《독서교육, 어떻게 할까?》 (김은하)
문자를 처음 만나는 아이들의 언어발달과 독서교육 전반에 대한 지식과 정보를 탄탄한 연구결과와 이론을 바탕으로 쉽게 이해할 수 있게 풀어놓았다.

'읽기'와 '온작품'에 대한 지식을 넓히기 위한 책으로 《크라센의 읽기 혁명》, 《언어본능》, 《학교 속의 문맹자들》, 《어떻게 읽을 것인가》, 《하루 15분, 책읽어주기의 힘》, 《지구인이 되는 중입니다》, 《온작품을 만났다 낭독극이 피었다》, 《온작품읽기》, 《이야기 넘치는 교실 온작품읽기》, 《다시, 온작품읽기》, 《교사를 위한 온작품 읽기》를 권한다.

## 교사 박진환의 1학년 '한글' 교육과정 밑그림

아이들에게 한글을 만나고 익히게 하는 과정이 국가교육과정에 명시돼 있고 교과서로 제작돼 나오지만 각기 다른 출발점을 지닌 아이들에게 일관되게 적용하기란 현실적으로 어렵다. 따라서 아이들 상황과 교사의 학습정도와 준비도에 따라 방식은 여러 가지일 수밖에 없는 게 현실이다. 뚜렷하게 어떤 방법이 가장 좋다고 말할 수 없다. 남들이 좋다는 것을 적용하기보다 교사가 자신만의 방법을 찾아갈 수 있는 공부와 실천 경험을 쌓는 수밖에 없다. 여기에 소개하는 방식은 2년 동안 아이들에게 적용하고 실천한 교사 박진환만의 밑그림일 뿐이다. 그대로 적용이 되었다고도 볼 수 없다. 다만, 나만의 흐름을 공부와 경험, 실천을 통해 어느 정도 잡았을 뿐이다. 이것 또한 해마다 변화하고 깊어지고 달라질 것이다. 이런 뜻에 공감해 참고만 하길 바란다.

### 1학기 : 3월~7월 낱글자와 낱말 익히기

**3월 2주** 선 그림 그리기(첫 배움책에 담긴 분량을 떠나 다양한 형식으로 꾸준히 지도하기)

**3월 3주** 홀소리 'ㅏ, ㅓ' 'ㅗ, ㅜ'

**3월 4주** 홀소리 'ㅛ, ㅠ' 'ㅡ, ㅣ'

**교사 준비물**

1 한글 큰 글자 칠판자석교구(박지희선생님 제작. 초등 아이스크림 미니샵 구매 가능)

2 다양한 색깔의 분필

3 《1학년 첫 배움책》 또는 공책(1cm 간격으로 한 면 가득 사방에 점이 찍힌 것)

4 한글 ㄱㄴㄷ 시리즈 책과 한글 관련 그림책들


**학생 준비물**

1 《1학년 첫 배움책》 또는 공책(1cm 간격으로 한 면 가득 사방에 점이 찍힌 것)

2 12색 색연필, 사인펜, 크레파스, 2B연필, 지우개


**지도내용**

1 선 그림 그리기: 《1학년 첫 배움책》을 활용하거나 공책 활용(발도르프의 선 그림 그리기)

2 'ㅏ와 ㅓ'가 들어간 이야기: '엄마' 관련 옛이야기 들려주기(서정오, 우리 옛이야기 백가지)

3 관련 그림책 보여주고 활동해 보기: 예)《이상한 엄마》,《도깨비를 빨아버린 우리 엄마》

4 그림책을 찾지 못하면 'ㅏ, ㅓ'를 나타내는 몸짓과 노래, 그림으로 표현해보게 한다. 박지희 교사의 첫 배움책에 관련 시와 말놀이가 제시돼있으니 활용해서 지도하면 좋다.


**지도과정**

홀소리는 아이들의 상태에 따라 8~10차시 분량으로 두 글자를 2주간 걸쳐 익힌다.

1 '卜와 ㅓ'의 소리와 글자의 관계를 이해시키며 소리를 느껴보게 한다. 칠판에
   큰 크기의 자석 글자를 가운데 붙이고 때때로 그림을 그려가며 아이들에게
   'ㅏ와 ㅓ' 글자가 들어간 낱말을 입으로 내뱉게 한다. 교사는 아이들이 불러준
   낱말을 칠판에 써가며 아이들의 시선을 끌어 모은다. 이따금 아이들에게 그림
   과 낱말 쓰기를 맡겨 수업이 끝날 무렵에는 교사와 아이들이 합작한 결과가
   칠판에 가득 남도록 하고 쉬는 시간에도 내버려두어 아이들이 보게 하거나
   지우고 새롭게 다른 낱말과 글자를 쓰도록 안내한다. 이 시간은 가르치는 시
   간이어서는 안 되고 교사 혼자만의 독무대가 되어서도 안 된다. 아이들과 교
   사가 함께 만들어가는 즐거운 퍼포먼스가 되어야 한다.

2 다음 시간은 몸으로 글자를 표현하게 하고 관련 옛이야기나 그림책을 읽어준
   다. 몸과 이야기에서 글자를 찾고 이야기를 나눈다. 때로는 공책에 그림을 그
   려가며 칠판에 적힌 글과 그림을 옮겨 담게 하기도 한다.

3 《1학년 첫 배움책》에 담긴 학습 내용을 안내하고 글자를 익히고 교재에 담긴
   활동(시 읽기, 노래 부르기)을 함께 해 본다.

4월 1주　닿소리 'ㄱ, ㄲ, ㅋ'_어금닛소리

4월 2주　닿소리 'ㄴ, ㄷ, ㄸ'_혓소리

4월 3주　닿소리 'ㅌ, ㄹ'_혓소리

4월 4주　닿소리 'ㅁ, ㅂ'_입술소리 ㅍ'

5월 1주　닿소리 'ㅃ, ㅍ'_입술소리

5월 2주　닿소리 'ㅅ, ㅆ'_잇소리

5월 3주　닿소리 'ㅈ, ㅉ, ㅊ'_잇소리

5월 4주　닿소리 'ㅇ, ㅎ'_목구멍소리

6월 1주　겹친 소리 'ㅐ, ㅒ, ㅔ, ㅖ'

**6월 2주** 겹친 소리 'ㅘ, ㅙ, ㅝ, ㅞ'

**6월 3주** 겹친 소리 'ㅚ, ㅟ, ㅢ'

**6월 4주** 겹받침 'ㄱㅅ, ㅂㅅ, ㄴㅈ, ㄴㅎ'

**7월 1주** 겹받침 'ㄹㄱ, ㄹㅁ, ㄹㅂ, ㄹㅌ, ㄹㅎ'

**7월 2주** 《1학년 첫 배움책》에 실린 말놀이 퍼즐풀기

**7월 3주** 《1학년 첫 배움책》에 실린 말놀이 퍼즐풀기


## 지도내용과 과정

수업시간에 낱글자를 익히는 학습패턴은 'ㅏ와 ㅓ'를 익혀가는 과정을 되풀이한다. 이 과정을 기본틀로 하고 교사가 자율적으로 아이들의 수업리듬과 다른 교과 활동이나 주제학습과 관련을 지으면 좋다. 이 과정에서 학습의 내용과 방향을 좀더 확장하거나 통합해 되풀이되는 학습에 따른 지루함을 해결해나가야 한다. 한 학기 내내 낱글자를 익혀가는 것이지만, 다양한 활동과 온작품 학습이 결합이 되어야 한다는 것이다. 때때로 교과서에 담긴 내용을 활용하여 아이들에게 교사의 수업의 폭이 넓다는 것을 보여줄 필요도 있다. 교과서는 여러 가지 교재 중 하나라는 것을 아이들과 부모님들에게 자연스럽게 알려준다는 장점도 있다.

겹친 소리와 겹받침은 2학년까지도 꾸준히 학습이 이어져야 하는 것이어서 꼭 저 시기에 익히게 하기보다 한 번 만나서 즐긴 수준으로 가볍게 넘어가는 것이 좋다. 2학기에 교육과정에 소개가 되기도 하고 2학년에서도 자연스럽게 익힐 수 있는 기회는 많다. 책을 자주 만나고 익히는 과정에서 충분히 아이들은 구별할 수 있게 되는데, 수업 과정에서 이따금 교사가 환기시켜주면 좋다. 'ㅏ와 ㅓ' 학습 이외에 따로 관련 책이나 옛이야기를 밝히지 않은 까닭은 2년간 지도를 하면서 기계적으로 딱딱 맞춰 지도하지 않은 탓도 있지만, 교사가 다른 이의 것을 그

대로 따라하기보다 스스로 자기 방식을 찾기를 바라서다.

처음이라 힘들다 여기는 분은 《하늘에서 온 글, 한글》에 대략적으로 이런 내용이 담겨 있으니 참고하면 좋을 것이다. 그러나 아이들에게 맞는 책과 이야기를 발견하는 재미를 스스로 느껴보는 게 중요하다. 다른 이들이 괜찮다고 소개한 내용과 실천이 내게는 맞지 않을 수 있다. 스스로 자료를 찾아가며 만들어가는 수업에서 교사의 성찰이 이뤄지고 전문성이 높아진다. 다른 교사에게 기대기보다 스스로의 빛깔을 만들어가는 수업실천을 하길 바란다.

## 2학기 : 낱말, 문법, 문장에서 서사문(일기) 쓰기까지

**8월 4주**  이름씨_'손, 발, 눈'

**9월 1주**  이름씨_'몸, 밥, 국'

**9월 2주**  이름씨_'맛, 물, 방'

**9월 3주**  이름씨_'문, 벽, 집'

**9월 4주**  이름씨_'옷, 실, 신'

### 교사 준비물

1  한글 큰 글자 칠판자석교구

2  다양한 색깔의 분필

3  10칸 공책과 간격이 넉넉한 줄공책

4  《초등학생을 위한 맨 처음 어휘 맞춤법 띄어쓰기》 교재

**학생 준비물**

1  10칸 공책과 간격이 넉넉한 줄공책

2  2B연필, 지우개

**지도내용**

1  주제어와 관련된 낱말을 아이들 입에서 나
오게 하고 교사는 크게 써놓은 주제어(그림
을 그려 놓아도 좋다)에 쓰며 낱말불리기 활
동을 이어가게 한다. 아이들은 칠판에 적힌
글을 칸 공책에 한 번씩 써보며 익힌다.

2  칠판에 나온 낱말을 바탕으로 박자에 맞춰
말놀이를 하며 재미를 느끼도록 한다. 특별
한 방법이 있다기 보다 낱말로 리듬감 있
게 추임새를 넣어가며 할 수 있는 놀이면
어떤 것이든 좋다.

3  주제어가 들어간 단문을 말하게 하고 교사
와 아이들이 칠판에 쓴다. 교사는 주어와
술어 사이에 줄을 그어 놓아 문장의 기본 구조를 아이들에게 상기시킨다. 토
씨(조사)도 표시를 해두어 문장에서 토씨가 가진 가치를 은연중 알 수 있도록
한다.

4  마지막으로 주제어에 담긴 자기 삶을 이야기하도록 한다. 예를 들어, 주제어
'손'에 얽힌 이야기를 각자 이야기하는 것이다. 처음에는 어떻게 하는지 모르
겠다고 했지만 내가 손을 데었거나 다쳤던 기억을 이야기해주며 유도하자 아
이들은 저마다 손을 들며 자신은 손에 관한 어떤 이야기가 있는지를 얘기하고

싶어 했다. 이렇게 충분히 삶을 나눈 뒤 글을 쓰게 하면 조금씩 아이들은 문장을 늘이며 글로 자기 삶을 표현하기 시작한다.

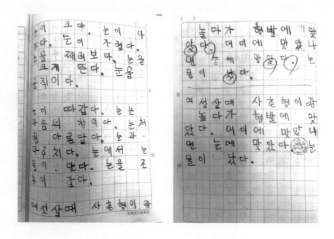

## 지도과정

낱말불리기와 문장학습은 아이들의 상태에 따라 일주일에 6차시 분량으로 세 가지 주제어를 학습할 수 있도록 했다. 아이들의 상태와 교사의 재량에 따라 일주일에 한 주제어만 해도 상관은 없다. 중요한 것은 아이들이 이 과정에서 낱말이 주는 재미와 문장을 쉽게 익혀갈 수 있다는 점이기 때문이다. 교육과정과 교과서에 이런 내용이 부족해 서툰 아이들은 제대로 익히지도 못하고 다음 학년으로 넘어가는 경우가 있어 이런 수업은 오히려 문해력 환경이 부족한 아이나 속도가 처지는 아이들에게 매우 중요한 과정이라고 생각한다.

**10월 1주** 이름씨 '줄, 길, 돌'

**10월 2주** 이름씨 '흙, 땅, 해'

**10월 3주** 이름씨 '눈, 비, 빛'

**10월 4주** 움직씨 '가다, 오다, 서다'

**11월 1주**  움직씨 '걷다, 먹다, 보다'

**11월 2주**  움직씨 '듣다, 밀다, 주자'

**11월 3주**  움직씨 '씹다, 웃다, 파다'

**11월 4주**  움직씨 '자다, 찾다, 모으다'

**12월 1주**  움직씨 '만들다, 묶다, 놀다'

**12월 2주**  움직씨 '담다, 찢다'

**12월 3주**  그림씨 '검다, 크다, 길다'

**12월 4주**  그림씨 '같다, 맑다, 달다'

**01월 1주**  그림씨 '춥다, 늦다'


## 지도내용과 과정

1  일주일에 세 가지 주제어를 2차시 분량으로 지도를 하는 일은 역시나 힘든 일
이었다. 특히 10월까지는 속도가 나지 않고 아이들이 때때로 힘들어해서 과연
이 과정을 모두 마칠 수 있을지 걱정이었다. 그러나 11월부터 아이들이 적응을
하기 시작하면서 한 주제어를 2차시 안에 충분히 소화해내고도 남았다. 시간
은 국어시간과 창체 시간을 확보해 충분한 시간을 두고 할 수 있도록 애를 썼
다. 기능이 필요 없는 것이 아니다. 제대로 가르쳐야 할 지점에서는 정확하고
도 충분하게 가르쳐야 한다.

2  아이들 모두가 이 과정에서 성과를 얻고 성장을 할 수 있도록 하기 위해서는
개별지도가 반드시 필요하다. 아이들과 주제어로 삶과 관련된 이야기를 나누
고 글을 쓰게 한 다음에는 한 명씩 검사를 하며 문장지도를 했다. 이 때는 조
금 엄격하게 대했다. 대충 쓰려 하거나 생각을 하려 하지 않는 아이들은 다시
쓰게 하며 그냥 넘기지 않았다. 처음에는 힘들어하던 녀석들도 조금씩 나아지
기 시작하는 모습이 보여 담임으로서 보람이 컸다.

3 11월부터는 주제어에 담긴 자기 삶을 글로 쓰게 하는 공간을 칸 공책에서 줄 공책으로 바꾸었다. 칸 공책을 10월까지 줄기차게 쓴 까닭은 이 과정에서 자연스럽게 아이들이 띄어쓰기를 익히게 하기 위해서였다. 이런 흐름은 11월부터 일기를 줄공책에 쓰게 하는 과정과 맞닿으면서 아이들이 자연스럽게 몸으로 글쓰기를 익힐 수 있었다. 아이들의 서사문(일기)이 내용과 형식면에서 질적으로 달라져 갔다. 1학년도 충분히 잘할 수 있다는 것을 우리 아이들이 보여주었다.

# 수학 이야기

# 재미와 흥미,
# 배려가 함께하는
# 수학교육

　1학년 담임을 맡았을 때 그나마 편하게(?) 수업할 수 있었던 과목이 바로 수학이었다. 선행학습이나 제각기 다른 경험 등의 이유로 아이들 사이에 수준 차이는 있었지만, 그래도 1학년들의 학력 차이가 크지 않아서 수업에 큰 어려움이 없었기 때문이었다. 다만, 수학교육에도 교사만의 관점은 꼭 있어야 할 것 같았다. 아이들을 일찍부터 '수포자'로 만들지 않기 위해 1학년 수학수업을 어떻게 진행해야 할지, 1학년 교사들의 합의된 관점이 있어야 한다고 생각했다. 학교 전체, 학년 전체 차원에서 합의된 하나의 일관된 관점이 있어야 설득력 있는 수업이 가능했다. 물론 합의 과정은 결코 쉽지 않았다. 나도 학년 초에 '놀이수학'을 토대로 교사마다 다양하게 시도해보자고 이야기했지만, 시간이 흐를수록 이런 합의는 점점 흐릿해지고 실천은 흐지부지해졌다.

　가장 큰 원인은 여전히 기존의 문제풀이식 수업에서 크게 벗어나지 못하는 관점을 가진 채 아직 몸에 배지도 않은 수업방식을 강요(?)받았기 때문이었다. 이런 문제에서는 나도 예외일 수 없었다.

하지만 어떻게 해서든 길을 찾아야만 했다. 우선 오랫동안 실천되어 검증된 사례를 찾아 적어도 2년 정도는 꾸준히 따라 해보기로 했다. 다만 정성을 다해 따라하는 동시에 늘 의심하고, 비판적으로 수용하며, 반성하여 실천해야 한다는 전제는 달아야 했다. 내가 선택한 방식은 늘 존경하던 조성실 선생님의 '놀이수학'이었다. 오랫동안 지켜보고, 이따금씩 따라 해보기도 했지만 놀이수학은 일부 학년, 그것도 특정한 영역에서만 적용했었다. 그러던 것을 처음 맡은 1학년 수학 교육과정 전반에 적용하여 실천해보기로 했다. 이를 위해 대학에서 수학교육에 관해 제대로 배우지 못한 채 낡은 방식과 문제풀이 위주의 평가에 기대던 기존 습성에서 탈피해야 했다. 그래야 '놀이수학'을 2년 간 꾸준히 실천하며 내 것으로 만들수 있을 것 같았다. 이른바 '몸짓 수학'이니 '발도르프식' 혹은 '핀란드식'으로 불리는 실천 사례 또한 두루 익히며 알아두기는 했지만, 기본적으로 우리 땅에서 우리 아이들을 대상으로 실천한 현직교사의 연구결과인 '놀이수학'에 더 집중했다. 조성실 선생님이 제공해주신 각종 이야기와 학습지 중에서 필요한 것을 다시 정리해 수학공책도 만들고, 다양한 학습 자료도 준비했다. 그런 과정에서 초등학교의 수학수업이 어떠해야 하는지 조금이나마 알 수 있었다.

1학년과 놀이수학을 진행하면서, 그동안 말로는 수학교구나 조작활동의 중요성을 인지한다고 하면서도 맛보기 이상으로는 해내지 못했던 지난 시절을 반성하게 됐다. 1학년 수학교과의 전 과정에 조작활동을 전면 배치하고 수업하면서 아이들이 얼마나 즐거워하는지, 또 어떻게 창의적으로 생각하고, 표현하는지 자주 확인할 수 있었다. 아울러 수학수업을 할 때에는 활동 뿐만 아니라 수학에 담겨 있는 수많은 삶도 이해해야 한다는 점까지 깨달았다. 조성실 선생님의 사례를 만나보며 그저 아이들의 활동을 돕는 도구로써의 수학 이야기가 아닌 수학적 상상력을 끌어내는 이야기를 나름대로의 방식으로 만들어낼 여유와 자신감도 가질 수 있었다. 다만 이러한 실천 과정을 동료교사들과 폭넓게 공유하지 못했던 점은 무척 아쉬웠다.

수학에 대한 어른들의 잘못된 관점이나 실천은 아이들의 몸속에도 그대로 남아 있다. 선행학습으로 이미 1학년 교육과정을 마쳤거나, 얼핏 이해도가 높아 보이는 많은 아이의 사고는 사실 '수학은 곧 문제풀이'라는 관점에만 쏠려 있다. 구태여 복잡하게 사고하거나 애써 천천히 접근할 필요 없이 답만 빨리 내면 된다는 아이들이 너무도 많았다. 사고하고, 상상력을 키우며 수학이라는 학문의 힘과 가치를 느끼기에는 이미 망가진 상태로 입학한 아이들이 상당수였다. 이를 다시 풀어서 하나씩 맞춰나가는 과정에 조성실 선생님의 놀이수학이 큰 도움을 주었고, 2년 동안 그 덕을 많이 보았다. 이야기와 놀이가 섞이고, 차근차근 문제를 해결해가며 하나의 문제에 여러 가지 다른 방식으로 접근하고 이해해보는 경험이 쌓이면서 아이들은 조금씩 수학 자체를 즐기게 되었다.

이렇게 즐기며 '재미'와 '흥미'를 보여주던 아이들 덕분에 나는 필요한 교구를 스스로 만들 수 있었고, 지치고 힘들어도 2년 동안 꾸준히 실천할 수 있었지 않나 싶다. 물론 아직도 공부할 게 더 많다. 2년이라는 짧은 실천을 통해 아이들이 느끼는 '재미'와 '흥미'는 발견했지만 조성실 선생님이 수학수업에 담아내려 끊임없이 노력했던 모든 아이를 위한 '배려'가 담긴 깊이 있는 수업으로 나아가기 위해서는 더욱 많은 실천과 노력이 필요하다는 것을 느꼈기 때문이다. 그는 수업에서 문제를 해결하지 못하거나 틀려서 자신감을 잃은 아이들에게 다가가 우리는 누구나 틀릴 수 있고, 그래도 괜찮다는 격려를 아끼지 않는다. 누구나 잘해낼 수 있으니 힘을 내라며 한 아이라도 놓치지 않으려 한다. 그 진정성은 어느 학년을 맡더라도 반드시 몸으로 터득해야 할 부분이다. 무엇보다 1학년 놀이수학을 꾸준히 실천하며 수학에 대한 가치를 새롭게 깨닫고 공부하고 싶은 마음이 들었다는 것은, 늦은 감은 있지만 내게 큰 수확이었다. 한국인 최초의 옥스퍼드 대학 정교수이자 세계적인 수학자인 김민형 교수는 저서 《수학이 필요한 순간》에서 "결국 모든 삶은 수학적으로 사고할 수밖에 없다"라고 했다. 교사로 살아갈 날이 얼마 남지 않았지만, 수업과 삶 속에 수학이 파고들어 설명하고 우리를 이해시키고 있다는 그의 주장을 나는 언젠가 꼭 우리 아이들과 확인하고 싶다. 이런 거창한 바람에 견주어보면 일기에 담아 소개하는 이곳의 수업 풍경들은 소박하기만 하다. 조성실 선생님의 사례를 그저 따라 하는 수준이기 때문이다. 그래서 일부(수와 연산, 도형, 측정)만 담아보았다. 1학년 초보담임이 수학수업을 어떻게 할지 몰라 고민하다가 따라 하고 실천하며 깨달아가는 과정으로서 읽어준다면 고마울 것이다.

본문에는 구체적인 수업방법이나 팁을 담기보다는 아이들이 놀이수학을 어떻게 받아들이며, 어떻게 수업에 참여하는지를 묘사하는 데에 무게를 두었다. 놀이수학이라는 수업 풍경 속에서 '재미'와 '흥미'를 느끼는 아이들의 모습과 함께 수업시간 내내 '배려'와 '관계'를 구현하려 하는 교사의 실천과 노력을 읽어내어주시길 바란다. 이곳에서는 놀이수학의 수업 활용이 아이들에게 어떤 영향과 자극을 주는지에 방점을 찍고 있다. 물론 놀이수학을 진행하면서 점점 안목과 여유가 생겨 조금씩 덧붙이거나 응용한 사례도 몇 가지 담았으나, 대부분은 조성실 선생님의 놀이수학 수업을 따라한 것에 지나지 않는다. 따라서 구체적인 실천 방법이나 사례는 이미 나와 있는 조성실 선생님의 교재와 책들을 참고하길 바란다.

# 온몸으로 풀어내는
## 놀이수학

수학교육에 스토리텔링이라는 요소가 들어온 지는 얼마 되지 않았고, 심지어 요즘엔 어설픈 스토리텔링을 이용한 수학교육이 오히려 아이들이 수학에 접근하는 것을 방해하고 있다는 비판까지 나오고 있다. 개인적으로는 수학 교과의 한 부분을 서툴게 이야기로 바꾸는 것이 문제지, 수학수업에 이야기를 끌어들이는 방식 자체가 잘못은 아니라고 생각한다. 문해력이 떨어지는 아이들을 배려하지 못한 어지러운 이야기들이 수학적 문해력의 향상을 돕지 못하고 있다는 것, 교육과정 전체를 꿰뚫는 상상력이 동반된 이야기가 아닌 억지로 끼워 맞춘 스토리텔링이 아이들의 호기심을 자극하지 못하는 것이 문제라는 이야기다. 조성실 교사의 교재에 담긴 이야기들은 해당 영역에서 다루는 수학적 개념을 이해시키면서도 아이들의 흥미를 끌어내는 데 도움을 준다. 한 차시의 수업을 하더라도 반드시 이야기로 출발하여 개념을 익히고 상상력을 끌어낸다. 이후 놀이를 비롯한 다양한 활동을 통해 흥미를 높여가는 조성실 교사의 실천 사례는 1학년 수학교육과정을 제대로 이해하지 못하고 있던 나에게 큰 도움을 주었다.

··· ✎ ···

4월의 주기집중학습은 수학의 '수'와 '연산'영역이다. 각각 2주씩 총 한 달 동안 시간표의 1블록을 수학시간으로 채웠다. 주말에 계속 밑그림을 그려가며 조성실 선생님의 놀이수학을 바탕으로 첫 시간을 준비했다. 이야기를 통해 9까지의 수 개념을 익히는 수업으로, 원시인들은 어떻게 수를 헤아리고 표기했는지 이야기해주는 과정이었다. 대부분의 아이가 이미 9까지의 숫자는 익히 알고 있었으나, 그 아이들이 진정한 의미로 수를 이해하고 있을까 하는 의문이 들었다. 그래서 더욱 수와 숫자에 대한 개념을 이야기와 놀이로 차근차근 풀어가는 일이 중요하게 느껴졌다. 물론 나 또한 처음 준비하는 1학년 수학수업이라 매우 긴장했다.

"이쪽 아홉 명의 친구들 한번 나와볼래요? 자, 이 아홉 명을 양이라고 해봅시다. 이 아홉을 원시인들은 어떻게 셌을까요?"

저마다 방법을 이야기하는데, 저 먼 곳에서 세원이가 정확히 짚었다.

"양 하나에 작대기 하나씩을 그어서 표시했을 것 같아요."
"그렇지. 비슷해요. 예전에 원시인들은 양을 한 마리씩 우리에 보내 놓고는 돌을 하나씩 놓아서 양의 수가 맞는지, 다른 집으로 가지는 않았는지, 잃어버리지는 않았는지를 확인했대요. 그러면 현석이가 자기 자리로 가봐요. 선생님이 한 마리씩 이쪽으로 보내고 칠판에 자석을 붙일 테니 한 번 보세요. 처음에 자석이 아홉 개였죠? 지금은?"
"하나가 모자라요."

"어디 갔어요?"

"저기요."

"그래서 원시인들은 잃어버린 양
을 찾을 수 있었대요. 그리고 이런 식
으로 수를 세는 법을 알게 됐대요."

이렇게 수의 개념을 익히게 한 뒤, 숫자의 개념으로 넘어갔다.


"그런데 말이지. 저기 예희 원시인이 강에 낚시하러 가서 고기를 잡
았는데, 세상에 아홉 마리나 잡은 거예요! 그런데 예희 원시인이 집에
가서 고기를 잘 먹고는 동네를 지나다 광현이 원시인 친구에게 자랑을
하려 했는데, 생각이 나지 않았어요. 몇 마리를 잡았는지. 그래서 집에
다시 갔더니 다행히 생선뼈가 아홉 개가 있었거든, 그래서 '아홉 마리,
아홉 마리'하면서 외웠는데, 세상에 또 까먹어버렸네. 다시 집에서 가서
생각해낸 게 바로 긴 가죽에 표시해놓는 거였어요, 어떻게 했을까?"


"가죽에 아홉 개의 작대기를 그었겠죠. 뭐."

"맞아. 비슷해요."

"선생님이 이걸 종이로 준비했는데, 이렇다?"

"와!"

"몇 개의 동그라미가 있어요?"

"아홉 개요."

"그래요. 아홉 개의 동그라미를 긴 가죽에 새겨 친구에게 보여준 거
죠. 그런데 이상하지 않아?"

"응, 응, 저렇게 가져가면 무거워요."

"불편해요."

"다음에 또 쓰기 힘들어요."

"그렇지. 그래서 원시인들은 나중에 어떻게 했을까?"

"숫자를 만들어요."

"맞아요."

"지금 우리가 보는 숫자가 바로 그렇게 해서 만든 거랍니다."

"그렇다면 이 아홉 개의 동그라미를 뭐라고 쓴다?"

"9!"

　　이렇게 이야기를 한 뒤 그림카드로 1에서 9까지의 숫자를 보여주고 읽었다. 그러고는 간단히 짝짓기 놀이를 해보았다. 음악을 틀다가 내가 내는 소리에 멈추고, 수를 외치면 그에 맞추어 짝을 짓는 간단한 놀이인데, 아이들이 난리도 아니었다. 다만 부르는 수가 점점 줄어들면서 떨어져나가는 아이들이 우울해 보여 괜히 미안했다. 2016.4.4.

# 1학년 수학수업의 기본,
## 활동 교구와 자료

　1학년하고 수학수업을 하려면 준비할 교구와 자료가 많다. 우선 각종 숫자 카드가 있어야 한다. 각 수업마다 필요한 활동교구와 자료를 미리 만들어놓고 쓴다. 내가 처음 1학년을 맡았을 때 큰 도움을 받았던 책이 오래전에 사둔 조성실 선생님의 《아이들과 함께하는 놀이수학》이었다. 지금은 절판되었지만, 이 책의 부록에 담긴 각종 활동지나 교구자료는 1년 내내 수학수업을 하는 데 큰 도움이 되었다. 이와 같은 활동지는 2014년에 새롭게 펴낸 《이야기와 놀이가 있는 수학시간 1, 2》에 부록 CD로 충실하게 담겨있어 이를 활용하면 좋다. 2년차 때에는 전에 했던 활동지를 모아 수학공책으로 만들어 동학년 교사들과 공유하기도 했다.

TIP ● 1학년과 수학수업을 할 때 필요한 것들

## 각종 수 카드와 그림 카드

다양한 종류가 필요하다. 교재에서 확대 복사해서 만들어두거나 필요할 때 만들어놓으면 좋다. 하드보드(혹은 폼보드) 자석 수 카드도 있으면 좋다. 만들어진 제품을 살 수도 있고, 직접 하드보드에 숫자를 적어 자석에 붙여 써도 좋다.(아래 사진은 조성실 선생님의 《아이들과 함께하는 놀이수학》에 실려 있던 부록이다. 교사가 직접 제작한 다음 코팅을 해 활용하면 좋다.)

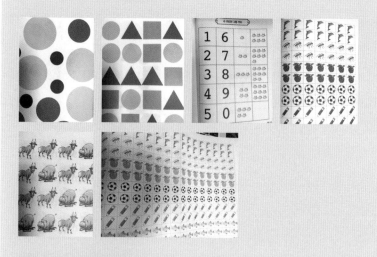

## 수를 셀 수 있는 간편한 교구

바둑알, 공기알, 자석(다양한 크기와 모양), 우드락 조각(사각형의 바둑알 크기로, 다양한 색깔이 있으면 더욱 좋다), 종이컵, 주사위, 산가지 등 충분히 갖추어놓아야 한다. 간혹 주위에서 구할 수 있는 각종 과일 모양의 교구나 각종 도형이 가득한 교구도 미리미리 챙겨두면 적재적소에 활용할 수 있어 매우 좋다. 아울러 이 모든 교구들을 종류별로 보관할 수 있는 조그마한 사각 바구니를 마련해 모둠별 학습을 할 때 빠르게 이용할 수 있도록 준비해두면 좋다.

## 활동지가 가득 담긴 수학공책

첫해에는 매번 복사해 아이들 공책에 붙이게 했는데 그 과정이 너무 힘겨웠다. 그래서 이듬해에는 아예 꼭 필요한 활동지들을 선별해 공책으로 만들어서 나눠 주었다. 영역별로 나누어 배치하고, 빈 공간에는 1cm 간격으로 점자를 가득 넣어 활동지 이외에도 다양한 수학수업에 활용하도록 했다.

수학공책의 대부분은 놀이 수학교재에 담긴 활동지에서 필요한 부분만 옮겨 담았다.

활동지를 뺀 부분은 자유롭게 쓰고 그릴 수 있는 공간으로 만들어놓았다.(1cm 간격의 점자로 가득한 공간)

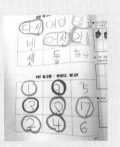
활동지는 일종의 놀이판이 되어주기도 한다.

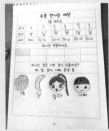
《1학년 첫 배움책》에도 수를 다루는 공간이 있어 함께 활용해 썼다.

모둠별로 담아놓은 각종 수 카드와 수를 셀 수 있는 간편한 교구들

"선생님이 복사할 게 있는데 따라올래?"

"네, 저도 갈래요."


수학시간에 쓸 학습지 때문에 2학년 연구실로 가서 복사하려는데 교실에 혼자 있기 싫었던 주현이 녀석이 냉큼 따라 나섰다. B4용지가 없었던 터라 다시 3층에 갔다가 내려오는데 주현이가 묻는다.


"이거 뭐하는 거예요?"

"오늘 수학시간에 쓸 거야. 그때 가르쳐줄게."

"어, 이거 빙고죠."

"어떻게 알아?"

"이거 유치원 때 해봤어요."


오늘 수학수업도 놀이수학으로 진행했다. 첫 시간은 바둑알로 놀이판을 채우는 수업. 주사위를 굴려서 나온 숫자만큼 바둑알이나 딱지, 우드락 등으로 놀이판을 채워내는데, 사뭇 진지하게 임하는 아이들 모

습이 반갑다. 다만 남의 것은 보지 않고 자기 것만 채우려 하는 모습이 아쉬웠다. 너무 일찍부터 경쟁에 노출되어 생긴 지나친 승부욕 때문에 오히려 학습 동기가 왜곡되는 것은 아닌지 걱정스러울 때가 가끔 있다. 조성실 선생님은 예

전부터 이를 우려해 '사랑의 사탕바구니'라는 장치를 마련해두었는데, 모둠활동의 승자가 사탕을 독식하는 것이 아니라, 모둠 바구니에 사탕 넣을 권리를 승자에게 주는 방식으로 함께 나눌 수 있게 한 것이다. 수학에 경쟁이라는 요소를 넣으면서도 함께 성취감을 느끼고 나눌 수 있도록 하는 방법이다. 배려와 관계의 학급운영을 수학수업에도 반영한 세심한 실천이다. 이긴 아이들이 전부를 갖던 방식에서 모두가 함께 나누는 낯선 방식으로 바뀌자 아이들도 처음에는 어리둥절해했지만, 바구니에 담긴 사탕 수가 모둠에 속한 아이들의 숫자보다 많아지면 결국 모두가 사탕을 얻을 수 있다고 설명해주자 수긍했다. 그렇게 놀이 하나를 마치고, 다음은 빙고게임. 방식을 아는 아이들과 모르는 아이들이 섞여 있는 바람에 재미난 장면도 연출되었다. 9가지 숫자를 늘어놓고 숫자 세 개가 이어지면 되는 빙고놀이지만, 아직 규칙을 이해하지 못한 아이들이 이것도 빙고 아니냐고 우기는 통에 살펴주느라 진을 뺀 것이다. 처음 해보는 빙고놀이에 익숙해지게 해준 것으로 만족했다. 수업을 마치려는데 한 녀석이 아쉬운 표정을 지으며 말했다.

"다음엔 좀 길게 해요."

'두 손 모아 엄지 척' 놀이도 가르쳐주었다. 네 명이 8까지의 수를 머릿속에 넣어두고 대장이 부르는 수에 호응하면 대장이 이기는 놀이다. 네 명의 아이들이 주먹을 쥐고 손을 모아 엄지를 올릴 준비를 하면 시작이다. 대장이 4를 불렀는데 엄지가 네 개 올라오면 수를 부른 대장이 이기는 것이다. 이기면 한 번 더 할 수 있고, 대장이 지면 옆 친구가 이어서 수를 부르면 된다. 그런데 놀이하는 아이들 모습이 어딘가 익숙지 않고 불편해 보였다. 이런 놀이를 거의 경험하지 못한 탓인지 진행이 잘 되지 않았다. 엄지가 늦게 올라가거나 제대로 올리지 못하거나 부르는 소리가 작아 재미가 반감된 것. 웃기기도 하면서 어색한 장면이 연출되어 내일 다시 해보자고 하고 수학시간을 마무리했다. 내일부터는 놀이와 함께 숫자 쓰기도 해볼 작정이다. 2016.4.6.

··· ✎ ···

오늘은 아침부터 수학수업 자료를 준비하느라 바빴다. 직접 만든 자료와 남이 만들어준 자료에는 아무래도 차이가 있다. 엉성하고 허술해도 직접 만드는 편이 이해나 적용이 빨라 어지간하면 직접 만든다. 그림카드와 숫자카드 자르는 일 정도는 아이들도 재밌어하며 돕는다. 자신이 만든 자료로 수업한다는 게 신기해서 그런지 생각보다 훨씬 진지하다.

첫 시간은 1~9를 그림카드와 숫자카드로 배우는 놀이수학수업. 뒤집혀 있는 카드 두 더미에서 동시에 한 장씩 넘겨 같은 숫자가 나오면 가져가는 놀이인데, 1등에 대한 욕심을 꾸준히 줄여준 덕인지 이기는 것보다도 카드를 확인하고 발견하는 재미에 더 푹 빠져 있다. 다음 놀

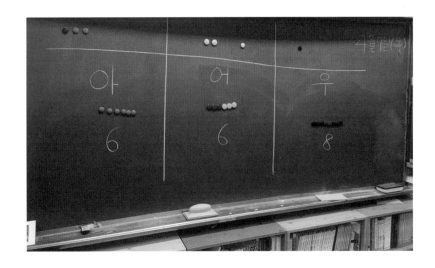

이는 바둑알 자석 9개를 늘어놓고 분단별로 한 명씩 번갈아 나와 가위
바위 보를 해서 이긴 아이가 바둑알 자석을 하나씩 가져가는 방식으로
진행했다. 단순한 놀이가 아니라 하나에 하나를 더하면 무슨 수가 되
는지를 확인하는 과정까지 이어지도록 애썼다. 최근 했던 놀이수학수
업 중에 가장 활발하고 격정(?)적인 수업이었다. 2016.4.7.

# 수학의 영역 하나:
## 수와 연산

## 수준 차를 아우르는
## 수 놀이

수 세기 수업을 마친 뒤, 숫자로 쓰는 연습을 할 때 활용하는 방식을 한 가지 소개하고자 한다. 되풀이해서 수를 세고 숫자를 쓸 수 있는 활동인 데다 아이들 사이의 수준 차도 어느 정도 해결해주는 방식이라 지루할 틈도 없이 수업시간 내내 머리와 몸을 움직일 수밖에 없다. 방법은 다음과 같다.

우선 종이컵 100개와 여러 가지 물건(바둑알, 공기알, 클립, 우드락 조각, 산가지, 그림카드 등 교실에 있는 물건)을 준비한다. 종이컵을 분단별로 앞에서 뒤로 돌리면서 수 세기 놀이를 하면 되는데, 이때 종이컵에는 여러 물건을 각각 하나에서 아홉 개까지 넣어둔다. 분단별로 맨 앞에 있는 아이까지 종이컵을 하나씩 가지면 모든 준비는 끝. 나머지 종이컵은 교실 앞쪽에 두고, 각자 자기 종이컵에 들어 있는 물건의 개수를 세어 활동지에 쓴 다음 곧바로 뒤로 돌린다. 맨 앞사람은 종이컵을 뒤로 돌리고 나면 교실 앞에 둔 다른 컵을 가져다가 수 세기 활동을 계속하고, 맨 뒷사람은 자기가 센 종이컵을 바구니에 담아 모아두었다가 앞으로 가져온다. 종이컵을 앞으로 가져오는 일은 교사가 할 수도 있다. 맨 뒤 아이가 힘들어할 때에는 종이컵을 기다리다 앞에 있는 아이들의 수 세기가 늦어지는 경우도 있기 때문에, 이럴 때는 중간에 있는 사람이 가져오게 융통성을 발휘하면 좋다. 목적은 놀이에서 이기는 게 아니라, 수를 잘 셀 수 있냐에 있기 때문이다. 아이들은 이 과정을 놀이로 생각해 긴장감을 가지고 움직이기 때문에 되풀이되는 활동이라도 전혀 지루하게 여기지 않는다.

이렇게 놀이로 하면 단순하게 수를 세고 쓰는 활동을 반복할 때보다 긴장감과 집중력을 가지고 즐겁게 할 수 있어 매우 좋다. 온몸으로 익힐 수 있으면서도 지루하지 않게 반복학습이 되니 이만큼 좋은 방법이 있을까 싶을 정도다. 비슷한 활동으로 조성실 선생님은 '수 세기 운동회'라는 방법을 고안해내기도 했다. 수 세기를 충분히 연습한 뒤에 마치 운동회처럼 펼쳐지는 이 놀이를 통해 아이들은 수학에 재미를 느끼고 거부감을 없애나간다. 수학수업을 기다리던 아이들. 수업 언제 하냐고 기대하는 아이들. 기존 교과서 내용대로 문제풀이만 강조했다면 아이들에게서 이런 반응이 나올 수는 없었을 것이다.

아침부터 책상 네 개에 종이컵이 깔리자 아이들은 신기한 듯 묻는다.

"뭐 하는 거예요?"
"응, 오늘 놀이수학 하려고 준비하는 거야. 나중에 알려줄게."

컵마다 그림카드와 작은 물건들을 1~9개 사이로 넣고는 아이들에게 학습지를 나눠주고 공책에 붙이게 했다. 아이들은 각각 60번 정도 자기 앞에 놓인 컵에 담긴 그림카드의 그림 수나 물건의 수를 재빨리 세어 학습지에 적는다. 지금까지 배운 수를 빠르게 세어 숫자로 적어 나가는 놀이인데, 분단의 맨 앞에 있는 아이는 컵을 가져와 해결하고 뒤로 넘겨야 하고 맨 뒤에 있는 아이는 사용한 컵을 다시 앞으로 내놓는 과정을 되풀이한다. 아이들은 빠르게 움직이며 컵 속의 수를 세고 숫자를 기록하기 시작했다. 어떤 분단은 무리 없이 진행이 되는가 하면 어떤 분단은 컵이 쌓여만 가기도 했다. 컵이 쌓인 아이의 것은 내가 직접 도와주며 뒤로 넘기거나 앞으로 가져다놓았다. 개별놀이와 분단놀이를 결합한 상태라 아이들의 협력이 필요했는데, 시작하기 전 자세

히 설명한 덕인지, 처음 치고는 무리 없이 해내었다. 나중에는 주현이가 땀이 난다고 웃옷을 벗을 정도로 분위기가 뜨거웠다. 놀이를 마치고 나서는 3교시까지 숫자 5, 6, 7을 쓰고 수에 어울리거나 관련 있는 그림들을 그려가며 익혔다. 2016. 4. 14.

… 🖉 …

과자와 사탕을 들고 교실로 들어오는 오늘은 1부터 50까지의 수를 익히는 마지막 시간으로 수 세기 운동회를 하는 날이었다. 12가지 코스에 놓을 준비물을 바쁘게 챙기다 보니 어느새 8시 50분이 넘어 있었다. 아이들이 내 곁을 지나치면서 오늘 뭐하냐고 자꾸 물었다. 아침노래를 부르고 옛이야기를 들려준 다음 곧바로 수업으로 들어갔다.

"오늘은 이제까지 배웠던 수를 여러분이 얼마나 잘 알고 있는지 놀이로 확인할 거예요. 여러분 저번에 운동회 때 했던 거랑 똑같아요. 여기 앞부터 총 12개의 놀이마당이 있는데, 그곳에서 문제를 해결하면 돼요."

"미션 같은 거예요?"

"네, 맞아요."

"재밌겠다."

"자, 1번 놀이는……."

이렇게 마당별로 놀이설명을 다 해주고는 바로 시작할 수 있게 했다. 두 아이가 결석하는 바람에 조금 더 여유 있게 진행되었다. 짝이 서로 도와가며 놀이마당을 거쳐가는 모습이 보기 좋았다. 대견해 보이기까지 했다. 과자와 사탕이 있어 더욱 즐기는 것 같았다. 내 곁을 지나치던 어떤 아이가 한마디 건네고 간다.

"선생님, 오늘 재밌어요." 2017.6.2.

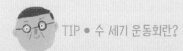 TIP ● 수 세기 운동회란?

50(100)까지의 수를 공부한 뒤 여러 물건을 두고 세어보는 놀이를 모둠이나 짝

끼리 협동하여 해결하는 수업이다. 일단 활동지를 나눠주고 자세하게 설명해주

어야 한다. 예를 들면, '산가지 50개를 세어서 선생님에게 가져와 검사받으세요.'
같은 문항이 있으면 각자 수를 세어서 교사에게 가져와 도장이나 사인을 받으며
12가지 활동을 계속 이어나가면 된다. 12개의 모둠(짝)으로 나뉘어 문항별로 시작
을 하면 서로 빈 곳을 찾아 움직이며 미션을 해결하면 되는데, 먼저 끝낸 아이들
은 같은 모둠 친구들이나 짝을 도와주게 하고, 그래도 시간이 남는 아이들은 책
을 읽거나 쉬게 해주면 된다. 물건 중에 먹을 수 있는 것은 활동이 모두 끝난 다
음 간식 삼아 먹도록 했다. 아이들에게는 지금까지 배운 모든 수를 즐겁게 복습
하는 시간이 된다.

## 그림책으로 만나는
## 수와 숫자

수학시간에 웬 그림책인가 싶겠지만, 그림책을 자주 보다 보면 이
작품은 이런 수업 때 쓰면 좋겠다는 생각이 번쩍 들 때가 있다. 1학기
때는 《나를 세어 봐!》가 그랬고, 2학기 때는 《넉 점 반》이라는 시 그림

책과《세상에서 가장 행복한 100층 버스》가 그랬다. 북유럽과 서유럽의 이른바 교육 선진국들이라 불리는 나라에서는 문자 교육을 할 때 아이들의 발달단계에 따라 나누어 오랫동안 천천히 가르칠 수 있도록 교육과정이 편제되어 있다. 어린아이들이 초등학교에 들어와 활자를 익히고 낱말을 불려가며 문장에 익숙해질 때까지 3년 이상을 참을성을 가지고 기다린다고 한다. 박규현은《하늘에서 온 글, 한글》에서 그 까닭을 문자 이해가 체험과 감성에 스며들어 내면화될 수 있는 시간을 주기 위해서라고 설명하고 있다.

수와 숫자는 우리 아이들에게 또 다른 문자다. 그런 수와 숫자를 외워서 입학한 아이들이 대다수이다. 몸으로 보고 겪으며 익히지 못하고 머리로만 달달 외워 덧셈 뺄셈의 기초연산까지 익혀온 아이들에게 숫자는 계산하여 정답을 찾기 위한 도구일 뿐이다. 아이들에게 수와 숫자에 대한 감성을 익히게 하는 일이 올바른 수학적 개념을 익혀가는 과정임을 나 또한 아이들에게 가르치는 과정을 통해 새롭게 깨달았다. 특히 머리가 아닌 몸으로 깨닫는 데 1학년 담임 경험이 큰 역할을 했다.

《나를 세어 봐!》는 지구에서 사라져 가는 동물들의 슬프고도 아름

다운 초상을 목탄화로 그려낸 작품이다. 동물들을 한 마리에서 열 마리까지 늘어놓고 그 수를 세면서 사라져가는 동물들에 대한 안타까움을 이끌어내는 그림책. 아이들과 이 작품을 읽으며 수에 대한 감성과 함께 멸종위기의 동물들을 인지하고 환경과 동물보호에 대한 인식을 높일 수 있었다.

《세상에서 가장 행복한 100층 버스》는
빨강버스를 운전하는 어느 기사가 매일 똑
같이 생활하는 것이 지겨워 승객을 태우
고 무작정 모험을 떠난다는, 다소 황당한
이야기이다. 이 이상한 이야기에서는 같이
모험을 떠나려는 버스를 차 위로 태우면서
한 층 한 층 쌓이다 결국에는 100층 버스
가 된다. 그림책에서는 길게 풀어 늘어뜨

려 100층 버스를 실감하도록 만들어놓아 아이들이 눈을 떼지 못하도
록 해놓았다. 100이라는 수의 감각을 색다르게 느낄 수 있는 그림책이
었다. 다 읽고 난 뒤에는 아이들에게 도화지를 나눠주고 3~4층씩 자
기가 그리고 싶은 버스를 그리게 하여 이어 붙여보았다. 힘들긴 했지
만 천정에 붙였더니 장관이었다.

··· ✎ ···

오늘 1교시는 놀이수학시간. 어제 양과 돌의 관계를 통해 배운 수의
개념과 숫자가 만들어진 과정을 다시 한 번 확인하고, 곧바로 그림카드
를 써서 수를 세는 놀이수학으로 들어갔다. 주사위 눈에 연결된 그림을
표기해나가며 수를 확인하고 숫자를 적어내는 활동에 아이들은 대단히
흥미를 보였다. 오늘은 시간이 모자라 그림카드로 하는 활동은 못 했는
데, 내일은 직접 그린 그림카드로 다시 복습을 시켜볼 작정이다.

두 번째 활동은 칸 안에 하나를 표기하면 1을, 둘을 표기하면 2를
써내는 식으로 수와 숫자에 대한 감각을 익히는 활동이었다. 마지막으
로 바둑알 9개를 주고 각자 손에 쥐어 서로 맞춰보았다. 짐작한 것과 실

제 손 안에 있는 것을 확인해보는 활동을 아이들은 매우 흥미로워했다. 시간이 남는 아이들은 가지고 있는 바둑알을 모아 가위 바위 보를 하게 해서 이긴 아이가 하나씩 가지고 가서 가장 많은 수를 가진 아이가 이기는 활동도 해보았다. 수를 비교하는 활동까지 살짝 해본 것이다.

교과서에는 이런 놀이수학이 맨 뒤에 여벌로만 살짝 들어가 있는데다 대부분 매우 밋밋한 활동이어서 흥미를 반감시킨다. 더욱이 이미 알고 있는 아이들은 능숙하게 해결하는 만큼 재미가 없으면 더욱 지루해하는데, 오늘 한 활동들은 이런 아이들뿐 아니라 아직 수의 개념이 형성되어 있지 않은 아이들까지 함께 즐길 수 있어서 수업의 활동성이 매우 높았다. 교사에게나 아이들에게나 매우 유익했다. 다만 숫자를 쓰고 그려내는 활동을 할 때 아이들이 보이는 모습이 다소 아쉬웠다. 대충, 빨리하려는 아이들이 있는가 하면 깊이 생각하지 않고 옆 친구를 따라 하려는 아이들도 보였기 때문이다.

내일은 아이들과 좀더 깊은 대화를 나누면서 수업을 진행해볼 생각이다. 오늘은 이 모든 활동을 세 시간 동안 했는데, 시간이 언제 지나갔는지 모를 정도로 빨리 지나갔다. 마무리로 그림책《나를 세어 봐!》를 보여주며 수의 감각을 익혔다. 멸종해 가는 동물들의 사진을 상황에 따라 배치하고 수를 늘려가며 채워낸 그림책인데, 아이들과 수를 확인하면서도 사라져가는 동물들에 대해 이야기를 나눌 수 있었다. 아이들은 감동을 받은 듯했고, 마음이 아프다는 아이들도 있었다.

"뭐가 보이니?"
"나를 세어 봐."

"글자 말고 그림 말이야."

"사자요."

"우울해 보인다."

"왜? 무섭지 않고?"

"사자 표정이 슬퍼 보여요."

"그러고 보니 그렇기도 하다."

"근데 선생님, 왜 '나를 세어 봐'예요?"

"글쎄, 왜 그럴까? 우리 책 속으로 들어가볼까?" <sub></sub>2017.5.16.

··· ✎ ···

오늘은 그림책 《세상에서 가장 행복한 100층 버스》를 보여주었다. 지난해에도 '100까지의 수'를 배운 다음 이 책을 함께 읽고 우리 반만의 100층 버스를 만들어봤는데, 올해도 해보았다.

"버스가 배를 타네."

"와, 수영장도 있어. 대박!"

"선생님, 저기 말풍선에 비행기하고 부딪히겠다고 하는 말이 보여요."

"저기는 엘리베이터 타고 위로 올라가."

"옥상도 있어."

"나도 저런 버스 타보고 싶다."

"타볼 수는 없어도 우리도 직접 그려보면 되지. 어때?"

"좋아요."

"자, 다들 4층에서 5층까지 그릴 수 있게 도화지를 줄 텐데 너희들은 뭘 그릴래?"

"난 분식점 그릴 거예요."

"난 피시방."

"난 에어 바운스."

아이들도 자기들만의 100층 버스를 만들어 어디론가 가고 싶어 했다. 다소 엉뚱하지만 상상력으로 가득한 그림책에 아이들은 그저 신나 했다. 그래, 정말 아무거나 타고 어느 곳이든 가고 싶다. 아이들은 참 열심히도 그렸다. 한 장씩 완성이 될 때마다 아이들이 직접 버스를 붙여나갔다. 어느새 96층. 나머지 4층은 오늘 아파서 학교를 오지 못한 동현이의 몫으로 남겨두었다. 월요일 즈음이면 100층이 완성될 것이다. 이거 완성하느라 오늘 예정해두었던 산책을 가지 못한 건 아쉬웠지만, 아이들이 충분히 즐긴 것으로 만족했다. 2017.9.7.

그림책과 1년 전 선배들의 작품을 보며 우리 반만의
100층 버스를 고민하는 아이들

공들여 만든 100층 버스는 교실 천정에 붙여보았다.
우리 반의 신기한 100층 버스는 아이들 머리 위에
늘 떠다니고 있었다.

## 가르기와 모으기로
## 완성해가는 연산

다양한 놀이수학수업을 통해 수에 대한 감각과 개념을 몸과 머리로 익히고 나면 아이들은 곧바로 연산이라는 벽을 마주하게 된다. 여기서부터 몇몇 아이들이 힘들어하기 시작한다. 특히 입학 전에 연산을 익히지 않은 아이들 중 몇몇이 이런 모습을 보인다. 조작활동으로 수의 차례와 비교법 등을 익히기는 하지만 이것이 곧바로 연산의 개념으로 연결되지 않는 경우가 종종 나타난다. 대부분의 아이가 무리 없이 받아들이긴 하지만, 그렇다고 그러지 못하는 아이들에게 문제가 있다고 보지는 않는다. 그저 속도의 차이가 있을 뿐이고, 시간을 두고 기다리다보면 충분히 해낼거라 믿는다. 그러나 담임인 내가 기다려주고 싶다고 해서 마냥 기다려줄 수가 없는 것 또한 현실이다. 국가교육과정은 앞으로 달리기에 바쁘기 때문이다. 우리나라 교육과정은 시간이 좀더 필요한 아이들을 기다려주지 않는다. 해당 학년에 완벽히 이해하지 못한 아이들에게 부진학생이라는 낙인을 찍어버린다. 아이들의 담임으로서 이런 부분이 그저 안타깝고 답답하다. 4학년이 되어서도 손으로 수를 세고, 연산이 오래 걸려도 기다려주며 지도한다는 독일의 교육과정과 학교가 새삼 부러웠다. 1학년 담임에게 연산은 한글 못지않게 큰 벽이다. 어쨌건 뒤처지는 아이들을 끊임없이 격려하며 챙기려 애쓸 뿐이다. 부족한 담임을 이해해달라는 마음으로. 기다려주지 않는 무심하고 무지한 한국교육의 단단한 벽 앞에서 무기력하기만 한 어른들을 용서해달라는 심정으로.

## 가르기와 모으기 활동의 중요성

1학년 아이들에게 덧셈과 뺄셈을 공부하자고 하면 아이들은 이미 다 안다며 설레발을 치곤한다. 그러나 답을 잘 구하는 아이들도 막상 덧셈과 뺄셈 기호의 의미와 그 편리함, 연산과정을 설명해보라고 하면 잘 못한다. 문제풀이에 익숙한 아이들에게 과정은 무의미해 보였던 것이다. 그저 답을 내놓는 데 급급하고, 색다르게 계산해보는 과정을 불편해했다. 정답만 빠르게 내놓으면 된다는 기존의 학습방식과 평가관행, 그에 따른 학원식 학습의 폐해가 1학년 아이들에게서도 그대로 드러난다. 그래서인지 아이들은 깊이 생각하는 것을 불편해한다. 생각하며 풀어내야 하는 상황중심 문제에서 멈칫거리며 어떻게 해야 하는 거냐고 묻는 아이들도 꽤 많다. 1학년 수학교육과정이 어디서부터 출발해야 하는지, 속도를 어떻게 맞춰야 하는지에 대한 고민이 좀더 이루어져야 한다는 생각이 들었다.

조작활동 위주의 수업도 무척 좋았고 아이들이 수와 숫자, 연산의 개념을 익히기에 더할 나위 없었지만 추상화된 수와 숫자, 연산으로 이어가기 위해서는 다른 방법이 필요했다. 이를 만족시키는 것이 바로 교육과정에도 있는 '가르기와 모으기' 활동이었다. 아이들이 덧셈과 뺄셈을 능숙하게 다루도록 하기 위해서는 숫자로만 가르고 모으는 과정을 충분히 연습해야 했다.

첫해에는 무지했던 탓에 이런 과정을 가볍게 여기고 형식적으로만 다뤘는데, 돌이켜보니 아이들에게 그저 미안하기만 하다. 숫자만으로 가르고 모으는 연습이 충분히 되어야 기호를 사용하는 계산에 능숙해질 수 있다는 것을 뒤늦게 깨달았다. 두번째 해에는 다양한 수 카드놀이와 문제를 풀어보게 했다. '트라이 팩타'라는 삼각연산 보드게임을 활용해 이해를 높여가기도 했다.

옛이야기를 들려준 뒤 시작한 오늘의 첫 수업은 숫자 '9'로 가르기와 모으기. 덧셈과 뺄셈을 하기 위해서는 반드시 거쳐야 하는 과정이다. 송편을 9개 가지고 있을 때 동생이랑 나눠 먹는 방법을 여러 가지로 살펴보며 가르는 법을 익혔다. 주사위로 모으기 공부도 해보았다. 9까지의 수를 모으려면 주사위를 어떤 배열로 나누어야 하는지를 살펴보았다. 나중에는 가위 바위 보로 9, 8, 7, 6, 5의 수를 채우는 대결을 교사인 나와 22명의 아이들 전부가 참여해서 해보았다. 가위는 3칸, 바위는 2칸, 보는 1칸을 채우는 것으로 해서 주어진 수를 누가 먼저 채우는지 겨루는 시합이다. 칸을 채울 때마다 몇 칸이 남았는지 끊임없이 확인하며 또 다른 방식으로 가르기를 익히도록 했다. 아이들이 얼마나 재미있어 하던지. 교사와 아이들 간의 대결 구도를 만들 생각을 한 조성실 선생님의 아이디어에 감탄이 절로 났다. 언제나 모든 것을 알고, 뭐든지 잘할 것처럼 여겨지는 교사가 자기들에게 질 수도 있는 상황이 아이들을 수업에 더욱 빠져들게 했다. 결국 내가 지도록 수업을 이끌 수밖에 없었다. 아이들의 환호성이 칠판을 지우는 내 등 뒤로 가득 찼다.

다음으로는 아이들을 강당에 데려가 몸짓으로 하는 수학놀이를 즐겼다. 아이들은 즐겁게 춤추다가 앉았다 일어나기를 되풀이하면서 내가 정해놓은 가르기 수를 맞히면 1점 주는 놀이를 했다. 예를 들어 3, 4를 미리 정해 내가 가지고 있는데, 아이들이 노래에 맞춰 앉았다 일어나기를 반복하다 마지막에 결정한 수를 맞춰보는 것이다. 내가 가진 수와 같이 3명이 일어서거나 4명이 앉으면 성공하는 것인데, 아이들이 꽤나 재미있어했다. 다음으로는 검은색 도화지와 하얀색 도화지를 들고 돌다가 내가 호각을 불어 "검은색 3개, 하얀색 4개!"하고 소리치면 아이들이 각자 자기가 가지고 있는 색을 모아 교사가 가진 수만큼 모이면 성공하는 놀이를 해봤다. 이 역시 아이들이 신나게 즐기며 참여했다. 가르기와 모으기를 온몸으로 다룬 오늘은 수학시간이 한층 빠르게, 훌쩍 지나갔다. 2017.6.5.

오늘 첫 수업은 놀이수학. 어제 '더해도 좋아, 빼도 좋아' 놀이를 하다가 시간이 모자라 멈추었던 걸 오늘 다시 했다. 친구들과 마주보며 두 세트(0에서 9까지의 수)로 더하기나 빼서 나온 답이 자신에게 유리한 칸을 채울 수 있으면 되는 놀이다. 어제 하면서 익숙해진 탓인지 오늘은 좀더 수월하게 해냈다. 그런데 지운이는 오늘도 여전히 아침 내 내 멍하니 아무것도 하지 못하고 있다. 요즘 들어 부쩍 그런다. 학습에 관심이 없는 아이가 지금까지는 어찌어찌 견뎠는데, 갈수록 힘이 드는 모양이다. 조만간 어머님과 통화해보아야겠다. 윤수는 오늘도 손가락으로 하는 덧셈, 뺄셈을 힘들어했다. 손가락을 자유롭게 접거나 펴지 못한다. 시간이 더 필요해 보였다. '더해도 좋아 빼도 좋아'에 이어 자석칠판에 덧셈식과 뺄셈식을 늘어놓고 짝끼리 서로 문제를 내어 맞히는 놀이를 했다. 문제를 직접 내고 풀기도 하면서 식의 개념과 서술방식에 익숙해질 수 있는 놀이여서 나름 유익했다. 식을 완성할 때 간혹 '='을 빼먹는 일이 많았는데, 오늘 같은 수업이 이런 오류를 훨씬 줄여줄 수 있지 않을까 싶다. 앞으로 더 지켜봐야 할 일이다. 이로써 '비교하기' 단원을 제외한 모든 단원을 마쳤다. 내일과 모레는 덧셈과 뺄셈 단원의 수학교과서를 훑어보고 정리하며 마무리를 지을 예정이다. 전체적으로 무난해 보였지만, 몇몇 아이들에게는 지속적인 관심이 필요해 보였다. 놀이수학시간을 마치고 중간 놀이시간을 시작하려는데 시현이가 한마디 한다.

"지금 쉰다고요?"
"그래, 중간 놀이시간이잖아."
"지금까지 우리 놀았잖아요."
"하하하. 하긴 놀긴 놀았지. 그럼, 쉬지 말까?"
"아니요?" 2017.6.14.

    오늘 1-2교시는 수학이었다. 마침내 연산수업에 들어갔다. 남은 석 달은 오롯이 연산에 투자하려 한다. 지난해의 경험에 따르면 교과서대로 나가는 것보다는 수를 가르고 모으는 일을 아이들이 자유롭게 할 수 있도록 충분한 연습이 이루어지게 하는 게 좋을 것 같다. 10까지의 수를 가르고 모으고, 10 이상의 수는 10을 기준으로 다룰 줄만 알게 되면 나머지 연산은 매우 수월하게 받아들일 수 있었다. 그런데 교과서에는 마구 뒤섞여져 있어 무엇이 중요한지를 잘 모르게 만들어놓았다. 물론 그들 나름의 논리와 경험에 따른 것이겠지만, 내가 경험한 바로는 충분한 연습이 더 중요해 보인다. 10월 중에는 가르고 모으는 연습을 충분히 할 수 있도록 조작활동을 통해 풀어낼 예정이다. 그런 다음 11월부터 연산을 가르쳐나가면 훨씬 수월해질 것이다.

··· ✎ ···

오늘은 10으로 가르고 모으기, 10으로 만들 수 있는 덧셈과 뺄셈을 배우는 수업을 했다. 1학기 때 한 활동을 다시 해보기도 하고, 새롭게 오징어 다리 뺄셈식 수업도 해보았다. 칠판에 붙여둔 오징어 다리를 하나씩 떼어가며 뺄셈식을 익혀나가는 방법이다. 이런 단순한 활동에도 적극 참여해주는 아이들이 늘 고마울 따름이다. 이런 과정을 거쳐 교과서에 실린, 10으로 가르기와 모으기에 관련된 덧셈식과 뺄셈식도 익혀가며 마무리를 지을 수 있었다. 내일은 10 이상의 수를 10을 기준으로 하여 가르고 모으는 방법을 찾아나갈 생각이다. 조작물을 가지고 충분한 연습이 될 수 있도록 안내하고 또 안내할 작정이다. 2017.10.18.

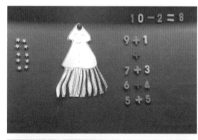

··· ✎ ···

　오늘 수학시간에는 학부모님들을 초대해 공개수업을 했다. 주제는
10으로 가르고 모으기. 10 이상의 수를 이용한 가르고 모으기를 놀이
로 해결하는 수업이다. 오늘은 서너 가지 놀이를 한꺼번에 쏟아부었다.
아이들이 어떻게 놀이수업을 하는지 학부모들에게 안내하는 데 목적
을 두고 조금 많은 놀이를 단시간에 넣어 소개하는 방식을 택한 것이다.
처음 한 놀이는 10이하의 숫자 카드를 가지고 주어진 시간 안에 합이
10이 될 수 있는 짝을 모아 가장 많은 짝을 만들어내는 모둠이 이기는
놀이였다. 두 번째 놀이는 카드를 뒤집어 두 장씩 가져와 합해보고 10이
되면 가져가고 아니면 다시 내놓는 놀이였다. 다음으로 덧셈식과 뺄셈
식을 이용한 빙고놀이를 하여 투 빙고가 나올 때까지 놀고, 마지막으로
는 '트라이 팩타'라는 식 만들기 보드게임으로 한동안 시간을 보냈다.

2017.10.23.

'트라이 팩타'라는 보드게임. 10 이하의
수 가운데 하나를 정하고 삼각형 모양에
있는 세 칸의 수가 하나의 식으로 완성될
수 있도록 자기가 가지고 있는 카드를 활
용해 먼저 털어내는 사람이 이기는 놀이
이다. 난이도만 조절하면 1학년 수준에서
도 충분히 할 수 있는 보드게임이다.

# 수학의 영역, 둘 :
## 도형

## 몸으로 만지고 보고
## 만들고 상상하기

　도형수업을 놀이로 끌어 올 때 가장 염두에 둔 것은 직접 보고 만들어 개념을 익히는 과정이었다. 놀이수학 교재에 나온 것을 참고로 하되, 내가 가지고 있는 것, 내가 이미 익힌 중고학년의 활동 중에서 쓸 만한 것을 끌어오기도 했다. 이미 몸으로 알고 있는 도형을 추상화시켜 하나의 낱말로 개념화하는 과정을 즐겁게 안내하려 애썼다. 1학년의 도형 영역은 주위에 있는 물건들을 자주 경험해 구체적인 모양을 추상적인 도형으로 인식하고, 도형의 이름을 익히는 것이 목적이다. 그런데 막상 도형으로 놀이수학을 하다 보니 물건 가지고 아이들과 놀이하는 것까지는 괜찮지만 모양을 분류하고 추상화하여 개념을 익히도록 하는 과정이 만족스럽게 이루어지지 않았다. 이렇게 해도 되는 것인지 확신이 서지 않았기 때문이다. 이미 많은 아이가 원이나 삼각형, 사각형이라는 말을 익혀 온 터라 다른 단어를 써서 개념을 다시 익히게 하는 과정도 필요했다. 1학년의 도형 영역은 대부분의 아이들이 잘 알고 있는 것처럼 보여서 교과서에 있는 활동으로 가볍게 다루고 쉬어가는 활동으로 착각하기 쉽다. 실제로는 물건을 나누고 손으로 만져가며 느낌을 이야기하고, 새롭게 이름도 지어보며 도형의 특징을 입체적으로 이해해가는 과정을 담아 즐거운 수업을 만들어내는 게 중요하다.

··· ✎ ···

오늘 5교시에는 미뤄두었던 도형수업을 했다. 교구와 쌓기 나무를 모두 풀어놓고 도형으로 마을을 만들자고 했다. 처음에는 아이들이 제대로 감을 잡지 못하고 자꾸 자기 것만 만들려고 하기에 돌아다니며 마을을 만든다는 것이 어떤 것인지 수차례 설명했다. 그제야 조금씩 흉내라도 내기 시작했다. 다른 친구들이 하는 것도 구경해가며 하라고 했더니 썩 괜찮은 마을들이 만들어졌다. 2017.4.18.

··· ✎ ···

오늘 중간 놀이시간에는 3교시 수학시간에 쓸 찰흙을 사랑방에서 가져와 모둠별로 쓸 양만큼 잘라놓았다. 이어진 3교시에는 모둠별, 개인별로 찰흙을 이용해 여러 가지 모양을 직접 만들어보았다. 구와 사각기둥, 원기둥을 찰흙으로 직접 만들어보면서 아이들은 사각기둥의

옆면 수나 원기둥 옆면의 모양을 감각적
으로 깨우칠 수 있었다. 찰흙을 손으로
만지는 감각이 좋았는지 아이들의 모습
이 꽤나 진지했는데, 모양을 만들던 광현
이가 한마디한다.

"이렇게 하니까 내가 꼭 예술가가 된 것 같다."
"그래, 예술가가 별거 있나? 이렇게 어떤 모양을 만들어보려고 하는
사람이 예술가지. 그러고 보니 광현이 모습, 정말 예술가 같다."

그러자 광현이 얼굴이 무척 밝아지더니 뜬금없이 한마디 던진다.

"선생님, 이제 출장 안 갔으면 좋겠다."
"오늘은 안 가는데?"
"그래도요."
"가도 너희들 밥 다 먹이고 가잖아?"
"그래도요. 선생님이 중간에 가버리면 그냥 울 것 같아요."

정 많고 눈물도 많은 광현이 녀석의 말에 마음이 따뜻해진다. 철없는 아이들 말이라도, 지나가는 소리라 해도 내게는 정말 위로가 된다. 나도 이런 맘인데, 아이들은 어떨까 싶었다. 그냥 형식적으로 내뱉는 소리가 아닌, 마음을 울리는 따뜻한 한마디를 나는 아이들에게 얼마나 해주었을까? 2016.5.23.

··· ✎ ···

오늘은 수학의 3단원 '여러 가지 모양'으로 세 시간 동안 수업했다. 놀이로 여러 가지 모양을 다룰 만한 것이 딱히 없어 일단 교과서를 바탕으로 시작했다. 아쉬운 건 1학기 내용과 별로 차이가 없다는 것이다. 괜히 시간만 보낸 것들은 제쳐두고 1학기에 해보지 않았던 것을 중심으로 시간을 보냈다. 가장 오래 걸린 것은 네모, 세모, 동그라미에 우리 반만의 이름을 붙여주는 활동이었다. 먼저 각자 이름을 지어보고, 그것을 칠판에 쭉 늘어놓고 공모전을 열어보았다. 개중에 가장 많은 호응을 받은 낱말을 도형의 새 이름으로 삼기로 하여 우리 반만의 도형 이름을 정해보았다. 결국 네모는 '받침이', 세모는 '뾰족이', 동그라미는 '깡통이'가 되었다. 꽤 신선한 이름이지 싶다. 이 단원은 내용도 간

단하여 놀이수학 영역으로 쉽게 넘어갈 수 있었다. 두 가지 놀이가 있었는데, 둘 다 간단한 놀이라 별로 아이들의 흥미를 끌지 못할 것 같았는데도 1학년 아이들은 놀이라면 무엇이든 좋아했다. 특히 두 번째 놀이에 의외의 결과가 나와 재미를 더했다. 대여섯 명의 아이들이 한 줄로 쭉 서서 맨 뒤에 있는 아이만 내 쪽을 바라보게 한 다음, 제시한 도형을 친구들 등에 그려주어 전달하게 하는 놀이였다. 맨 마지막에 있던 아이가 앞 책상에 놓인 도형 카드 중 자신의 등에 그려진 모양을 들어올리면 성공인데, 결과가 생각보다 좋지 않았다. 우습게도 중간에서 그려주는 아이가 자꾸 다른 도형으로 그려버린 것이었다. 이것 때문에 아이들도 나도 어이없이 웃으며 놀이를 즐겼다. 2017.9.13.

# 수학의 영역 셋 : 측정

## 몸으로 깨닫고
## 익히는 측정

1학년 측정 영역에서는 길이, 넓이, 무게, 부피를 견주는 활동이 주를 이룬다. 교과서는 아이들에게 익숙한 소재를 통해 측정하는 활동을 강조하는데, 내가 볼 땐 확장된 경험이 필요했다. 조성실 선생님의 놀이수학은 이런 부분에 더 초점을 맞추고 있다. 즉, 단순하게 연필의 길이를 비교하는 차원을 넘어 놀면서 더 길게 만들기 위해 필통 속의 학용품 길이를 재보도록 함으로서 사고력을 키울 수 있게 해야 한다는 것이다. 단순히 측정하는 기능만 익히는 수학이 아니라 체험을 바탕으로 생각하고 비교하며 좀더 정확한 표현을 쓰고 길이, 넓이, 무게, 부피의 개념을 익혀가는 것이다. 실제 삶 속에서 늘 경험하는 '측정'이 수업을 통해 더 섬세하고 정확하게 아이들 몸속으로 들어가게 만드는 것이다. 감성과 사고가 함께 이루어지는 수업은 놀이수학에서도 마찬가지다. 놀이로 측정 영역을 다루며 아이들과 즐기던 기억이 지금도 또렷하게 떠오른다.

··· ✎ ···

첫 수업과 마지막 수업 시간에는 길이 비교 활동을 했다. 실의 길이로 견주기, 연필의 길이로 견주기. 서로 다른 색깔의 실을 공책에 붙이고 누구 것보다 누구 것이 더 길거나 짧다는 확인을 하는 수업이었다. 연필도 서로 다른 길이의 연필을 공책에 본뜬 뒤에 똑같이 누가 더 길고 짧은지 확인하는 과정을 거쳤고, 이 과정에서 길이를 잴 때는 반드시 출발점(기준)이 있어야 한다는 것을 주지시켰다.

"앞에 있는 광현이 나와줄래요?"

"자, 광현이는 의자에 올라서고 선생님은 그냥 서서 서로 키를 재면 어떨까?"

"반칙이에요."

"공평하지 않아요."

"야, 공평. 그래. 불공평이라고도 하지. 이 상황을. 그럼 어떻게 하면 공평할까?"

"광현이가 의자에서 내려와야 해요."

"그렇지. 그럼 광현이와 선생님의 키를 정확히 비교할 수 있겠지?"

"네."

"여러분도 공책에 실이나 공책을 붙이거나 그럴 때, 뭐가 있어야 할 건데."

"바닥이요."

"그래. 바닥. 출발점을 똑같이 하는 거. 그걸 기준이라고도 하는데, 그렇게 해야 길이를 정확히 비교할 수 있어요. 아까 선생님이 설명했는데도 아무렇게나 붙이고 그리는 친구들이 있던데, 꼭 잊지 말길 바라요."2016.7.5.

··· ✎ ···

오늘 1블록 수업은 수학의 4단원, 비교하기다. 측정 영역에 속하는 오늘의 주제는 '길이재기'의 마지막 시간. 가위로 A4 종이를 지그재그로 잘라 길게 늘어뜨려 누가 더 긴 종이 줄을 만들어내는지 겨루는 활동으로 시작했다. 처음에 걱정했던 것과 달리 아이들 대부분이 이 정도의 가위질은 무난하게 해냈다. 아직 손 근육이 덜 발달된 몇몇 아이를 빼고는 나름 기다란 종이 줄을 만들었다. 칠판에 써진 자기 번호에 한 명씩 종이 줄을 붙일 때마다 아이들이 소리쳤다.

"아, 선생님보다 내가 더 짧아. 졌어."

"야, 정은이가 제일 길다."

"야, 주현가 더 길게 잘랐어."

"아니야. 건우가 더 길어."

"야, 대단해. 예서가 최고로 길어."

"그래, 예서가 제일 기네. 앞에 실수만 안 했더라면 선생님보다 길었겠는데?"

칠판 가득히 아이들이 만든 종이 줄을 붙여놓자, 어떤 아이들은 배경으로 사진을 찍겠다고 난리다. 결국 찍어주었더니 나중에는 너나없이 달려들어 사진을 찍겠단다. 학년이 올라갈수록 사진 찍기 싫어하는 아이들이 늘어나는데, 이 녀석들은 아무 때나 찍어달라 난리다. 그러고 보니 아이들이 만들어낸 종이 줄이 무슨 작품 같다. 이 수업이 끝날 무렵, 아이들이 내게 조른다.

"선생님, 종이 몇 장만 주면 안 돼요? 집에 가서 엄마랑 해보게요."
"그럴래? 그래, 그럼."
"선생님, 저도 주세요. 형이랑 해보게요."
"나도 할래요. 언니랑 할 거예요."

오늘 수업의 마무리는 벽에 묶어 놓은 실을 비스듬히 내려 아이들 키를 맞춰보는 과정에서 누가 더 길고 짧은지 생각해보는 과정으로 삼았다. 아울러 모둠별 키를 재어 차례대로 줄을 세우고 주사위를 굴려 나온 번호 중 가장 키가 크거나 작은 아이들을 뽑아 점심을 먼저 먹을 수 있는 권리를 주는 놀이를 하며 끝맺었다. 놀이로 수학을 배울 수 있다는 것은 참으로 즐거운 일인 것 같다. 배우는 아이들이나 가르치는 선생이나 모두 즐겁다. 2016.7.7.

··· ✎ ···

오늘 마지막 시간에는 수학의 '비교하기' 단원 중 넓이를 비교하는 공부를 함께해보았다. 먼저 넓이에 대한 낱말인 '넓다'와 '좁다'의 낱말 뜻을 살피고 나서 모둠끼리 신문지 위에 올라가는 놀이를 했다. 익히 알고 있는 놀이여서 아이들도 쉽고 즐겁게 참여했다. 점점 신문지를 접어가며 서너 명의 아이들이 신문지 위에 올라서는데, 저마다 비명을 지르면서도 버티려 애쓰는 모습이 귀여웠다. 다음 활동으로는 칠판에 넓은 네모와 좁은 네모를 그리고는 한 아이를 불러 넓은 네모에 글을 쓰게 하고 나는 좁은 네모에 글을 썼다. '선생님은 지원이를 좋아합니다.'라고. 아이들에게 어느 곳에 쓸 때 편하고 언제 불편했는지, 그 까닭은 무엇인지를 확인하고 물었다. 끝으로 수학공책에 색종이 한 장을 붙이고 그 옆에 보다 작은 크기의 색종이를 붙여 무늬를 그리게 했

다. 비슷한 크기의 무늬가 넓은 종이에는 얼마나
들어가고 좁은 종이에는 얼마나 들어가는지 확인
하고 그 까닭을 물었다. 아이들은 다들 넓은 종이
에 훨씬 많은 무늬가 들어간다고 했다. 넓고 좁음
의 개념을 익혀볼 수 있는 시간이었다. 2017.6.26.

··· ✎ ···

　오늘도 놀이수학으로 시간을 보냈다. '들이'를
재는 수업에 꽤 시간이 많이 걸렸기 때문이다. 똑
같은 컵에 담긴 물의 높이를 보고 물의 양을 예
측하거나, 각기 다른 컵에 든 물의 양을 예측하는
법을 익히면서 '들이'의 개념을 익혀갔다. 물을 다루는 수업이라는 것
만으로도 아이들은 흥분하기 시작했다. 처음에는 아이들을 남녀로 나
누고 서로 다른 크기의 컵을 써서 누가 먼저 수조에 물을 가득 채우는
지 겨루었다. 나중에는 왜 남학생들이 먼저 물을 채웠는지를 확인하게
하고, 컵에 들어가는 물의 양 차이가 승부를 갈랐다는 이야기도 전해
주었다. 마지막 시간에는 수학교과서를 마지막으로 훑어보면서 수학
교과 1학기를 모두 마무리했다. 2017.7.6.

## 익숙한 시간,
## 낯선 시계 읽기

내가 만난 1학년 아이들 중에는 한글과 수, 연산을 잘하면서도 의외로 시계를 읽지 못하는 아이들이 많았다. 1학년 담임에게 시간은 다른 어떤 학년보다 중요하다. 너무도 바쁘게 흘러가는 시간 속에서 정신을 제대로 차리지 않으면 수업도 점심도 놀이도 제때 챙기지 못하는 경우가 허다해지기 때문이다. 문제는 갓 입학한 아이들 대부분이 시간 관념이 없다는 것이다. 시간에 맞춰서 놀고 밥 먹고 공부하는 공립학교 시스템에 개의치 않고 시간을 보낸다. 이런 1학년 아이들을 대하는 담임은 너무도 힘들고 어렵다. 아이들과 1학기 때 나눈 대화는 대개 이러했다.

"긴 바늘이 12에 가면 들어오세요."
"바깥에서 놀아도 학교 시계 보고 10:55라고 나오면 교실로 들어오세요."
"점심시간은 긴 바늘이 6에 올 때예요."

일찌감치 시계에 대해 이야기를 나누고 싶었지만, 시계를 다루는 단원은 2학기에 있었다. 1학기로 당겨왔으면 좋겠다는 생각이 들 때도 많았다. 어쨌든 시계에 대한 교육과정은 2학기에 본격적으로 다룬다. 시계를 써서 시간과 분에 대해 다루는데, 기본적인 시간을 익힌 뒤에는 다양한 시계 카드로 시간을 정해놓고 빙고놀이를 하거나 그림책으로 만나기도 했다. 나중에는 수시로 질문하고 확인하며 시계 읽기를 익히도록 했다. 그렇게 아이들은 학교의 시간을 자연스럽게 자신의 것으로 만들어갔다.

시계수업의 첫 시작은 그림책으로 열었다. 《넉 점 반》이라는 그림책은 이전 2학년 국어교과서에도 실려 있던 작품이다. 윤석중 선생의 동시를 그림책으로 만든 것인데, 집집마다 시계가 있지는 않던 시절, 단발머리를 한 여자아이가 어머니의 심부름으로 동네 구멍가게에 가서 시간을 물어보고 집으로 돌아오는 장면을 담백하게 그려낸 그림책이다. 2학기 시계수업에 본격적으로 들어갈 무렵에 이 그림책을 보여주었다. 이 그림책은 아이들을 시계 읽기의 세계로 안내하는 데 매우 알맞은 도움을 주었다.

오늘은 시계와 시간을 보는 법을 익히는 날. 시계를 아직 보지 못하는 친구들을 알아보니 약 40% 쯤으로 나타났다. 시간을 읽을 줄 모르는 아이들에게는 자신감을 주는 말을, 이미 아는 아이들에게는 다시 확인해보자는 말을 해주고 시작했다. 먼저 시 그림책 《넉 점 반》을 읽어주었다. 윤석중의 시를 그림책으로 엮은 것인데, 이영경씨의 그림이 시만큼이나 정감이 가서 소중하게 여기는 책이기도 하다. 아이들은 저마다 아이가 귀엽다고 난리다. 자기들도 만만치 않으면서.

먼 옛날 시골, 시계가 없던 어느 집 아이는 어머니의 심부름으로 옆집 만물상 영감님에게 가서 시간을 묻는다. '넉 점 반'이라는 시간을 듣고는 바로 집에 가지를 않고 집 주변을 둘러보는 아이. 이웃집 닭장도 보고, 그 앞으로 지나가는 개미들의 행렬을 쫓아간다. 시간은 자꾸 흘러가는데 아이는 마냥 놀고만 있다. 닭장을 한참 바라보던 아이가 개미들을 관찰하며 한없이 허리를 굽히던 찰나. 어떤 녀석이 한마디 건넨다.

"선생님, 저 아이하고 닭하고 닮았어요."

"어, 그래. 어디 보자."

"닭이 모이 쪼아 먹는 모습하고 아이가 개미 보는 모습이 닮았잖아요."

"어, 정말 그러네. 선생님은 이 책 몇 번 봐도 그런 줄 몰랐는데."

들고 보니, 아닌 게 아니라 그림 작가가 어느 정도 염두에 둔 구도가 아니었나 싶을 정도로 닮아 있다. 전에는 보이지 않던 그림, 이전에 들려준 아이들은 하지 않았던 말. 아이들과 그림책을 함께 보다 보면 이런 것을 곧잘 경험하게 된다. 그렇게 한참을 꽃밭 가득한 곳에서 꽃 가지고 놀던 아이. 그 주변으로 데이트를 하는 남녀가 살포시 보이자 또 다른 녀석이 한마디 건넨다.

"앗, 아빠 엄마다."

"아니야. 아빠 엄마라니. 엄마는 집에서 이 아이가 시간 알아 오길 기다리고 있는데."

"그럼, 누구에요?"

"젊은 남자와 여자가 데이트하는 장면이지."

"꺄아~"

데이트라는 말에 비명을 지르는 녀석들의 모습이 더 귀엽다. 그렇게 그림책 속 아이는 해질녘이 돼서야 집으로 돌아가 엄마에게 "시방 녁 점 반이래요." 한다. 그림책 속 엄마는 한심하다는 표정으로 아이를 본다.

"너희들은 이렇게 놀다가 집에 들어간 적 없니?"

"나도 저번에 엄마한테 연락도 안 하고 놀이터에서 그냥 놀다가 혼났어요."

"나도 저번에 밤늦게 들어가서 엄마한테 잔소리 들었어요."

"그럼, 얘나 너희나 다를 게 없네."

《넉 점 반》이라는 그림책으로 이렇게 이야기를 나눈 뒤, 다시 나는 조성실 선생님이 책 속에 담아둔 시간 이야기를 꺼냈다. 원시인 남녀가 서로 맘에 들어 다시 만나고 싶은데, 일곱 날이 지나 바로 이 시간에 다시 만나려면 어떻게 해야 하냐는 질문을 던지자 아이들이 엉뚱한 소리를 해대기 시작했다.

"동그라미 치고 만나면 돼요."

"하루 이틀 이렇게 세면 돼요."

"시계를 함께 보면서 다음에 이렇게 만나자고 하면 돼요."

"자, 다시 한 번 생각해보자. 원시인들은 시계가 없었어요. 시계가 없는데, 이 두 아이는 어떻게 다시 만날 수 있을까?"

아이들은 한참을 헤매기 시작했다. 가만히 생각해보니 우리 아이들은 근거를 두고 문제 상황에 접근하는 연습이 참으로 부족하다는 느낌이 들었다. 늘 교사가 시키는 활동에 익숙해져 있는 아이들. 주어진 학습과제를 충실히 따라가기만 하는 아이들. 의미 있는 질문은 줄어들고 연필을 쥐고 받아쓰는 자세만 취하는 아이들. 우리 아이들을 어느 샌가 교과서 키드로 만들어버린 것은 아닌지 걱정이 들고, 미안하기도 했다.

남은 2학기 동안에는 1학년이라도 깊이 사고하고, 질문을 던지며, 스스로 답을 찾아가는 경험을 자주 할 수 있도록 유도하는 수업을 기획하고 준비해야겠다는 생각이 들었다.


"자, 원시인은 시계도 없이 도대체 무엇으로 시간을 알아냈을까?"

"……"

"옛날에는 어떤 시계를 쓰고 살았을까?"

"해시계, 물시계요."

"어, 해시계와 물시계를 들었나 보네. 거기에 힌트가 있어요."

"옛날에는 해시계로 시간을 알아냈을 것 같아요."

"그렇지. 해는 어떻게 움직이지요?"

"동쪽에서 서쪽으로요."

"맞아요. 그럼, 원시인들은 어떻게 7일이 지나는 걸 알았을까?"

"해가 뜨고 지는 게 일곱 번이 되면 7일이 되는 거예요."

"맞아. 그럼 7일 뒤 딱 그 시간에 만나려면?"

"음, 해가 어디에 있나 보고 그 위치에 갔을 때 만나면 돼요."

"맞아. 이제야 좀 해결되네."

"예전에는 그렇게 해의 움직임과 위치로 시간을 정해 만났다고 해요."

"불편했겠다."

"그렇지. 당연히 불편하지. 그래도 지금은 무엇이 있어 편리하죠?"

"시계요."

"맞아요. 시계가 있어 우리는 시간을 참 편하게 볼 수 있어요. 오늘은 바로 그 시계로 시간을 공부하는 시간이에요. 우리 잘 공부해봅시다."

"네!"

그렇게 아이들과 함께 시각과 30분 단위의 시간을 공부해나갔다. 몇몇 아이들이 금세 까먹고 헷갈려 하는 모습이 아쉽고 안타깝지만, 오늘 배운 것을 바  탕으로 생활 속에서 자주 만나면 어렵지 않게 익혀갈 것이다. 오늘 아이들이 특히 어려워했던 것은 30분 단위로 시간이 움직일 때 변하는 작은 시계바늘의 위치였다. 몇 번에 걸쳐 설명을 하고, 모형시계로 확인을 하며 익혀나갔다. 이것을 수학공책에도 다시 표시해가며 되풀이했다. 그러기를 3시간이 지나서야 겨우 시계 빙고놀이를 할 수 있었다. 추석이 지난 뒤에 한 번 더 교과서로 확인하고 문제를 풀어나가면서 단단히 익힐 수 있도록 해야겠다는 생각이 들었다. 문득, 그림책 속 아이가 외우던 목소리가 들리는 듯하다. "넉 점 반, 넉 점 반." 2017.9.27.

···  ···

개학한 지도 벌써 3주가 다 지났다. 차분함과 격앙을 지나 다시 안정을 찾아가는 3주의 리듬을 추석맞이로 차분하게 이어가고 있다. 추석을 지내고 돌아온 아이들 모습이 또 어떠할지 살짝 걱정되지만, 어쨌거나 나는 내게 주어진 '넉 점 반'이라는 시간을 살아가야 하니 쓸데없는 걱정은 아예 하지 않으려 한다.

"자, 이제 옛이야기 차례네."
"옛이야기 하지 마세요."

으잉? 이건 또 무슨 소리? 옛이야기가 싫다는 아이들 말에 의문이
들었다.

"뭐? 옛이야기를 안 듣겠다고? 다른 사람도 그래요?"
"네, 하지 마요."

뜻밖에도 윤솔이마저 당당하게 말하는 게 아닌가? 절반은 해라, 나
머지는 하지 말라며 옥신각신하는 모습이 여느 때와는 사뭇 달랐다.
대체 무슨 생각인가 해서 들어보니 바로 놀이수학 때문이었다.

"빨리 시계 빙고 하고 싶단 말이에요."
"아하~ 이거 하자고? 빨리? 그래도 늘 하던 건데, 옛이야기 하나만
들려줄게. 오늘은 음……."

조금 섭섭하긴 했지만, 어서 놀이수학을 하고 싶다고 절절한 표정을
지으며 앉아 있는 윤솔이와 몇몇 아이 모습에 마음이 놓였다. 어제 실
컷 하지 못한 시계 빙고놀이를 먼저 하고 싶었던 아이들의 마음을 뒤
늦게라도 깨달아 다행이기도 하고, 어제에 이어서 하는 수학수업이 재
미나겠다는 생각도 들었다. 그렇게 옛이야기를 들려주고 미처 빙고 판
을 다 완성하지 못한 아이들을 돌아다니며 살펴주었다. 손이 닿지 못
한 아이들은 친구들의 도움을 받아 빙고를 완성하도록 했다. 다행히도
시계를 못 읽는 아이는 없었다. 빨리 읽지는 못해도 천천히 읽히면 문
제가 없었다. 칠판에 붙인 시계의 시각 가운데 아홉 개를 골라 적어놓
고 담임인 내가 불러주는 시각에 동그라미를 치며 빙고놀이를 하는데,

아이들이 2개의 빙고를 만들려고 무척이나 애를 쓰며 나중에는 통사
정까지 했다.

"제발 8시 좀 불러줘요."
"자꾸 선생님한테 불러달라고 하면 해줄 수 없어. 딴것 할 거야."
"아이……."
"자, 선생님은 아무거나 찍겠습니다. 안 보고 할게요."

그렇게 2개의 빙고를 완성한 몇몇 아이들에게 간단한 먹을거리도
주어가며 어제 못다 한 놀이수학수업을 마칠 수 있었다.

"이거 한 번만 더 해요."
"그럴까? 그래, 그러자. 그런데 오늘은 시간이 없으니 다음 수학시
간에 하자."
"네!"2016.9.8.

# 다시 1학년 담임이 된다면, 수학은?

　일기에는 제대로 드러나지 않았지만, 조성실 선생님의 놀이수학에는 이야기가 빠지지 않는다. 그날 아이들이 익혀야 하는 여러 수학 개념들을 쉽게 이해시키기 위해 고안한 이야기들이 《이야기와 놀이가 있는 수학 시간 1, 2》에 가득 차 있다. 재미나고 이해하기 쉬운 이야기를 풀어내며 개념을 알고, 놀이로 배우면서 익히며, 즐거운 활동을 통해 교과서에 담긴 내용을 해결하는 과정이 놀이수학시간의 패턴처럼 자리 잡고 있다. 조성실 선생님은 이밖에도 오래전 북멘토 출판사에서 펴낸 주제학습 초등수학 책의 첫 권인 덧셈과 뺄셈 편,《덧셈 뺄셈, 꼼짝 마라!》에서 스스로를 얼굴에 점이 많은 점박이 선생님이라 부르며 또 다른 재미난 이야기를 펼쳐낸 바 있다. 이 또한 참고하면 더욱 좋을 것이다. 또 하나! 조성실 선생님의 동화 같은 수학 이야기를 즐기려면 삼성당에서 오래전에 펴낸《수학아 수학아 나 좀 도와줘》를 구해서 읽어보는 것도 좋을 것이다. 교사의 머릿속에 단단히 자리 잡은 개념과 이야기가 자연스럽게 풀어져온다면 그 수업은 절반은 성공한 셈이다. 지난 2년 동안 하루살이처럼 그날그날 수업을 준비하고 들어가는 경우가 많아 아이들에게 늘 미안했는데, 다시 1학년을 맡게 된다면 미리

미리 공부하고 준비해서 아이들이 보여줄 다양한 상황과 반응을 여유를 가지고 받아내어 도와주고 격려해주고 싶다.

1학년 수학수업을 놀이수학에 의지해 하루하루 연명하긴 했지만, 늘 수학교육과 교과에 대한 지식이 충분하지 못하다는 자책이 가득했다. 연수를 통해 얻는 팁만으로는 근본적인 해결이 되지는 못해 교육과 수업을 가득 채울 수 없었다. 나만의 빛깔을 담은 수업에 대한 갈망이 여전히 숙제로 남았다. 다시 1학년을 맡게 되면 꼭 다시 읽어보고 도전해보리라 마음먹은 책이 있는데 알렌산더 즈본킨이라는 러시아 출신의 프랑스 교수가 펴낸《내 아이와 함께한 수학 일기》이다. 저자는 러시아에 살 때 4살 된 아들과 또래 친구들을 모아 모스크바의 자기 집에서 수학 동아리를 시작했다. 수업은 매주 한 번, 짧게는 15분에서 길게는 한 시간 정도를 했는데, 무려 4년 동안 그 과정과 결과를 꼼꼼히 기록했다. 그 후에도 딸과 그 또래 친구들을 모아 2년 동안 수학 동아리를 이어갔고, 20년 뒤 이러한 즈본킨의 기록에 아이들의 기억이 보태져 출간된 책이 러시아 수학교육에 큰 반향을 일으키게 된다. 예전에 선물로 받았던 이 책을 책장을 정리하다 우연히 발견했는데, 초등학교 입학 전 아이들의 처지를 이해할 수 있어서 미리 읽어두었다면 참 좋았겠다 싶었다.

이 밖에도《어린이가 처음 만나는 수학그림책 논리수학》,《개념 잡는 초등수학사전》,《이야기와 놀이가 있는 수학 시간 1, 2》,《새로 쓰는 초등 수학 교과서》,《수학선생님도 궁금한 101가지 초등수학 질문사전》,《따라하면 덧셈뺄셈이 저절로 100》,《몸짓으로 배우는 초등수학1, 2, 3》,《색카드 놀이 수학》등을 좀더 익혀 나만의 빛깔을 담은 수학수업을 만들어가고자 한다. 교육과정을 해석하고 분석하는 과정 그리고 그것을 실천하는 과정에서 교사의 깊이 있는 공부와 실천이 따르지 못하면 그 피해는 고스란히 아이들에게 간다. 몇 번의 연수와 팁에만 의지하여 수업을 따라 하기만 해서는 수업을 제대로 했다고 할 수 없다. 고맙게도 1학년은 다른 학년에서는 절실하게 느끼지 못하는 고민을 던져주고 실천을 자극했던 학년이었다. 다시 1학년을 맡게 된다면 꾸준하고 깊이 있게 공부하여 후회와 반성을 덜 할 수 있는 수학수업을 준비하고 싶다.

다시 1학년 담임을 준비하면서 1학년을 맡은 모임 선생님과 100까지 수를 익히는 배열판을 만들어 보았다. 너른 광목천에 숫자를 써서 아이들에게 주니 쉬는 시간에도 수를 즐기며 놀았다.

## 교사 조성실 놀이수학의 4가지 코드

교사 조성실은 아쉽게도 2019년 2월 28일 명예퇴직을 했다. 그와 인연이 있었던 나는 그를 개인적으로 만나 수업 이야기를 들을 수 있었다. 그와 인터뷰하기 위해 여러 자료를 수집하던 중, 그의 수업에서 '재미'는 조성실 놀이수학의 극히 일면일 뿐이라는 걸 알게 되었다. 그에 대한 자세한 기록은 격월간 잡지《오늘의 교육》(49호 2019. 3 · 4월호)에 실려 있으니 참고하길 바라며, 그중 일부를 이곳에 옮겨보았다. 수학교육을 고민하는 교사들에게 도움이 되길 바란다.

조성실은 〈YTN science〉 '생활 속 놀이수학'(2014)편에 등장한다. 수학에서 조작 활동이 얼마나 중요한지, 놀이로 어떻게 수학에 접근을 할 수 있는지를 학부모와 학생을 대상으로 강연한 것인데, 시작 지점에서 그는 '수학에서 아이들이 배워야 할 4가지'를 화면에 띄운다. 화면에는 생각 놀이의 기쁨과 새로운 생각의 문을 여는 기쁨, 생각을 정리하는 힘, 사회적인 정의의 경험이라는 자막이 흘러나왔다. 첫 번째로 그는 어른들이 생각하는 것만큼 아이들은 초등학교 수학을 쉽게 느끼지 않는다고 했다. 정답을 맞히는 결과만을 내놓는 기존의 교육관행과 문화 때문이라 비판했다. 과정에서 얻어야 하는 수학적 사고와 본능에 가까운 즐거움, 즉 '생각 놀이의 기쁨'을 아이들이 놓치고 있기 때문이라는 것이다. 초등 수학에서 아이들이 가장 먼저 그리고 오랫동안 즐기고 느껴야 할 생각하는 과정을 즐기는 기쁨을 돌려주는 것이 교사와 어른이 해야 할 가장 역할이라는 점을 강조했다.

지난 10여 년간 초등 교사들이 선택해온 수업방식은 크게 두 가지로 구분된다. 하나는 교사용 지도서와 교과서, 혹은 인터넷 매체에서 얻는 교수학습 자료로 수업을 채우는 방식, 다른 하나는 각종 연수에서 잘 알려진 강사의 실천 사례나 외국 이론과 실천을 참고하는 방식이다. 그러나 교사 조성실은 어느 쪽에도 있지 않았다. 책이나 연수에 의존하고 외국 이론과 실천에 의지해 수업과 아이들을 이해하려 하는 교사들의 실천 방식과 한참 거리가 있었다. 그는 먼저 아이와 함께 살아가는 교사로서 아이를 읽어내고자 했다. 신발장에 있는 신발을 모두 끄집어내어 색깔별로 늘어놓는 아이를 보고 혼을 내기보다 그 아이가 무엇을 하고 있는지, 무엇을 하려 했는지를 살펴보려 했다. 그는 교사의 실천 사례나 그럴 듯한 외국 이론에 기대지 않고 자신의 곁에서 살아가는 아이들을 통해 답을 찾고자 했던 것이다.

두 번째로, 그는 아이들에게 '새로운 생각의 문을 여는 기쁨'을 전하고 싶어 했다. 수학은 단계가 필요한 학습이라서 한 단계를 익히면 또 다른 단계가 나온다. 한 단계를 넘어서면 그다음에는 무엇이 기다리고 있을지를 궁금하게 만드는 수업이 필요하다고 그는 말한다. 높은 산에 올라 주변을 바라보면 넓은 시야로 세상을 볼 수 있다. 산으로 올라가기까지 힘든 과정이 있지만, 정상에 올라선 사람만이 새로운 풍경을 바라보는 기쁨을 느낄 수 있는 것처럼 아이들도 즐겁게 수학을 공부하면서 새로운 생각의 문을 하나씩 여는 기쁨을 만날 수 있어야 한다. 그래야 수학이 지겹지 않고 재미있는 교과로 아이들에게 다가설 수 있다는 게 그의 주장이다. 다음으로 그는 이러한 기쁨을 그냥 느끼고 지나치는 것이 아니라 아이들의 언어로 정리하게 하는 것이 매우 중요하다고 말하는데, 이것이 바로 세 번째 코드 '생각을 정리하는 힘'이다. 그는 조작 활동을 통해 즐거움을 느끼는 아이들은 그것을 자연스럽게 말하고 싶어 한다며, 교사는 아이들이 수업 시간에 느낀 것을 자신의 언어로 정리해 표현할 수 있도록 도와주어야 한다는 점을 재차 강조한다.

그가 전하는 네 번째는 수학수업에서 '사회적인 정의를 경험하게 해야 한다'는 것이었다. '수학수업에서 사회적 정의'란 무엇일까? 그는 수학에 소질이 있어서 좋아하는 아이가 있는가 하면 그렇지 못한 아이들도 반드시 교실에 존재한다고 말한다. 이 양 끝에 놓인 아이들이 한데 어우러져 수학을 공부할 수 있는 조건을 만들어주는 것 자체가 곧 사회적인 정의를 경험하게 해주는 수업이라는 것이다. 수학은 개개인에게 주어진 문제를 해결하기 위한 것이고, 성취 수준에 따라 단계별로 보완해 자신만의 목표를 달성해나가는 교과라 여기는 사람들에게는 무척이나 생경한 주장일 것이다.

"사회적 정의라는 것은, 교실에서 수학을 못하고 소질이 없는 아이가 사회적으로 봤을 때 도움이 필요한 사람이라고 보는 관점이죠. 그 도움은 기본소득처럼 기본적으로 배려받아야 하고 권리로서 보장받아야 한다는 거예요. 놀이나 이야기 속에서, 조작 활동에서, 특히 조작 활동에서 아이를 따라오게 하는 것이 기본소득을 보장해주는 것과 같은 것이라고 생각해요. 그래서 수학 시간은 사회적인 정의를 실천하고 체험할 수 있는 시간이 되는 것이죠."

지금껏 우리는 외국의 교육철학과 이론들을 수입, 선점하는 것으로 자신들의 위상을 유지해온 수많은 학자와 실천가들을 바라보고 살아왔다. 그러나 정작 현장에서 온몸으로 뛰며 실천하며 자신의 이론을 만들어가는 교사들에게 관심이나 지원을 주지 못했다. 열린 교육 열풍이 온 나라를 뒤덮기 전부터 교사 조성실은 일제 학습에서 고개를 숙이며 입을 닫고 기죽어 있던 아이들을 살리는 수업이 무엇인지를 고민했다. 해결 지점을 찾지 못할 때는 스스로 교사를 하지 못할 것 같다는 자괴감에 빠지기도 했다. 평범했지만 꾸준하고도 열심히 자신의 아이들을 대상으로 연구하고 실천했던 그는 고군분투하며 자신만의 답을 찾아가기를 멈추지 않았다.

그는 누구의 눈치를 보며 어떤 이론을 따라 실천하는 게 아니라 아이들만 바라보고 꾸준히 실천해왔다. 이런 바탕에는 끊임없는 기록이 있었다. 그는 교사로 임용되어 수업을 소중히 여겨야 한다는 생각을 한 순간부터 해마다 수업공책을 만들어 하루도 빠짐없이 당일 수업의 밑그림을 미리 그리고 준비하여 수업에 임했고, 후기를 남겼다. 때때로 며칠 기록하지 않고 수업을 할 때면 아이들과 자신 사이의 관계가 조금씩 무너지기 시작한다는 느낌을 받곤 했단다. 37년간의 수업공책은 그에게 책임감 자체였고 하나의 원칙이었다.

# 통합교과 이야기

　사람의 말글살이라는 것이 듣고 말하고 읽고 쓰기가 각각 따로 돌아가는 것이 아니듯, 말글살이를 포함한 모든 삶은 하나로 합쳐져 있다. 이런 논리로 보면 슬기로운 생활, 즐거운 생활, 바른 생활 따위로 나눈 교과서는 그 자체로 모순일 수밖에 없다. 한 해를 봄, 여름, 가을, 겨울로 나누어 철마다 어울리는 다양한 활동을 몸으로 겪고 깨달을 수 있도록 편제한 통합교과서의 등장은 너무도 당연한 변화였다고 할 수 있다. 다만 통합교과를 1, 2학년에게만 한정시킨 것은 아쉽다. 중고학년에서도 점점 각 교과를 통합해 수업을 하는 교사들이 늘고 있어 다행이다. 앞으로도 우리네 초등교육과정은 좀 더 과감히 달라질 게 분명하다. '통합교과'는 교과에 대한 교사들의 실천이 깊어지고 혁신학교 붐에 편승해 교실수업이 변화되는 또 하나의 흐름으로 자리 잡았다. '교과통합수업'과 때때로 혼동을 일으키기도 하지만, '프로젝트'라는 이름으로 다양하고 풍성한 수업이 교사들 사이에서 맹렬히 기획되어 그 실천 내용들이 나눠지고 있다. 바야흐로 학교 수업이 기존의 틀에 박힌 40분 단위의 수업에서 조금씩 벗어나는 중이다.

핀란드의 초등학교에서는 2016년 8월부터 '현상기반학습(Phenomenon-Based Learning)'을 의무적으로 시행하고 있다. 현상기반학습(PBL)이란 학생들이 실생활에서 마주칠 수 있는 현상이나 시나리오를 교실에서 관찰한 다음 통합교과적인 방식으로 그것을 분석하는 학습법이다. 이 학습법을 통해 학생은 자신의 부족한 지식을 주도적으로 채워나가고, 이는 학생 중심의 수업으로 이어진다. 핀란드의 새로운 교육과정에 따르면, 핀란드의 모든 학교는 여러 가지 다른 교과의 내용을 통합할 수 있는 분명한 현상이나 주제를 선정하여 다양한 교과의 관점에서 선정된 현상 또는 주제를 다루는 '통합교과적 학습모듈(multidisciplinary learning module)'을 1년에 최소한 한 번 이상 진행하게 된다고 한다. 학생들에게 과목별 지식뿐만 아니라 특정 주제를 둘러싼 여러 내용을 다양한 방법으로 공부시킨다는 것이다. 영국의 BBC가 취재한 내용에서도 이러한 교육현장의 분위기가 고스란히 드러났다. 이 방송에서는 12살의 학생들이 노트북과 스마트폰을 이용해 '고대 로마와 현대 핀란드의 비교'라는 주제로 그룹과제를 수행하는 모습을 보여주었다.

학생들은 고대 로마의 목욕탕과 오늘날의 고급 스파를 비교하고, 콜로세움과 현대 경기장의 건축 양식도 비교했다. 나중에는 3D 프린터로 로마의 건축 모형을 만들어 보드게임을 즐기기도 했다.

　1학년의 통합교과는 이러한 다양한 프로젝트와 학습과정을 경험하는 가장 기초단계라 할 수 있다. 국가교육과정에서 통합교과의 제목을 계절로 잡아놓은 것에서도 알 수 있듯이, 아이들은 계절의 변화에 따라 자연현상과 절기, 풍습, 생활모습 등이 어떻게 달라져가는지를 다양한 활동을 통해 경험하고 몸으로 깨닫는 과정을 거친다. 그 사이사이에 자신과 가족, 이웃, 우리나라 전체로 관계를 점점 확산시키는 공부도 함께한다. 2015년의 교육과정에는 각 단원에 들어가기 전에 공부거리를 미리 찾아 정리할 수 있도록 안내하는데, 이것을 주제통합수업의 한 과정으로 아이들이 활용할 수 있도록 좀더 신경 써야 했다고 본다. 본디 주제학습을 기획한다면 이런 점을 더욱 강조해 아이들 스스로가 지금 자신들이 무엇을 배우고 익히고 있는지 잊지 않도록 해주어야 했겠지만, 첫해는 지도도 활동도 어수룩한 탓에 아이들의 자발성을 제대로 끌어내지 못했다. 1학년 아이들도 주어진 환경에서 학습할 거리를 스스로 찾아 제시할 수 있다는 점을 인식하지 못한 탓이었다. 이런 반성 속에서 이듬해에는 철마다 큰 주제의 줄기를 잡고 그것에 걸맞는 수업내용과 방법을 찾아 아이들과 소통해가며 수업을 진행했다. 아이들을 수업의 주인으로 만들려 애쓴 것이다. 여기, 그 일부를 소개해보고자 한다.

# '봄' 이야기

통합교과서의 첫 교과 '봄'은 교사와 아이들이 처음 만나는 학습의 주제가 된다. '학교와 나'라는 주제로 3월의 입학초기 적응활동을 마친 뒤, 아이들은 본격적으로 교실 안팎을 넘나들며 교사의 안내를 받아 싱그러운 봄을 만난다. 최근 미세먼지 때문에 봄의 전령을 버선발로 맞이하지 못하게 된 점은 무척 아쉽다. 그러나 여전히 파릇파릇 피어나는 봄이라는 계절이 주는 느낌을 온전히 아이들에게 전하는 시간은 갓 입학한 아이들이 낯선 학교에서 당당하게 살아가도록 이끄는 큰 힘이 되어주었다. 무사히 봄을 맞이하고 넘기는 4월. 아이들은 더 이상 일곱 살 꼬마가 아니라 무르익은 봄을 배불리 먹은 여덟 살이었다.


## 봄이 오는 소리를
## 아이들에게 묻다

통합교과가 이전의 교과들과 다른 점은 '수업 만들기'라는 꼭지가 있다는 것이다. 새로운 교육과정은 교사가 일방적으로 준비하고 이끌어가는 기존의 수업 흐름을 교사와 학생이 함께 만들어가는 흐름으로 전환하는 데 목적을 두고 있다. 1학년이라는 한계 때문에 함께 만들어가는 수업을 전적으로 학생들에게 맡길 수는 없겠지만, 교사와 함께 수업을 만들어가며 경험을 쌓게 하려는 의도는 높이 평가할 만하다. 나는 이런 흐름을 유지하되, 밋밋한 교육과정을 벗어나는 길도 아이들에게 물어 함께 가기로 했다. 교육과정이나 교과서에 담긴 내용과 활동이 아니더라도 교사가 묻고 아이들이 응답하며 새로운 내용과 활동을 만들어내는 것도 뜻깊은 과정이라 여겼기 때문이다. 교사가 미리 다 정하고, 마치 그물망에 끌려가듯 교육과정대로만 진행하는 것이 수업은 아니라 여겼다. 실제로 국가교육과정 총론은 엄연히 교사에게 교육과정을 편성할 권리를 부여하고 있다. 다만 교육과정 재구성이라는 용어로 제한하고 축소하여 교육과정을 보는 안목과 시야를 좁혀버린 것은 잘못이다. 상황이 이러한 데도 어떤 교사들은 교육과정 재구성을 강요하지 말라고 항변한다. 이는 스스로 교사의 권리와 전문성을 버리는 실로 부끄러운 행위일 뿐이다. 교육과정은 교사와 학생, 학교가 적극적으로 새롭게 구성해 배움의 속도가 다른 아이들 각자에게 맞도록 바꾸어야 한다.

··· ✏ ···

4교시에는 아이들에게 '봄'을 주제로 하는 활동 중에서 제일 하고 싶은 것을 물어보았다. 바뀐 교육과정에 상관없이 아이들에게 공부하고 싶은 것, 알아보고 싶은 것을 물어 합의하며 수업을 전개할 수 있도록 하기 위함이다. 그래서 지난해에는 하지 못한 일을 슬그머니 시작해보았다. 아이들을 믿어보았다.

"이런 따뜻한 봄에 꼭 해보고 싶은 거 있으면 한번 생각해서 말해볼 래요?"

"꽃을 보면서 그림을 그리고 싶어요."

"잔디밭에서 뒹굴뒹굴하고 싶어요."

"예쁜 꽃 보고 싶어요."

"꽃을 심어봐요"

"나무를 심어봐요."

"애벌레를 키우고 싶어요."

"곤충을 관찰하고 싶어요."

처음에는 일부 아이들이 봄과 전혀 관계없는 이야기를 꺼내기도 해 방향을 다시 잡아주기도 하면서 진행한 결과 이런 말들을 이끌어내었 다. 그런데 거의 대부분이 새로운 활동이 아니고 교육과정이나 프로젝 트 활동에 담겨 있는 것들이라 우리 반만의 프로젝트가 필요했다. 그 때였다.

"선생님, 꽃을 말려서 걸어봐요."

"맞아요. 꽃을 붙이면 좋겠어요."

"저, 장미 말리는 거 봤어요."

"그런데, 꽃은 어떻게 말려야 해요?"

이런 말들이 쏟아지기 시작한 것이다. 어제 아는 선생님이 어떤 기 관의 도움을 받아 압화로 이름표 만들기 활동을 했다는 소식을 들었던 터라 아이들의 의견을 받아 제안했다.

"여러분 말대로 꽃을 말리는 거예요. 그리고 말린 꽃이나 풀로 예쁜 이름표를 만들어보는 거예요."

"좋아요. 해봐요."

"정말 해볼까요?"

"네~"


봄을 여는
감자수업 이야기

### 감자 이야기 1

새싹을 틔우고 자라게 하는 과정은 봄이 하는 가장 중요한 역할인 동시에 1학년 아이들이 온몸으로 봄을 깨닫고 즐길 수 있는 과정이기도 하다. 그래서 교실에서 씨를 관찰해보고, 그 씨를 화분에 심어보기도 하는 활동이 교육과정에도 고스란히 담겨 있다. 1학년을 맡아 아이들과 지냈던 학교에서는 아이들이 그런 활동을 할 수 있도록 반마다 조금씩 텃밭을 배정해주었다. 처음에는 나도 익숙하지가 않아서 힘들

고 때로는 짜증을 내기도 했지만, 아이들과 봄을 시작하고 마무리하는 활동으로 '감자 심고 거두기'만큼 일관되고 풍성한 프로젝트도 없었다.

씨감자

　　이원수 시 | 백창우 곡

　감자 씨는 묵은 감자

　칼로 썰어 심는다

　토막토막 자른 자리

　재를 묻혀 심는다……

　3교시에는 통합교과 '봄'의 첫 프로젝트 '감자'에 대한 공부를 시작하는 첫 시간으로, 수업의 내용을 바꾸어보았다. 먼저 글자를 익히는 시간. 〈씨감자〉라는 노래를 틀어주고 '감자'라는 글자에 테두리를 씌워 글자를 쓰게 했다. 아이들이 생각보다 잘했는데, 지나치게 작게 써서 다시 해야 하는 아이들도 몇몇 있었다. 도화지에 그림을 작게 그리거나 글씨를 작게 쓰는 아이들은 주의 깊게 관찰하고 있다. 2017.3.20.

　오늘은 감자를 왜 심는지, 언제 심고 언제 거두는지에 대해 먼저 이야기를 나눴다. 봄이라는 절기와 씨감자에 대한 이야기도 전해주고, 세밀화를 복사해 나눠주어 공책에 붙이게 했다. 이원수의 시 〈씨감자〉를 들려주고, 백창우가 곡을 쓴 노래도 들려주며 함께 시를 읊고 외웠다. 아이들이 생각보다 노래를 잘 따라 부른다. 이 노래에는 감자를 어

떻게 심는지, 어떻게 키우는지가 잘 담겨 있다. 씨감자를 자른 다음에
왜 재를 묻혀서 심어야 하는지도 들려주었더니 신기해한다. 우리 집
벽난로에서 얻은 재를 가지고 와서 보여주었더니 더 흥미로워한다. 자
른 감자를 '아픈 몸'이라 표현한 부분에서 흙을 덮고 자는 감자의 마음
에 대한 이야기도 나눴다.

"감자가 왜 아프다고 했을까?"
"감자가 몸이 잘려서요."
"감자가 몸이 잘리면 어떤 모습일까?"

아직 감자 자른 모습을 본 적이 없는 아이들이 대부분이라 잘 표현
하거나 상상하지 못했다.

"감자가 자르면 물이 흐르면서 하얗거나 노랗고 반반한 면이 나오
죠?"
"네."
"그래요. 여러분 몸이 잘렸다고 생각해봐요."
"우리는 피가 나오겠네."
"윽, 그렇지."
"사람은 몸이 아프면 어떡할까?"
"병원에 가요."
"병원에 가서는?"
"주사 맞고 약 먹고."
"그러고는?"

"눕겠죠."

"시에서 감자는 어떻게 했지?"

"흙을 덮고 자요."

"그래. 그렇지. 그만큼 땅은 곡식과 씨앗들에게는 병원 같고 집 같은 곳이야. 그럼 생명은 왜 소중할까?"

"살아 있어서."

"그렇지. 살아 있다는 건 뭘까?"

"죽지 않은 거요."

"죽으면 우리가 뭘 못하지?"

"아무것도 못해요."

"여러분이 좋아하는 피자, 치킨도 못 먹지."

"에이, 죽은 사람한테 피자, 치킨 입에 넣어주면 되잖아요."

"또 저런다. 어떻게 죽은 사람에게 피자와 치킨을 주냐?"

"살아 있어서 먹고 입고 놀고 즐길 수 있잖아요."

"그래서 살아 있다는 건 소중한 거예요. 그래서 함부로 생명을 죽이면 안 되지요. 여러분 가끔씩 보면 함부로 지나가는 개미를 밟아 죽이는 경우가 있더라."

"난 안 그러는데."

"그래, 다은이는 안 그러겠지. 그런데 가끔 그런 사람이 있더라. 지렁이도 그렇고 거미도 그렇고."

"지렁이는 왜요?"

"지렁이는 저런 땅에 숨구멍을 내주지. 땅도 숨을 쉬고 살아야 하거든. 그리고 땅 속에 좋은 물질을 남기기도 해. 지렁이 똥이 참 좋거든."

"거미는 왜요?"

"거미는 사람에게 해충이라고 하는 모기와 파리를 잡아먹기도 하거든. 해충이든 그렇지 않든 살아 있는 건 여러분 모두가 소중히 여겼으면 해요."

살아 있다는 것, 생명이 있는 존재를 대하는 법을 아이들은 어떻게 받아들일까. 말로 설명한다고 될 일은 아니겠지만, 이렇게라도 조금씩 시작을 해야 할 것 같다. 요즘 아이들에게 가장 필요한 건 '공감' 능력이다. 생명을 소중히 여기는 마음도 이런 공감능력에서 시작한다고 본다. 내가 아픈 만큼 남도 아플 거라는 공감, 내가 불편한 것만큼 다른 사람도 불편할 거라는 공감, 내가 기쁜 만큼 다른 사람도 기뻐할 수 있다는 걸 아는 공감 능력을 아이들은 잃어가고 있다. 일본의 저명한 임상심리학자 오자와 마키코는 《아이들이 있는 곳에서부터》라는 책에서 입시경쟁이 갈수록 심해지는 일본의 분위기가 아이들의 생활을 얼마나 파괴했는지 실례를 들어가며 설득력 있게 풀어낸다. 우리 반에도 벌써부터 구구단을 외고, 그것을 자랑삼아 내 곁에 와서 이야기하는 아이들이 있다. 자연스럽고 즐겁게 익힐 수 있는 구구단을 부모들은 왜 그렇게 빨리 익히게 할까? 그 시간에 자연을 더 공부하고, 친구와 놀고, 부모와 삶을 나누고, 책을 더 읽고, 경험을 더 쌓을 수는 없는 걸까? 아이들의 삶을 지배하려는 부모의 욕심이 아이들의 잠재적인 능력을 잃게 하고 있지는 않은지 깊이 생각해볼 일이다. 2016.3.28

《할머니, 어디 가요? 쑥 뜯으러 간다!》를 보여주었다. 봄을 알리는 책으로 삼아 천천히 읽어주었더니 꼬박 한 시간이 간다. 문득 이 그림책에 등장하는 시장에 대해 물었다.


"혹시 여러분 시장에 가봤어요?"

"네~"

"여러분은 시장이 더 재밌었어요, 아니면 저런 큰 마트가 재미있었
어요?"


그러자 반반으로 나뉜다. 시장 편이 좀더 많다.


"시장에 가면 사람도 많아요."

"마트에 가도 사람 많아."

"시장에 가면 깎아주기도 해요."

"맞아요. 마트에 가면 깎기 힘들지."

"시장에 가면 오뎅도 팔고 통닭도 팔고 재밌는 게 많아요."

"야, 마트에도 그런 거는 다 있거든."


어느덧 시장과 마트 논쟁에 빠져드는 아이들을 달래서 다시 봄을
맞은 그림책으로 안내했다. 할머니랑 시골에서 봄을 맞는 이야기. 이
아이들은 삭막한 도시, 그것도 공단 주변에서 맞겠지만 그래도 어김없
이 봄은 오고야 만다는 것.

다섯째 시간에는 아이들이 봄을 느낄 수 있는 수업을 준비했다. 교과
서 '봄'을 꺼내 봄에 어떤 풍경이 있는지를 살핀 뒤, 봄공책에 '봄'이라고
크게 글씨를 써서 꾸며보게 했다. 아이들이 그리는 그림에서 봄이 느껴
졌다. 정말로 아이들이 여는 봄을 맞는다는 기분이 들어 참 좋았다. 그

림책 읽어주기를 막 끝내려는 순간, 아이들 열댓 명이 내게 달려들어 안아주겠다고 난리를 쳤다. 아이들과 만난 지 이제 갓 한 달. 나는 아이들과 친해지기 시작했다. 하진이도 오늘 슬그머니 다가와서 나를 안아주고 갔다. 그렇게 봄은 찾아오고 있었다. 2017.3.28

## 감자 이야기 2

봄은 무릇 세상 모든 생물이 살아있다는 것을 온몸으로 느끼는 계절이다. 살아 있다는 것이 무엇인지에 대해 아이들과 이야기하는 일이 쉽지는 않지만, 이런 과정을 통해 아이들이 타인 혹은 다른 생물에 대한 공감능력을 키울 수 있을 것이라 믿었다. 통합교과가 활동으로 주제학습을 극대화하는 것은 맞지만, 활동에 너무 큰 비중을 두면 아이들은 재미에만 집중하다가 무엇을 배우는지도 모르고 시간만 즐겁게 보내는 경우가 많다. 나는 수업시간의 주제학습이 아이들의 인성을 본질적으로 바꿀 거라 생각하지 않는다. 인성은 본디 자라온 환경과 가정의 영향이 절대적이라는 믿음을 가지고 있기 때문이다. 학교는 이따금씩 친구들이나 교사들을 통해 자신과 다른 생각을 몸으로 겪고 이야기하면서 다르게 생각해보는 경험을 하는 공간일 뿐이며, 이러한 경험을 조금씩 쌓아감으로써 자신을 만들어가는 계기를 줄 뿐이다. 의미와 가치, 활동의 중심을 잘 찾아 주제에 담고 배움에 대한 흥미와 관심을 높여 삶에 대한 의욕을 부여하는 것이 학교와 교사의 역할이다. 문제가 해결되지 않아도 좋고, 실패해도 좋다. 주제학습은 무언가를 완성하고 해결해야만 하는 것이 아니다. 발견하고 깨닫는 과정, 또 다른 삶의 방식을 경험하게 해주는 것이 바로 수업이다. 우리네 삶이 언제나 도덕적이며 멋지고 성공할까? 결코 그렇지 않다는 것을 학교와 교사는 아이들에게 가르쳐주어야 한다. 이런 역할을 충실히 수행하는 데 도움이 되는 방법으로 이야기를 빼놓을 수 없다. 그러한 이야기를 담고 있는 자료로는 시와 그림책, 동화가 있다. 거기에는 수많은 삶의 굴곡이 모두 담겨 있다. 그중에서도 그림책은 아이들이 가장 쉽게 접하고 다룰 수 있는 학습 도구이다. 그림책을 꼭 국어수업에만 활용할 필요는 없다. 실제로 통합교과 관련 교사용 지도서들이 많은 그림책을 소개하여 교사들의 수업을 돕고 있다.

··· ✎ ···

그림책《살아있어》를 보여주었다. 집중시키는 데 시간이 좀 걸리긴 했지만, 이내 그림책으로 안내할 수 있었다. 꽤 철학적이기도 하면서 살아 있는 것의 소중함과 생명에 대한 존중을 배울 수 있는 책이다. 특히 봄에 피어나는 생명에 대한 이야기를 나눌 수 있어 좋다. 이 그림책 덕분에 우리 아이들에게 살아 있다는 게 어떤 것인지를 자연스럽게 물을 수 있었다.

"얘들아, 살아 있다는 게 뭘까?"
"코로 숨 쉬는 거요."
"심장이 뛰는 거요."
"야, 가을이가 아주 좋은 이야기를 해줬어요. 맞아요. 심장이 뛰면 살아 있는 거겠지요."
"움직여요."
"눈을 깜빡여요."
"막 뛰어다녀요."

"맞아요. 정말 살아 있는 건 움직일 수 있다는 것 같아요. 그러면 여기 《살아있어》라는 책에는 어떤 이야기가 있는지 함께 봐요."

이 그림책에서는 살아 있다는 것은 숨 쉬는 것이고, 소리 내는 것이고, 소리 내지 않아도 헤엄치고 뛰어오르는 것이며, 날고 달리고 움직이는 것이라 했다. 그런데 나무는 움직이지 않고 숨 쉬는 모습도 보이지 않는다. 그러나 나무는 자란다. 꽃이 피고 열매도 맺는다. 나무는 이런 식으로 살아 있음을 이야기하는 것이다. 그런데 살아 있다는 건 시든다는 뜻이기도 하다. 살아 있다고 늘 날고 뛰는 것이 아니라는 거다. 그래서 물었다.

"나무가 시든다는 게 죽는 걸까요?"
"아니요? 잠시 쉬는 거예요."
"맞아요. 우리 사람도 늘 활기찰 수는 없잖아요. 때로는?"
"힘들어요."
"지쳐요."
"화가 나요."
"짜증나요."
"맞아요. 그리고……피……"
"피곤해요."
"아파요."
"맞아요. 그러면서 살아가는 거지요."

누가 나무가 시들면 눈물이 난다고 표현했다. 그러니 살아 있는 것에는 눈물이 있다는 것이 된다. 그런데 곤충은 눈물이 없다. 그렇다면? 그렇다. 살아 있는 것은 먹는다. 먹는다는 것도 살아 있다는 것이다. 짐승이 죽어 사과나무 아래에서 썩어 거름이 되었지만, 사과나무는 꽃과 열매를 맺어 또 다른 삶을 살아간다. 죽음과 삶 사이의 경계. 아이들은 이 과정을 깊이 깨닫지 못하였겠지만, 언젠가 이 그림책을 떠올릴 수 있으리라.

"살아 있는 것은 이렇게 소중하고 귀한 것이에요. 그런데 여러분은 혹시 함부로 동물이나 식물을 죽이거나 꺾지 않았나요?"

"저 저번에 식물 줄기를 막 꺾긴 했어요."

"전 지나가는 개미를 밟아서 죽인 적이 있어요."

"살아 있는 것은 아프기도 하다고 했죠? 여러분이 무심코 손을 대서 죽이는 식물과 동물들도 얼마나 아파하는지 모를 거예요. 예전에 식물을 대상으로 식물도 고통을 느끼는지, 두려움을 느끼는지 실험을 했대요. 식물에 불을 갖다대니 막 주파수가 올라가면서 사람처럼 흥분을 하더라는 거예요."

"우와~"

"이제 봄이지요?"

"네."

"봄이 되면 많은 꽃들과 식물, 동물들이 세상으로 나와요. 살아 있는 것들을 함부로 죽이거나 다치게 하지 않도록 해주었으면 좋겠어요. 알겠죠?"

"네~"

오늘 정말 살아 있는 아이들과 하루를 보냈다. 이 일기에 다 담지 못한 무수한 일들이 있었다. 그래도 살아 있음에 감사할 줄 알아야 한다는 생각을 새삼 다시 했던 하루였다. 아이들에게 읽어주었던 그림책 덕분에. 아니, 아이들 덕분에. 2017.3.30

··· ✎ ···

오늘은 아침부터 텃밭의 상태와 감자 심기 문제로 다른 1학년 담임교사들과 상의했다. 딱히 답이 나오지 않아 오늘은, 혹은 내일까지도 감자심기는 힘들지 않겠냐고 의견이 모아졌다. 빨리 정리가 돼 지난 일주일 동안 감자로 시간을 보낸 아이들이 직접 감자를 심고, 느낌을 나누는 시간이 왔으면 하는 바람이다. 첫 시간은 어제 읽어주다 만 그림책 《감자에 싹이 나서》를 다시 보여주었다. 숙제로 내준 뒷이야기를 아이들 몇몇이 얘기하고 싶어 하기에 말하게 해줬다.

"저, 저기 생쥐 위에 있던 망태기가 떨어져서 강아지를 덮칠 것 같아요."
"그래? 그럼 생쥐는?"
"생쥐는 그때 도망칠 것 같아요."
"또 다른 친구는?"

아이들이 저마다 이야기하는데, 아직 이 녀석들의 이야기 전개에는 개연성이라고는 없다. 그저 마구 상상할 뿐. 우스갯소리가 들어가면 더 좋고. 차근차근 읽어나가는 그림책은 나 혼자 읽을 때랑 느낌이 확실히 달랐다. 그림도 조금 더 자세히 보게 된다. 감자를 자르는 농부 아저씨의 모습을 보며 노래를 연상하는 아이들이 있는가 하면, 농부 아저씨의 말에 귀를 기울이더니 대뜸 재 이야기를 꺼내는 녀석도 있다.

"선생님, 여기서도 재를 묻힌다는 말이 나오네요."

"그렇지. 여기도 재라는 말이 나오지? 그런데, 여기서 농부 아저씨는 재를 왜 묻히려고 했던 걸까?"

"자른 부분이 아프지 말라고."

"그래 맞아."

"뒤에 보면 상처에 덧날까 걱정하는 감자들의 이야기가 들리죠?"

"작은 눈이 뭐라고 했지?"

"괜찮을 거라고 했어요. 재 때문에."

작은 눈이든 큰 눈이든 감자는 땅에 심어져 자라고 자란다. 하지만 아이들에게는 왜 감자를 그냥 심지 않고 잘라야 하는지에 대한 의문이 남아 있다. 이런 의문을 이 그림책이 아주 적절하게 풀어내고 있다. 자른 자리에 재라는 약을 바르고 흙이라는 이불을 덮어 보호하고 감싸 주며 돕는다는 자연의 원리, 생명의 원리를 우리 아이들이 깨달았으면 하는 바람뿐이다. 감자를 땅에 묻고 키울 거라는 얘기에 다은이가 한 소리 한다. 늘 땅을 파고 놀았던 아이라 그런지 말도 재밌다.

"나도 땅에 파묻히고 싶다."

둘째 시간에는 아이들과 함께 읽은 그림책《감자에 싹이 나서》를 몸으로 표현해보는 시간을 준비해보았다. 일종의 교실연극, 상황극화를 시킨 것인데, 과연 1학년 아이들이 어떻게 만들어낼까 궁금했다. 실패에 대한 두려움보다는 기대가 컸다. 뜻밖에도 아이들의 2/3가 적극적인 반응을 보여주고 모둠별로 역할을 맡아 그림책에서 인상 깊었던 장면을 연출해냈다. 조금 소극적인 아이들도 끝까지 함께했다. 그렇게 소리 높여 떠들던 아이들도 막상 의자와 책상을 뒤로 미루고 무대를 마련해 극으로 올리자 당황하고 쑥스러운지 목소리가 기어들어갔다. 그래도 이런 경험이 아이들을 조금씩 달라지게 할 거라 믿는다. 앞으로 자주 해도 좋을 것 같다는 자신감을 얻었다. 2016.3.31

어제에 이어 감자에 관한 그림책《감자는 약속을 지켰을까?》를 보여주었다. 생쥐를 만난 감자가 잡아먹힐 뻔한 순간에 꾀로써 위기를 모면한다는 이야기였다. 이 꾀란 생쥐에게 더 많은 감자를 먹을 수 있는 방법을 가르쳐주는 것. 감자는 생쥐에게 '나를 땅에 심으면 더 많은 감자를 먹을 수 있어'라고 유혹한다. 이 유혹에 넘어간 생쥐가 감자에 싹이 나고 잎이 나서 꽃까지 피고 진 뒤에 땅 속에서 많은 감자를 얻는

데, 이 많은 감자가 또 다시 생쥐에게 두 손으로 빌며 읍소한다. "생쥐님, 우리를 땅에 심으면 더 많은 감자를 얻을 수 있답니다."

나는 아이들에게 물었다.

"정말 감자는 약속을 지켰을까?"

"아니요. 안 지켰을 것 같아요."

"왜?"

"또 더 많은 감자, 또 더 많은 감자를 얻을 거라고 꼬실 것 같아요."

"또?"

"음, 생쥐는 배고파서 그냥 먹을 것 같아요."


아이들은 이 그림책을 통해 감자에 싹이 나고 잎이 나서 꽃이 피고 지면 통실한 감자를 얻는다는 사실을 단단히 알게 됐다. 이제 심기만 하면 된다. 그리고 하얀 감자 꽃이 필 때까지 기다리면 된다. 사이사이 싹이 나고 잎이 나서 꽃이 되는 모습을 지켜보며 마치 생쥐처럼 감자를 기다리면 된다. 석 달 뒤 약속을 지킨 감자에게 아이들은 뭐라고 할까?

2016.4.1

"야, 감자다!"

"저기 싹이 보여요. 선생님."

"그렇지, 싹이 보이지?"

"긴 싹도 있고 아주 짧은 싹도 있어."

"감자 자른다!"

"야, 맛있겠다. 먹고 싶다."

"또 먹는 이야기니? 이건 그냥 먹긴 좀 그래."

"자, 선생님이 저번에 잠깐 이야기했는데, 나중에 심을 때 어디 부분이 땅 아래로 가야하겠니?"

"싹이 있는 부분이요."

감자 심는 아이들

"에이, 까먹었네. 자른 부분에 재를 묻혀 아래로 가게 해서 심어야 한다고 했잖아. 그렇게 하지 않으면 싹이 아래로 자라게 된다고."

이어지는 시간은 중간 놀이시간이었지만, 아이들에게 감자 심기 안내를 하고 준비했다. 아이들이 보는 앞에서 감자를 썰고 준비를 시켜 곧바로 텃밭으로 갔다. 텃밭 양쪽에 남녀로 줄을 세워 밭골에 앉게 한 뒤, 10cm씩 파내 감자를 심는 작업을 했다. 감자를 심기 전에 재를 묻히고 다시 묻는 작업까지. 아이들 손인지라 장난이 끼어들었지만, 그것도 다 경험이라 여기고 뒤처리는 내가 하는 것으로 마무리 지었다. 2016.4.5

### '감자' 이야기 3

봄공책에 감자의 성장과정을 그린 세밀화를 붙이고, 감자라는 글자도 쓰고, 감자에 관한 노래를 익히며 시작한 감자수업. 생명의 가치에 대해 이야기를 나누고 감자의 성장과정을 그림책으로 보고 읽으며 직접 감자를 심기까지 하는 과정을 거친 뒤 두 달 가까이 지나 5월 말에 이르면 만나게 되는 것이 바로 감자 꽃이다. 처음에는 하얀 감자 꽃을 감상하며 시간을 보내지만, 이내 꽃을 따주어야 한다. 감자로 가야 할 영양분을 꽃에 뺏기지 않도록 해야 하기 때문이다. 이런 과정을 거쳐 감자를 수확해 삶아 먹으며 지난 이야기를 나누는 일이 마무리될 무렵. 계절은 여름으로 넘어가기 시작한다. 아이들은 감자를 먹으며 도란도란 이야기를 나누고 때로는 시끄럽게 떠들지만, 자신들이 이미 감자만큼 자라있다는 건 모른다. 담임인 나도 봄을 열고 마무리했던 감자수업을 통해 성장했다는 것을 뒤늦게 깨달았다.

… ✎ …

"자, 오늘은 감자 꽃을 따러 가기로 했죠?"

"감자 꽃은 왜 따요?"

"어, 벼리 까먹었네. 어제 선생님이 다 이야기해줬는데."

"맞아, 감자 꽃을 따줘야 영양분이 감자로 간다잖아."

"그래, 그래야 감자 알이 커진다고 했죠?"

"네."

"자, 그럼, 이제 나가볼까? 참 나가기 전에 이 노래 한번 따라 불러보고 나가자."

　　　자주꽃 핀 건 자주 감자.
　　　파 보나마나 자주 감자.
　　　하얀 꽃 핀 건 하얀 감자.
　　　파 보나마나 하얀 감자.

밭에 심기 위해 자른 감자

"어제 우리가 본 감자 꽃 색깔은?"

"하얀색!"

"그럼, 우리가 나중에 캐낼 감자는 무슨 색?"

"하얀색!"

"실제로 자주색 꽃이 피는 감자는 잘라

감자 꽃 따는 아이들

보면 자주색이에요. 보라색 비슷한 거.”

“정말요?”

“어, 나도 전에 자주색 감자 먹어본 적 있어요.”

“진짜, 어땠어?”

“맛있었어.”


아이들을 데리고 2반 감자밭에 나가자 하얀 감자 꽃이 흐드러지게 피어 있었다. 왼쪽에 여자아이들, 오른쪽에 남자아이들을 늘어서게 해 마음껏 감자 꽃을 따고 감상하게 했다. 그리고 교실에 가져와 공책에 올려놓고 감자 꽃 그림을 크게 그려 붙이게 했다. 태어나 처음 본 감자 꽃을 어떤 아이들은 예쁘다며 집에 가져가 엄마 보여주겠다고 한다. 좋은 거, 예쁜 거 있으면 사랑하는 사람에게 주고 싶은 게 인지상정이겠지. 아이들의 마음속에는 그렇게 부모가 자리하고 있었다. 2016.5.31

··· ✏ ···

중간 놀이시간이 지나고 들어 온 아이들에게 오늘은 감자 캐는 날이라 다시 확인시켜주었다. 분명 말해줬는데 어떤 녀석이 지금부터 뭐 하냐고 묻는 통에 다시 알려준 것이다. 출발 전, 예전에 들려주었던 그림책 《감자는 약속을 지켰을까?》를 살짝 다시 보여주었다. 그리고는 아이들에게 물었다.


“감자는 정말 약속을 지켰을까?”

“네!”

감자밭은 이미 1, 3반이 캐고 간 흔적이 남아 먼지가 흩날리는 바닥을 고스란히 드러내고 있었다. 일렬로 나란히 줄 세워 준비해 간 호미와 모종삽으로 밭을 파냈다. 사실 처음에는 파내는 것보다 감자 줄기를 잡아당기는 게 훨씬 수월했다. 뿌리에 주렁주렁 매달린 감자를 보자 곧바로 아이들의 환호성이 터져나왔다. 뒤편에서는 여러 외침이 들려왔다.

"선생님, 이거 보세요. 엄청 커요."
"대박! 이거 대따 크다."
"이건 너무 작아요."
"자, 캐낸 감자는 상자에 담아주세요."

그런데 녀석들은 감자의 소중함도 모른 채 홀쩍홀쩍 상자로 던져버린다. 그러지 말아달라, 상하게 되니 조심해서 넣어달라 몇 번을 말해도 녀석들은 쉽게 던져버리곤 했다. 그래서 잔소리를 몇 번을 해야 했고, 그제야 겨우 조심을 했다. 장

감자 캐던 아이들

마를 앞둔 무더운 날, 우리 땅도 아닌 땅에 뒤늦게 감자를 심어 서둘러 뽑아내야 했던 터라 감자의 크기, 상태는 제각각이었다.

그림책의 이야기 속에서는 애매한 결말이었지만 현실의 감자는 약속을 지켰다. 씨감자 하나를 살려주면 더 많은 감자를 얻을 수 있다며 쥐를 속이려던 씨감자의 약속은 적어도 우리 학교 아이들 텃밭에서는 지켜졌다. 짧은 만남이었지만, 아이들이 저마다 감자를 손에 들고 좋아라 하는 표정을 보니 우스웠다. 오늘 아이들은 수확이라는 놀이를 했다. 약속을 지킨 감자를 만났다. 오늘 시간이 없어 서둘러 마친 감자 캐기의 소감은 내일 아침에 확인해보려 한다. 약속을 지킨 감자에 대한 소감, 녀석들의 감흥을 듣고 싶다. 2016.6.20

아이들이 직접 캔 감자 삶기

한 상자 가득 담긴 감자

··· ✎ ···

교실에 들어서자 미리 부탁드렸던 대로 도와주러 오신 어머님 두 분이 감자를 씻어 삶을 준비를 마쳐놓고 계셨다. 아이들에게는 칠판 쪽을 보게 하고 '감자 삶기'라는 글을 읽도록 했다.


"감자는 여러분들이 다 읽을 수 있을 것 같은데, 자 이제 '사'자 밑에 받침을 어떤 걸 넣어야 '삶기'라는 말이 될까요?"

"저요! 미음!"

"아~ 비슷한데, 받침은 두 개가 들어가요."

"저요! 리을하고 미음이요!"

"그래요. 책 많이 읽는 현서가 잘 맞췄어요."

"어, 어, 저도 알아요. 우리 학교 글자 앞에 삶을 가꾸는 할 때도 삶이 들어가요."

"야, 주현이도 잘 아네. 그걸 잊지 않고 기억하고 있었네."


이렇게 글자를 익히고 어머님들의 도움을 받아 감자 익히는 방법을 하나하나 확인한 다음 감자가 모두 삶아지기를 기다렸다. 감자 삶는 데는 30분 정도가 필요해 아이들을 모두 앞으로 나와 앉게 하고 약속한 옛이야기를 들려주기로 했다. 자리에 앉아서 하나같이 감자 삶는 모습만 지켜보기에 어쩔 수가 없었다. 그런데도 녀석들 관심의 절반은 감자에 쏠려 있어 그렇게 들려달라 아우성

직접 캔 감자를 삶아 먹는 아이들

이던 옛이야기마저 힘을 잃었다. 그래서 꺼내든 그림책《밥 안 먹는 색시》. 아이들이 재미있어하던 그림책을 꺼내 들었는데도 감자에서 올라오는 김과 끓는 소리 탓에 역시나 그림책에 집중하기는 힘들어 보였다. 그래도 그림이 있는 만큼 옛이야기보다는 조금 나았다. 다음에 다시 한 번 읽고 아이들과 이 그림책으로 이야기를 나누어야겠다 싶었다. 옛이야기와 그림책 들려주기를 마치자 감자가 거의 다 익었단다. 앞 접시와 포크를 준비하고 기다리던 아이들의 표정은 빨리 익기를 조바심 내며 기다리는 듯했다. 마침내 냄비 뚜껑이 열렸다. 급식소에서 나오던 감자음식은 거들떠보지도 않던 녀석들이 찐 감자를 설탕에 찍어먹는 맛에 어찌나 푹 빠져 있던지……. 물어보지도 않았는데 저마다 한마디씩 꺼낸다.

"선생님, 맛있어요."
"선생님, 정말 맛있어요."
"이거 다 먹어도 돼요?"
"저 이거 우리 아빠 갖다줄 거예요." 2016.6.24


봄에 피는
전령들로 만든 꽃수업


학교 텃밭의 남은 공간에 각종 모종을 심어보게 하고 관리하는 일은 1학년 교사에게는 너무도 힘든 일이었다. 하루 종일 아이들과 지내며 각종 회의와 연수, 수업준비를 하다 보면 텃밭에 신경 쓸 여력이 없다. 심지어 교실에 심어둔 모종마저 아이들에게만 맡기기에는 한계가 있어 그것까지 관리할 때면 도무지 무엇을 위해 이런 일을 해야 하나 싶을 때도 있었다. 이렇게 지쳐갈 때, 지인으로부터 학교에서의 생태교육에 관한 조언을 듣게 되었다.

"어른들은 아이들에게 유익한 경험을 하게 해주려고 텃밭 가꾸기를 하지만, 생태전문가에 따르면 1, 2학년은 아직 나무와 풀을 잘 구별하지 못한다고 해요. 어린아이들에게는 자연을 가꿀 대상으로 다가가게 하기보다 즐기는 대상으로 여기며 친숙해지는 연습부터 하는 게 좋대요. 그래서 요즘 저는 호미 들고 모종삽 들고 땅에서 실컷 놀게 하는 시간을 자주 가져요. 아이들은 아무것도 없는 맨 땅에서도 오랫동안 정말 신나게 놀더라고요. 텃밭 가꾸기에 대한 생각도 다시 해볼 필요가 있어요."

내 교육과정을 다시 구성해봐야겠다는 생각에 예전에 띄엄띄엄 하던 활동들을 모아 하나의 줄기를 잡아보았다. 절기에 맞춰 진달래 꽃전 잔치를 준비하고, 봄을 알리는 개나리꽃으로 몸을 치장하고 봄이 떠나는 신호를 보내는 목련꽃으로도 놀아보았다. 제주에서 온 선물인 유채꽃으로 이름표와 꽃 편지지도 만들어보면서 봄을 온몸으로 즐기게 했다. 이런 과정에서 많은 이야기가 쏟아져나왔다. 어린아이들에게 시켜주어야 할 생태교육은 무엇이며, 자연과 친해지고 자연을 사랑하게 되는 과정은 어떻게 겪을 수 있는지. 앞으로도 고민하고 공부해야 할 것 같았다.

아침에 교실에 들어서자마자 진달래와 쑥을 냉장고에 넣고 천연색

가루를 챙겨두곤 실과실에 가서 채와 쟁반을 구해 교실로 돌아왔다. 찹쌀가루를 챙기고 포트에 물을 끓여놓고 신문지를 받아들고 나서야 비로소 아이들을 맞을 수 있었다. 비가 오는 날인데도 아이들 표정은 맑은 하늘처럼 해맑다.

"선생님, 오늘 언제부터 진달래 꽃전 잔치 할 거예요?"
"선생님, 저 플라스틱 접시가 없어서 그냥 왔어요."
"선생님, 진달래 어디 있어요?"
"선생님, 오늘 중간 놀이시간에 비 와도 나가도 돼요?"

폭풍처럼 쏟아지는 아이들의 말을 뒤로 하고 나는 평소처럼 아침을 열었다. 아침노래와 옛날이야기. 오늘은 지유와 윤수를 주인공으로 삼아 은혜를 갚지 않는 사람에 대한 이야기를 나누었다. 그리고 곧바로 지난주 미처 읽어주지 못한 《진달래꽃 필 때》를 펼쳐 들었다. 요즘 몇몇 아이가 조금씩 자기 기질을 본격적으로 보여주기 시작하면서 그림책 읽을 때마다 자리다툼을 벌이고 장난치기 시작했다. 예전보다 그림책을 읽어주는 데 꽤 시간이 걸린다. 겨우 아이들을 다잡고 그림책을 읽어주었다.

한국전쟁이 터지던 때 폭격에 맞아 사망한 동화작가 최병화의 작품이다. 소재는 옛날이야기지만, 엄마를 멀리 떠나보낸 아이의 안타까운 마음이 아이들에게도 그대로 전해졌다. 지난해 아이들보다 확실히 감성적인 아이들이 많다. 그래도 딴죽 거는 녀석들은 있기 마련.

"어머니가 멀리 떠나가셨다고 생각해보세요. 여러분은 어떨 것 같아요?"

"울 것 같아요."

"난 안 울 수 있어요."

"1년이나 멀리 떠나서 안 오시는데?"

"뭐 놀이터에서 놀고 장난감 갖고 놀면 되죠?"

"1년 동안이나 엄마 연락도 없이?"

"음……."

"전 저 아이처럼 참을 수 없을 것 같아요."

"경남이라는 아이는 11살이에요. 하지만 울음을 참고 어머니를 기다리는 모습이 참으로 안쓰러워요. 여러분도 그 마음을 이해해줄 수 있겠어요?"


진달래꽃이 필 때쯤 돌아온다던 어머니는 결국 돌아오지 않았다. 너무도 서러웠던 경남이는 절에서 유일하게 의지하는 사람인 묘봉 누나로부터 희망적인 소식을 듣는다. 진달래꽃이 지면 오실거라고. 참다못한 경남이는 냇가에 흐드러지게 피어 있는 진달래를 따서 물 위에 둥둥 띄우며 어머니를 기다린다. 하지만…….

진달래에 얽힌 이야기는 슬픈 이야기들이 많다. 전설도 그렇고 민담도 그렇다. 오늘 아이들과 나는 그런 진달래 꽃잎을 도우미 어머님들과 함께 신나게 준비하여 맛나게 즐겼다. 강당에서 신나게 놀다 들어오자 도우미 어머님들이 이미 교실에 계셨다. 아이들은 놀러 나가고 어머님들은 내가 준비한 진달래와 쑥을 씻어주셨다. 그리고 반죽하기 시작. 아이들에게 쥐어진 반죽은 다시 넓게 펴지면서 꽃잎과 대추, 잣을 담아놓기 시작했다.

색깔을 입힌 반죽은 더할 나위 없이 맛나 보였다. 각종 모양을 만들고 무늬도 내며 아이들은 조금씩 진달래 꽃전 만드는 재미에 빠졌고 아침 일찍부터 오신 어머님들도 아이들이 보여주는 모습에 리듬을 맞춰 한 시간을 꼬박 전부치느라 애써주셨다. 정성을 다하시는 모습에 나도 모르게 한동안 눈길이 머물렀다. 예전에는 사진 찍고 아이들 지도하기에 바빴는데, 오늘은 어머님들이 꽃전을 부치는 모습이 눈에 확 들어왔다. 그래서인지 10년 넘게 아이들과 진달래 꽃전을 부쳐봤지만 오늘이 가장 맛있었다. 어머님들이 뒷정리하고 돌아가실 때, 정말 진심을 다해 이제껏 먹어본 진달래 꽃전 중에서 제일 맛있었다고 말씀드렸다. 환하게 웃으며 돌아가시는 모습이 참으로 정겹고 고마웠다. 덩달아 아이들도 기분이 달아올랐는지, 꽃전을 그렇게 먹어놓고도 밥을 잘도 먹는다. 밥은 밥이고 전은 전인 모양이다. 2017.4.17

··· 🖉 ···

오늘은 계획했던 수업 순서를 바꿔야만 했다. 오후에 아이들하고 목련꽃으로 놀이를 해보려고 했는데, 시간이 갈수록 시드는 목련꽃을 보니 오후까지 내버려두면 안 될 것 같아서다. 그래서 1교시부터 아이들에게 목련에 관한 이야기를 들려주고는 향기도 맡고 손으로도 조심스럽게 만지며 목련에 글을 쓰거나 그림을 그리게 했다. 아이들은 향기를 맡으면서 한마디씩 한다.

"와, 향기 좋아요."
"잎에서 어떻게 향이 나요?"
"꽃잎에서 향이 나지. 이것 봐요. 목련꽃은 실제로 이렇게 생겼어요."
"와, 선생님 목련꽃에서 포도향이 나요."
"포도향? 정말 그렇기도 하네."

교실은 순식간에 포도향(?) 가득한 목련꽃 방이 되었다. 아이들은 조심스럽게 연필을 들고 목련꽃을 긁어나갔다. 잘 안 된다고 설레발을 떠는 아이들이 있는가 하면 과감하고 예쁘게 그려나가는 아이들도 있다. 너무 서두르다 그르치는 아이가 있는가 하면, 틀릴까봐 걱정만 하는 아이들도 있다. 오늘 수업이 무엇인지는 신경 쓰지 않고 무작정 장난만 치는 아이들 손에 쥐어진 목련은 이미 녹슨 쇠처럼 시들어 있었다. 잔소리를 섞어가며 조심스럽게 글자 쓰고 그림 그리게 하니 점차

하는 법을 익혀나간다. 그렇게 오늘 우리 새싹 4반 아이들은 목련꽃으로 봄을 느끼고 맞았다. 목련꽃수업을 마치고 나는 아이들을 데리고 운동장으로 나갔다. 운동장을 한 바퀴 돌고 놀이터 놀이기구를 한 바퀴 돌면서 봄을 맞는 놀이. 아이들은 신나게 뛰었다. 뛰면 안 된다는 아이들은 걷게 했다. 그렇게 중간 놀이시간이 이어지고 나는 진우를 데리고 감자밭 물을 주는 곳으로 갔다. 실컷 물을 주고 난 뒤, 진우보고 한번 물을 뿌려보라고 했다. 재밌어하며 한껏 뿌린다. 옆에서 지켜보던 여학생들도 달려와 자기들도 해보겠다고 해서 하게 해주었다. 감자가 약속을 지켜주길 바라는 마음으로. 남학생 두 녀석에게는 개나리꽃 심은 곳에 물을 주라고 했다. 지난해의 실패를 반복하지 않기 위해 한 달간 매일 물을 주려고 한다. 꺾은 가지에서 땅속으로 뿌리를 내리게 하는 데 필요한 작업이다. 몇몇 나무는 벌써부터 조금씩 시들어가고 있다. 제발 모든 나무가 살아나길 바랄 뿐이다. 내일은 개나리꽃으로 아이들과 목걸이와 화관을 만드는 날이다. 개나리 같은 아이들의 목과 머리에 아름다운 목걸이와 화관을 걸면 온 교실이 다 화사할 것 같다. 아이들과 꽃놀이하는 재미가 참 쏠쏠하다. 2017.4.10

어제는 땅콩 모종 심은 것을 관찰하고 그림을 그리며 간단히 기록했는데, 아이들이 오늘 아침에 오자마자 서로 물 주겠다고 난리였다. 그 사이 나는 행정실로 내려가 제주에서 온 우편물을 챙겼다. 양재성 선생님이 보내주신 압화 선물이었다. 택배 상자를 교실로 들고 와서 열어보니 신문지 사이사이에 유채꽃과 무꽃이 가득했다. 이렇게 많은 양을 보내주실 줄은 생각도 못 했는데, 그저 고마웠다. 덕분에 오늘도 아이들과 즐겁게 수업할 수 있었다. 오늘 수업은 통합교과 '봄'을 마무리하는 활동이었다. 색이 있는 용지를 나눠주고 압화로 가장자리를 감싸듯 꾸며 붙이게 했다. 아이들에게는 감싼다는 개념이 구체적으로 와닿지 않는 모양이었다. 1학년에게는 어려운 활동이었을까? 내가 예시로 붙여가며 설명해도 반대로 붙이는 아이들이 꽤 많았다. 이럴 때마다 보조교사가 있었으면 좋겠다는 생각이 든다. 교사 혼자 24명을 상대하며 의도한 결과물을 이끌어내기란 정말 힘겹다. 그렇게 겨우겨우 꽃을 품은 편지지와 이름표를 만들어내었다. 유채꽃과 무꽃을 만난 아이들의 입에서는 감탄사가 쏟아져나왔다.

제주에서 보낸 꽃으로 만든 편지지

제주라는 먼 곳에서 날아온 꽃들이 천안 공단지역의 아이들과 만나 새로운 이야기를 만들어낸 오늘. 세상은 올바르게 바뀌어가고 있다는 소식이 들린다. 마음이 한결 가볍다. 주말이다. 그야말로 격정적이고도 감동적인 한 주였다. 그만큼 지쳤다. 쉬고 싶다. 그런데 원고가 발목을 잡는다. 쉬엄쉬엄 놀아가며 쓰련다. 쉬는 게 노는 게 아니냐 하던 예나의 말이 귓가에 맴돈다. 글쓰기가 쉼이 되는 주말이길 바랄 뿐이다. 2017.5.12

유채꽃으로 만든 이름표

제주에서 보내온 유채꽃

# 봄의 전령들과 즐기는
## 봄나들이수업 이야기

4월이 끝을 보일 무렵. 봄은 절정에 이르고 곧 다가올 여름 때문에 떠나보낼 봄이 더욱 아쉽기만 하다. 이즈음이면 아이들과 '봄나들이'를 떠난다. 첫해에는 교사들이 함께 준비했고, 이듬해에는 환경단체에 위탁했다. 동료 교사들의 요구로 그렇게 한 것인데, 반대하기엔 다들 너무도 지쳐 있었던 것이 사실이었다. 그러나 개인적으로는 힘들더라도 교사들이 직접 공부해가며 준비했던 때가 훨씬 좋았다. 아이들과 숲속에서 자라는 동식물을 관찰하고 채집하며 다양한 활동을 해보는 시간은 아이들 안전 감독만 하던 무기력한 시간과는 분명 달랐다. 요즘엔 교사의 손을 떠나 위탁하는 교육활동이 늘고 있고, 그것들이 체험학습이나 교육이라는 이름을 달고 행해지고 있다.

난 이런 풍조에 동의하지 않는다. 이는 마치 해외여행을 갈 때 배낭여행을 가는 대신 패키지여행을 가는 것과 다르지 않다. 지금 각 학교

에서 행하는 대부분의 위탁 체험은 패키지학습이다. 이런 부분에 대한 성찰과 학교의 업무 시스템 및 교육철학의 변화가 반드시 필요하다고 본다. 어쨌거나 아이들은 학교 밖 활동을 즐긴다. 그런 아이들과 시간을 보내는 일이 쉽지는 않지만, 함께 즐기며 시간을 보내다 보면 내가 교사임을 깨닫는다. 나 또한 봄을 느끼며 나들이하고 온 느낌이었다.

··· ✎ ···

　　차에서 내리자마자 아이들과 나는 서둘러 태학산 자연휴양림 위쪽
으로 걸어 올라갔다. 어제 그림책《봄 여름 가을 겨울 풀꽃과 놀아요》
에서 본 바로 그 풀꽃을 만나고자 했던 것. 그러나 염려하던 대로 그늘
진데다 사람이 다듬은 휴양림이라 땅이 좋지 않는 곳에서 흔하게 자라
는 개망초나 애기똥풀, 쇠뜨기는 찾을 수가 없었다. 그나마 그림과 노
래로 익힌 제비꽃과 민들레가 곳곳에 있어 다행이었다.


　　"선생님. 이거 제비꽃 아녜요?"
　　"맞아. 기억하고 있었네."
　　"선생님~ 저기에도 제비꽃이 있어요."
　　"그래, 다른 풀들도 있어야 할 텐데."


　　일단, 1학년이 모일 정자에 가방을 놓고 공책을 꺼내게 했다. 풀꽃
을 찾아 떠나기 전 아이들을 모으고는 처음으로 단체 사진을 찍었다.
짐작은 했지만, 자로 잰 듯 반듯하게 사진 찍기란 역시나 쉽지 않았다.
소풍날 아침부터 짜증내고 잔소리하
기는 싫어 있는 그대로 찍었더니 훨
씬 살아 있다. 몇몇 아이가 가려져서
보이지 않은 게 단점이긴 하지만. 그
렇게 사진을 찍고 조금 올라서 평상
에 공책을 풀어놓게 하고는 아이들에
게 주위를 돌아보며 어제 배운 풀꽃
들을 찾아보라 했다.

떡갈나무 잎을 붙이며 생태 체험을 하는 아이들

"선생님, 여기 제비꽃 있어요. 어떻게 해요?"

"잘 찾았네. 여기 테이프 있으니 붙여봐."

"선생님, 제비꽃은 정말 작아요."

"그래서 어제 선생님이 제비꽃은 다른 말로 뭐라고 했어요?"

"앉은뱅이 꽃이요."

"병아리 꽃이요."

"야, 잘 기억하고 있었네. 훌륭해."

"선생님, 이제 뭘 찾아요?"

"어제 그림책에서 본 게 뭐가 있었지? 다시 볼래? 자, 그림책 다시 보자. 여기 뭐가 보여요?"

"민들레, 쇠뜨기, 지칭개, 애기똥풀, 토끼풀, 개망초……."

"그래, 그런 걸 찾아보세요. 자, 다시 출발~"


하지만 조금 전 훑어본 대로 주변에서 어제 익힌 풀꽃을 찾아내기란 쉽지 않았다. 그래서 나뭇잎 도장으로 익히 보았던 떡갈나무 잎을 찾아오라 했더니 제법 잘 찾아온다. 나중에 안 사실인데, 평상 바로 앞에서 자라고 있는 작은 나무도 떡갈나무였던 것. 그렇게 아이들은 민들레를 찾고 떡갈나무 잎을 찾아 공책에 붙여갔다. 그런데, 저만치서 아이들이 잔뜩 모여 있는 게 보였다.

제비꽃 붙이는 아이들

"뭐해? 거기서~"

"선생님, 여기 공룡 식물 있어요."

"뭐라고?"

"공룡 식물이요."

"공룡 식물이 뭐야?"

하면서 달려갔더니 커다란 고사릿과 식물을 신기하게 보고 하는 말이었다. 웃었다.

"선생님, 몰라요? 공룡 영화 보면 이런 식물 많이 나오는데."
"이걸 보고 공룡 식물이라는 거야? 하하하."

아이들다웠다. 귀여웠다. 그렇게 공책에 풀꽃을 담고 나서 아이들 손을 잡고 좀더 위로 올라가 우리 반 아이들 노랫소리를 들으며 산책을 떠났다. 좋았다. 정말 좋았다. 그때였다. 이런 기분을 깨는 아이들 말이 들려왔다.

"선생님! 언제 밥 먹어요?"2016.4.28

아침노래를 부르고 옛이야기를 들려주곤 곧바로 어제 했어야 할 '손(바다)도장으로 봄 풍경 만들기' 작업으로 들어갔다. 제목은 교과서에 나온 것처럼 '봄놀이 다녀왔어요'라고 달았다. 교과서에는 손도장으로 동물이나 식물을 도화지에 단순히 찍는 활동으로 나오지만, 광목천에 표현해보는 것도 괜찮을 것 같아 시도해보았다. 먼저 아이들에게는 봄공책에 광목천에 담을 내용을 자신의 방식대로 자유롭게 그려보게 했다. 그 사이에 나는 광목천에 밑그림을 그리고 그림물감을 풀어 도장 찍을 준비를 해놓았다. 한 명씩 나와 꽃 모양, 잎 모양, 나비 모양,

올챙이 모양, 개구리 모양, 개미 모양을 찍어내게 했다. 조금 마른 뒤에는 제목을 꾸미고 전체적인 채색을 하도록 안내했다. 서툰 아이들은 잠시 멈추고 다른 것을 하게도 했다. 손바닥에 색을 가득 채워 찍어내는 아이들이 참으로 귀엽고 예뻤다. 두세 번씩 나와 각기 다른 모양의 그림을 만들어내는 모습이 참으로 신기한지 스스로 만족해하는 아이들도 보였다. 2017.4.21

# '가족' 이야기

    어린 1학년 아이들에게 '가족'은 거의 절대적이다. 우리 아빠, 우리 엄마밖에 없다. 때때로 다투기는 해도 형제간의 우애 또한 결정적인 순간에 만만치 않게 내세운다. 늘 그렇게 살아온 여덟 살 아이들에게 가정은 자신의 전부라고 할 수 있다. 하지만 아이들의 면면을 들여다보면 저마다 아픔도 있다는 사실을 알 수 있다. 부모님이 일 때문에 바빠 밤늦게 들어오시거나 아침에만 만날 수 있는 경우도 있고, 돌봄교실이나 학원을 맴돌다 집에 늦게 들어가는 아이들도 있다. 조부모님의 손에 자란 아이들도 있고, 가정사 때문에 친척들과 불편하게 지내는 아이도 있다. 외국에 나가 일하는 아버지를 그리워하는 아이들이나 다문화 가정에서 남들은 모르는 아픔을 겪는 아이도 있다. 내가 맡은 아이들도 깊숙이 들여다보면 저마다의 아픔과 상처를 안고 살아간다. 그러나 아쉽게도 국가교육과정은 이러한 가정 내의 다양한 아픔까지 모두 담아내고 있지는 못하다. 그저 교과서적인 가정의 모습, 가족 구성원에 대한 소개와 친척간의 관계를 이해시키려 할 뿐이다. 때문에 교사는 아이들교육과정을 성취기준이 아니라, 아이들이 당면한 현실에게 맞춰야 할 의무와 책임이 있다. 교육과정이 완벽할 수도 없고, 굳이 그럴 필요도 없다. 어떻게 해서든 빈 곳이 생길 수밖에 없는 교육과정이라면 교사가 그 빈 곳을 채우는 이가 되어야 한다. 교사에게는 가르치는 기술뿐만 아니라 서로 다른 사람들이 뒤섞여 살아가는 세상에 공감할 수 있는 능력과 서로 다른 사람들이 맺어야 할 관계에 대한 이해와 경험을 심어줄 수 있는 안목이 필요하다.

## 그림책으로 읽는
## 다양한 가족 이야기

1학년 교육과정에 담긴 '가족'에 관한 내용은 마치 세상에 색깔이 같은 가족만이 존재하는 것 같은 착각을 불러일으킬 정도로 단조롭다. 교과서에는 아픔도 상처도 없는 가족이 등장한다. 가족을 기계적이고도 형식적인 학습의 대상으로 여기느냐, 아니면 함께 사는 가족 구성원으로서 서로를 이해하고 다름을 인정하는 대상으로 여길 것이냐에 따라 수업은 전혀 다르게 기획할 수밖에 없다. 가족을 피를 나눈 혈연관계로 한정할 것인지, 피부색이 다르고 언어가 다르거나 부모 중 한쪽이 없어

도 전혀 상관없는 관계로 확장시킬 것인지 1학년 아이들하고도 충분히 이야기 나눌 수 있다. 이런 점을 감안하면 혈연관계 수준의 관계도 안에서만 가족 이야기를 푸는 현행 교육과정은 분명 달라져야 한다. 2년을 1학년과 살면서 이런 부분을 읽어내어 새롭게 공부하고 실천하면서 나 또한 우리 아이들과 함께 성장할 수 있었다.

이를 발견하게끔 해준 것이 바로 그림책이다. 그림책에 담긴 다양한 가족이야기는 오늘을 사는 아이들과 많은 이야기를 나눌 수 있게 해준다.

··· ✎ ···

오늘은 아이들과 '가족'이라는 통합교과 주제를 여는 첫 시간으로 그림책을 펴들었다. 우선 아이들로부터 가족에 대한 느낌을 끌어내야겠다는 생각 때문이었다. 첫 책으로 《미안하고 고맙고 사랑해》를 골랐다. 회사에서 일어난 피곤한 일 때문에 아들 그린이를 소리 내어 꾸짖었던 아버지의 미안함을 표현한 책이다.

"선생님, 그림책에 아까 앞에 있던 새, 토끼 그런 게 막 보여요."
"어디? 정말 그러네. 이런 거 찾아내는 것도 재미있네."
"여러분도 아버지랑 따로 산책 나가본 적 있어요?"
"네, 저도 아빠랑 공원에 나가본 적 있어요."
"저는 아직 없어요."
"한번 나가보자고 하지."
"아빠가 회사 일이 바빠서 주말에는 잘 안 나가려고 해요."
"그래도 현서가 한번 얘기하면 들어주실지도 모르는데, 다음에 한번 살짝 이야기해봐."
"여러분도 아버지랑 혹은 어머니랑 길거리 가다가 이런 음식점에 들어가본 적 있어요?"
"네, 저번에 우리 가족도 걸어가다가 피자집에 들어간 적이 있어요."
"응, 나는 엄마랑 길을 걷다가 아이스크림 사 먹은 적도 있는데."
"그런데, 여기 책 속에 아버지가 미안하다고 했어요. 왜 그랬지?"

"아버지가 그린이한테 소리 지르고 화낸 것 때문에요."

"여러분은 부모님에게 미안한 적 없었나요?"

"저는요. 저번에 홈플러스 가서 장난감 사달라고 조른 적이 있었는데, 나중에 미안했어요."

"그랬구나. 또 다른 사람은?"

"엄마 말 안 듣고 내가 하고 싶은 대로만 해서 나중에 미안했어요."

수업으로 가만히 아이들 세계를 들여다보다 보면 아이들도 미안해할 줄 아는구나 싶다. 아이들이 고집만 부릴 줄 안다 싶지만, 속으로는 미안한 마음도 분명 있었던 게다. 아마 내게 혼나는 아이들도 겉으로는 씩씩거려도 속으로 혹은 뒤에서 미안함을 가지고 있었겠구나 싶었다. 그 마음을 받아줄 줄 아는 교사이자 어른이 돼야 하는데, 나는 아직 멀었다는 생각만 들었다. 2016.5.10

오늘은 어제 미처 다 읽어주지 못했던《가족은 꼬옥 안아주는 거야》를 다시 보여주었다. 어제 이 책을 읽어주며 여기 나오는 부모님이 낳은 아이가 아닌 둘째 여동생이 이 가족에게는 어떤 상태인지 물어보고 오라는 숙제를 냈더니, 꽤 많은 아이가 잊지 않고 부모님께 물어 답을 '입양'이라고 알아왔다. 곧 읽어줄《그렇게 네가 왔고 우리는 가족이 되었단다》라는, 입양에 관련된 책에서 다양한 가족의 형태에 대해 좀

더 이야기를 나눌 생각이다. 텔런트 신애라와 그의 아들이 번역했다는 《가족 백과 사전》 또한 다문화 가정을 비롯하여 이혼 가정 등 다양한 형태의 가족을 소개하고 있어 가족에 대한 편견을 깨뜨리기에 매우 적합한 책이라 아이들에게 소개해볼 생각이다. 오늘은 그림책의 나머지 이야기 속에서 형제에 대한 질문을 던져보았다. 나중에 보여줄 그림책 《내 동생 싸게 팔아요》를 염두에 둔 질문이기도 했다.

"너희들도 동생이 없어졌으면 좋겠다고 생각해봤니?"
"네, 우리 동생은요. 맨날 내가 하는 거 방해만 하고 때려서 싫어요."
"우리 동생은요. 내가 먹는 것도 뺏어먹을 때도 있고요."
"우리 동생은요. 살살 건드린 것도 세게 때렸다고 엄마한테 고자질하고요."
"우리 동생은요……."

동생이나 형 누나 흉보는 재미에 푹 빠진 아이들을 달래고 이쯤에서 그림책을 보여주었더니 그 집중력이란. 작은 책을 24명이 몰입해서 보는데, 텍스트가 얼마나 중요한지 다시금 깨닫게 된 순간이었다. 흥미롭게 이야기를 듣던 아이들은 너나없이 재미있어했다. 동생이 없는 아이들까지도. 다만 이 이야기가 가진 주제를 아이들의 머릿속, 가슴속까지 파고들게 하기에는 시간도, 준비도 부족했던 것 같다. 그래서 5월 말이나 6월 초에는 간단한 그림자극이나 빛그림책 공연도 준비해볼 작정이다. 충분한 시간을 두고 아이들과 이야기를 나누며 가족과 형제에 대한 생각과 마음을 나누려 한다. 2016.5.12

아이들에게 가족과 관계된 그림책 하나를 읽어주었다. 오래 전에 가지고 있다가 잃어버린 그림책《우리 엄마》. 다행히도 지민이가 며칠 전에 빌려주어서 오늘 아이들에게 보여주게 되었다. 책에는 우리 엄마에 대한 이야기가 다양하게 나온다. 멋지다는 말에서부터 굉장한 요리사라거나 재주꾼이라는 말 등이 등장한다. 아이들에게도 물었더니 자기 엄마도 마찬가지란다.


"우리 엄마는 천사처럼 노래할 수도 있어요."

"우리 엄마는요. 노래방에 가면 마이크를 잡고 오랫동안 노래를 부르는데, 너무 크게 불러요."

"우리 엄마도요. 목소리가 찢어지도록 불러요."

"그럼 천사처럼은 아니네."

"네. 천사처럼은 아니에요."

"자, 이 부분을 읽어보니까 묻고 싶네. 여러분 어머니는 꿈이 어떤 거였대요?"

"우리 엄마는 무용가가 되거나 우주 비행사가 될 수도 있었어요."

"우리 엄마는 선생님이 되고 싶었대요."

"우리 엄마는 간호사가 되고 싶었대요."

"지금은 뭐하시는데?"

"간호사 하세요."

"어, 그럼 꿈을 이루신 거네."

"네."

"우리 엄마는 나랑 사는 게 꿈이었대요."

"야, 너희 어머니는 정말 꿈을 이루셨네."

아이들의 어머니에 대한 이야기를 직접 들을 수 있는 유익한 시간이었다. 저마다 자기 어머니에 대한 사랑이 어떤지도 확인할 수 있었다. 마지막에는 아이들에게 당부도 해주었다. 어머니가 만약 너희들을 낳지 않았다면 본인이 정말 하고 싶은 일을 하면서 사셨을 지도 모른다고. 그런데 너희들을 만나 꿈을 잠시 접어두고 너희들과 지내는 거라고. 그러니까 엄마한테 잘하라고. 이렇게 말하고 나서 가만히 생각해보니, 오히려 나 자신에게 할 충고가 아닌가 싶었다. 감히 누가 누구에게 충고와 조언을 하는 건지. 정말이지 올해는 아이들에게 그림책을 읽어주다가 나 자신을 돌아보는 일이 잦다. 그래서 최은희 선생님도《나를 불편하게 하는 그림책》이라는 책을 쓰셨는지도 모르겠다. 그림책을 다 읽어주고는 아이들을 데리고 운동장에 나갔다. 가슴에다 가족 스티커를 붙이고는 모이기 놀이와 잇기 놀이를 해보았다. 날씨가 조금 덥긴 했지만, 이렇게 아이들을 데리고 밖에 나오고 싶었다. 강당에서, 다목적실에서, 점점 실내에서만 이뤄지는 체육활동이 과연 아이들에게 유익할지 의문이 들어서 해본 생각이었다. 종종 이렇게 아이들을 데리고 운동장에 나와서 놀아야겠다는 생각이 드는 날이기도 했다. 아이들도 나도 땀을 뻘뻘 흘리며 놀아보았다. 그래도 아이들은 신나 보였다. 2017.5.30

··· ✎ ···

그림책《우리 엄마》에 이어《우리 아빠가 최고야》를 읽어주었다. 책 속의 아빠는 무서운 것도 없고, 무거운 것도 잘 들고 노래도 잘 부르고, 달도 뛰어넘는 멋진 아빠로 그려져 있었다. 1학년 아이들에게 아버지는 아마도 이런 이미지일 것이다. 하지만 아버지가 늘 그렇지만은 않다는 건 이 책을 읽는 내가 더 잘 알고 있는 터라 다른 식으로 물어 보기도 했다.

"우리 아빠는 무서워하는 게 좀 있다는 사람?"
"우리 아빠는 밤에 혼자 자는 거 무서워해요."
"우리 아빠는 바퀴벌레를 만나면 소리 지르고 도망쳐요."
"우리 아빠는 물을 무서워해요. 그래서 수영을 못해요. 할머니는 잘 하는데."
"우리 아빠는…….'

그렇다. 아빠는 완벽하지 않다. 완벽해 보일 뿐. 그래서 이 책 끝에 이렇게 적어놓았는지도 모른다.
"우리 아빠가 정말 멋진 까닭은 내가 우리 아빠를 사랑하기 때문이 야."
아마도 그럴 것이다. 사랑하니까 모든 것이 용서되고, 이해되고, 멋

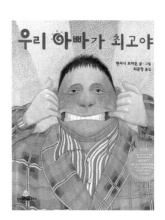

져 보이고, 세 보이고, 강해 보이는 것일 게 다. 그 사랑이 오랫동안 지속되어야 할 텐데. 사춘기를 지나면서 아버지에 대한 사랑은 이 래저래 변질되곤 하니 아쉬울 수밖에. 그래서 오늘날의 아버지들이 늘 힘들고 외로운 것은 아닐까? 2017.6.1

《가족 백과 사전》이라는 그림책을 아이들에게 보여주었다.

영국 작가의 책을 배우 신애라와 그 아들이 함께 번역해서 내놓은 책인데, 생각 이상으로 흥미로웠다. 이 책에는 다양한 유형의 가족이 나온다. 심지어 동성부부와 입양아도 그려져 있다.

"어떤 아이들은 아빠랑만 살거나 엄마랑만 살기도 한다는데, 왜 그럴까요?"

"이혼해서요."

"음, 이혼이라는 말을 아네?"

"이혼이 뭐예요?"

"부부가 마음이 서로 맞지 않아서 헤어지는 거지. 그래서 이 그림은 한 쪽 어른이 아이를 키우는 걸 말해."

"입양해 자식을 키우는 가족은 저번에 만나보았지?"

이것 말고도 가족이란 참으로 다양해서 각기 다른 집에서 살고 식구의 규모도 다르며 학교에 다니지 않는 아이도 있는가 하면, 부모의 직업이 매우 다양하다는 이야기도 나온다.

"우리 부모님은 모두 다 일한다는 사람? 그럼 우리 부모님은 둘 중 한 분만 일한다는 사람?"

"우리 엄마는 저 낳기 전에는 일했는데, 저 낳

고 일하지 않는대요."

"그래, 그러기도 하지."

"혹시 집에서 일하는 부모님도 계시니?"

"네, 저요. 우리 아빠가 그런데요."

"그래? 무슨 일을 하시는데?"

"그건 잘 모르겠어요."

이 밖에도 가족끼리 휴가를 즐기는 다양한 방법, 먹는 음식이 다양한 가족, 입는 모습이 다른 가족. 특히 입던 옷을 물려받는 아이가 있다는 이야기가 나오자 몇몇 아이들이 흥분하기 시작했다. 특히 여자아이들의 불만이 많았다.

"저는요, 옷 사달라고 하면 맨날 언니가 입던 거 입으면 된다고 안 사줘요."

"지금 내가 입고 있는 옷은 친척 언니가 입던 옷이에요."

"맨날 내가 사달라고 하면 천천히 기다렸다가 언니가 입은 거 물려받으래요."

가족 구성원에는 반려동물도 있다고 하니, 다들 길러본 동물들 이야기를 풀어놓았는데, 달팽이나 물고기를 길러봤다는 경우가 많아 흥미로웠다. 그런데 개중에는 물고기를 키우다 죽으면 변기에 버려버린다는 가족도 있어 조금 충격받았다. 아이들이 가족처럼 여기는 반려동물이라면 조금이나마 격식을 차려 장례를 치러주는 게 맞지 않을까 하는 생각도 들었다.

이어서 우리 가족의 기념일과 취미생활, 탈것 등 제각기 다른 모습을 나누며 자신의 가족을 돌아보는 시간을 가졌다. 마지막 순서는 오늘 아침 가져온 아이들의 가족 사진으로 각자 자기 가족을 소개해보는 거였다. 뭐 별것 없었다. 모니터에 뜬 가족 사진을 보며 부모님에 대한 이야기와 형제자매에 관한 이야기를 1학년 아이들 수준에서 이야기해보는 것뿐이었다. 현주처럼 쑥스러워하는 아이들이 있는가 하면 현석이처럼 씩씩하고 즐겁게 발표하는 아이들도 있었다. 다들 다소 거칠게나마 재미있게 가족 소개를 하고 들어갔다. 다른 아이들의 얼토당토않는 질문도 받아가면서 말이다.

그런데 아이들의 가족 소개를 듣다 보니 공통된 특징이 보였다. 크게 두 가지였는데, 첫째는 아버지들이 의외로 게임하는 모습을 아이들에게 자주 노출시키고 있다는 것이었다. 아이들의 말을 근거로 보면 거의 80% 가까운 아버지들이 아이들 앞에서 게임을 즐기고 있었다. 아이들에게 미칠 영향이 적지 않겠다 싶었다. 두 번째로는 부모님에 대한 소개를 할 때 절반 이상이 부모님의 좋은 점, 잘하는 점을 선뜻 말하지 못하거나 안 좋은 기억을 주로 말하더라는 것이다. 좋은 점, 자랑스러운 점을 이야기해보라고 유도해주어도 말할 것이 없다는 아이들의 반응에 놀랐다. 이것은 부모님들의 잘못이라기보다는 아이들이 부정적으로 말하는 분위기에 너무 빨리 익숙해지는 것이 문제가 아닐까 하는 걱정이 앞섰다. 자신의 부모조차 부정적으로 표현하는 아이에게 혹시나 해서 나는 어떠냐고 물었더니, 역시나 잔소리꾼이라 소개했다. 반은 장난이라 여기고 웃어넘겼지만, 긍정적인 표현을 잘하지 못하는 아이들의 모습을 보며 담임이나 부모나 아이들 앞에서는 좀더 주의해야겠다는 생각을 해보았다. 그래도 서로 다른 우리 반 가족들의 모습을 한곳에 모아놓고 함께 보며 생각하는 시간을 가졌다는 것만으로도 큰 의미가 있는 시간이었다. 아이들의 집중력도 꽤나 높았고, 한 아이만 빼고 모든 아이가 발표를 해볼 수 있었던 유익한 시간이기도 했다. 그야말로 우리 반 가족 백과사전 시간이었다. 2016.5.24

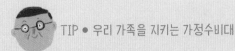

## TIP ● 우리 가족을 지키는 가정수비대

오래 전부터 중고학년을 대상으로 식구들을 몰래 도우며 가족에 대해 다시금 생각해보는 프로그램으로 '가정수비대'라는 활동을 해보곤 했다. 학급운영모임을 함께 하던 선배교사의 실천을 보고 꽤 괜찮은 사례라 여겨 지금까지도 잊지 않았던 것인데, 1학년에게도 어느 정도 가능하지 않을까 싶어서 도전해보았다. 때때로 긴박감을 갖고 긴장도 하면서 즐기는 아이들도 있었지만, 중고학년만큼 다양한 이야기가 나오지는 않았다. 더구나 날마다 생각하여 표기하고 기록하는 일이 1학년 아이들 몇몇에게는 쉽지 않아 보였다. 그럼에도 이렇게 소개하는 까닭은 이런 활동과 과정 자체가 혼자만 사는 것처럼 살던 어린아이들에게 새로운 경험을 쌓게 하는 시도라 여기기 때문이다. 잘하든 못하든 이 과정을 아이들과 이야기 나누면서 가족에 대해 생각해보게 했다는 것만으로도 뜻깊은 시도였다.

**가정수비대 운영 방법**

**1. 가정수비대 출범식**

하려는 뜻과 목적 설명

약속 정하기(선서로 대신할 수 있음)

**[가정수비대 선서]**

나는 가정 수비대로서 다음 약속을 굳게 지킬 것을 다짐합니다.

하나, 가정 수비대 활동에 대해 우리 반 말고는 누구에게도 말하지 않는다.

하나, 우리 식구를 위해 내가 정한 일은 어떤 일이 있어도 꼭 실천한다.

하나, 실천 기록장은 날마다 기록한다.

## 2. 실천 기록장 기록

-1학년이라 실천은 하나만 하도록 했다.(다른 학년은 2-3가지 정도)

-실천 기록장은 봄공책 혹은 가족공책에 붙여 쓰도록 했다.

[사랑의 실천 기록장 예]

| 우리 식구 | 실천할 것 | 기록 | | | | | |
|---|---|---|---|---|---|---|---|
| | | 월 | 화 | 수 | 목 | 금 | 토 |
| 아버지 | 발 씻어드리기 | ○ | ○ | | ○ | | ○ |
| 어머니 | 설거지하기 | | ○ | ○ | | ○ | |
| 형(누나, 언니) | 방 청소해주기 | ○ | | | ○ | | ○ |
| 동생 | 숙제 봐주기 | ○ | | | | ○ | ○ |

## 3. 실천한 내용은 주말에 한 번씩 검토해보기

## 4. 월요일에는 일주일 동안 실천한 이야기를 친구 혹은 선생님과 나누기

## 5. 식구들에게 들키지 않도록 조심하기

중고학년들하고 했었던 '가정수비대' 활동을 우리 1학년 녀석들에게 적용하는 시간을 마련해보았다. 일단 공책에 가족이라는 타이틀을 쓰고, 식구들의 얼굴을 그린 표지를 만드는 것으로 시작했다. 그런 다음 '가정수비대 선언서'와 '가정수비대 활동지'를 붙였다. 가정수비대란 흔히 하는 마니또처럼 자기 식구들을 몰래 도와주고 챙기며 그것을 꾸준히 기록하는 활동을 말한다. 고학년들하고 할 때는 1시간이면 끝나던 과정인데 1학년 아이들하고는 5교시까지 무려 3시간을 이어가야 했다. 글자를 모르는 아이는 옆자리 짝이나 내 도움을 받아가며 하게 했는데, 공책을 챙겨 가방에 넣으라고 하자, 눈치 빠른 녀석이 한마디 한다.

"선생님, 이거 가방에 넣어가지고 가면 엄마가 꺼내 볼 건데, 그럼 어떻게 해요?"
"걱정 마, 어머님은 보셔도 잘 모를 거야."

이렇게 퉁치고 갈 수밖에. 아는 듯 모르는 듯, 아이들의 모습을 지켜보는 부모님의 모습과 아이들이 그려져 내심 흐뭇했는데, 이 녀석들이 정말로 오늘 한 선서를 잘 지켜 임무를 완수해 올지 걱정이긴 하다. 그래도 이렇게 한번쯤은 자기 식구들을 챙겨보는 경험도 좋지 않겠나. 그저 아이들의 활약을 기대하고 응원할 수밖에. 오늘 성훈이 녀석은 집에서 키우는 동물의 이름도 식구로 넣었다.

"선생님, 우리 집에서 키우는 동물을 써도 돼요?"
"그래, 좋지. 집에서 함께 사는 사람이나 동물은 한 식구지. 그래라.

그 동물이 뭐지?"

"OO예요.(기억이 나질 않는다.)"

"그 동물에게는 뭘 해주려고?"

"먹이를 잘 주려고요."

"음, 그렇게 하면 되겠네."2016.5.16.


## 힘들지만 보람찬
## 가족문패 만들기

1학년과 지내다 보면 의외로 자기 부모님의 이름을 모르는 아이가 꽤 있다는 걸 알게 된다. 가족문패 만들기는 통합교과 '가족'을 공부하면서 부모의 이름을 모르는 아이들을 어떻게 해야 하나 싶어 시작한 활동이었다. 우연히 보았던 우드락으로 문패를 만드는 실천 사례를 까맣게 잊고 있다가 문득 생각이 나서 1학년 통합교과 '가족' 영역에 끌어와 적용해보았다. 부모님의 이름을 익히는 동시에 자연스럽게 한글 자모도 다시금 익히고, 자신만의 글씨체로 문패를 만들게 할 수 있다는 점에서 유익해 보였다.

먼저 테두리로 감싼 글자를 종이에 쓰게 하고, 그것을 다시 우드락 위에 연필로 쓰게 해 자국을 남기게 한다. 여기까지 하는 것만으로도 매우 어려웠다. 테두리 글씨를 그냥 만드는 일도 만만치 않은데, 글자 크기까지 교사가 제공한 틀에 들어가야 하니 어린아이들에게는 쉽지 않아 보였다. 아이들이 실패해서 버린 종이만 많게는 15장이 넘었을 정도다. 나의 도움도 받아가며 어떻게든 완성하여 우드락에 새겨진 아이들의 글씨. 그 뒤는 교사인 나의 일이다. 우드락 커터(1자로 된 전용 커터기)로 시간이 날 때마다 하나씩 오리기 시작했다. 그러기를 일주일. 작은 바구니에 식구들 이름에 들어갈 자모를 모두 담아 아이들마다 나누어주었다. 두께 1cm, 가로세로 22cm 크기의 정사각형 삼나무 판에 자모를 자르고 남은 틀을 올려놓고, 연필로 가볍게 자국을 남겨 붙일 때 흔들리지 않도록 했다. 우드락 본드로 자모를 붙여 이름을 만든 다음, 문패에는 매직으로 색을 칠했다. 이렇게 우리 반 아이들은 세상에 하나뿐인 문패를 만들 수 있었다. 방학 때 집으로 가져가게 했더니 기대하지도 않던 선물이라며 어머님들로부터 고맙다는 메시지가 날아들었다. 1학년 아이들의 글씨체가 들어간 가족 문패. 평생 간직할 만한 선물이지 않을까. 꽤나 힘들었지만 그만큼 보람도 무척 컸던 프로젝트였다. 두 해에 걸쳐 시도한 가족문패 만들기는 기회가 되면 또 해보고 싶은 활동으로 남았다.

··· ✎ ···

오늘 중간 놀이시간에는 '가족문패 만들기' 수업을 준비하느라 바빴다. 나무판 크기에 맞게 종이를 잘라 아이들에게 나눠주고 문패에 알맞은 크기로 식구들의 이름을 써보라 했다.

"예전 아파트에 살기 전에 사람들, 아니 요즘 아파트에 안 사는 사람들도 문 옆에다가 문패라는 걸 달아요."

"알아요. 저희 할아버지 집에서 봤어요."

"요즘 아파트에서는 우체부 아저씨들이 무엇을 보고 여러분 집에 우편물을 전달할까요?"

"번호!"

"호수!"

"맞아요. 여러분은 이제 대부분 아파트에 사니 문패가 필요 없을 수도 있겠지만, 식구들의 이름을 새긴 문패 하나 가지고 있으면 좋을 것 같아 선생님이 준비해봤어요."

"식구들 이름을 쓰고 나중에 여기 우드락에 자국을 새기면 선생님이 오려서 여러분에게 다시 나눠줄 거예요. 그러면 이 나무판에 매직으로 색을 칠한 우드락 이름들을 본드에 묻혀 붙이면 돼요. 자, 오늘은 이름부터 종이에 써보는 걸로 해요. 쉽지 않을 거예요. 천천히 화면에 보이는 것처럼 해보세요."

역시나 쉽지 않았다. 이제 겨우 한글을 낱자로 쓰는 아이들이 대부분이고, 심지어 아직 한글 입문에도 들어서지 못한 아이들도 있던 터라 조금 걱정하는 마음으로 시작했다. 하지만 이 작업은 절대로 급하게 할 이유가 없는 작업이어서 오늘 이 고비만 잘 넘기면 된다는 생각으로 접근했다. 그럼에도 들어오는 아이들 작품이 기대에 미치지 못할 때마다 되돌려주며 다시 하도록 했더니 여기저기서 불만이 튀어나오기 시작했다.

"아, 힘들어요. 그냥 대충하면 안 돼요?"

"선생님, 이렇게 하면 안 돼요?"

"선생님, 어떡해야 돼요?"

두세 번 만에 잘해낸 아이들의 견본을 칠판 앞에 놓아두며 따라 해보게 했지만, 여전히 헤매면서 힘들다는 말을 꺼내는 아이들 표정이 심상치 않았다. 그럼에도 나는 꿋꿋이 진행했다.

"여러분의 가족을 위한 문패를 만드는데 이렇게 대충하면 실망스러워요. 자, 천천히 생각하고 친구 것을 참고해가면서 합시다."

돌이켜보면, 아마도 이번 작업이 우리 아이들에게 가장 고되고 힘든 작업이 아니었나 싶다. 두 번 이상 반복하지 않는 수업이나 작업에 익숙해져 있던 아이들이 서너 번도 넘게 쓰고 또 써야 하는 과정에 지치고 힘들어하는 모습이 역력했다. 그래도 뭐든지 후딱 해결해버리려 하는 습관이 붙은 아이들의 버릇도 고쳐놓을 겸, 아이들의 푸념을 들어가면서도 우직하게 밀어붙였다. 그랬더니 조금씩 정리해서 오는 아이들이 늘어났다. 첫 시간에는 두 명 정도만 작업을 마칠 수 있었는데, 두 번째 시간에 들어서면서 계속해서 종이를 건네는 내 집념에 아이들도 꺾인 것인지 좀더 집중하며 굵고 선명한 글자를 쓰려 애써주었다. 덕분에 두 번째 시간에는 10명 정도가 마무리를 지을 수 있었다. 조금 일찍 끝낸 아이들이 다른 아이들을 도와가며 해준 덕분이었다. 시간이 다 되어 미처 끝내지 못한 아이들 중 일부는 집에서 해오겠다고 가져갔고 나머지 아이들은 틈날 때마다 지도해서 완성하기로 했다. 이런

과정을 통해 아직 자기 부모님을 비롯한 식구들의 이름을 완벽하게 익히지 못한 아이들이 자기 가족의 이름을 되풀이해서 써보게 할 수 있었다. 게다가 한글까지 익힐 수 있어 더욱 유익했다. 이어질 우드락 작업

과 자르고 붙이는 일련의 과정 속에서 이런 경험이 더더욱 다져지리라 믿는다. 끝까지 완성해 교실에 전시하고, 방학 때 집으로 가져가는 과정까지 우리 아이들이 잘 해내주길 바랄 뿐이다. 2016.5.26

중간 놀이시간을 마치고 가족문패를 만드는 활동을 이어서 했다. 아이들도 기대에 부풀어 있었다. 먼저 삼나무 판을 나눠주었는데, 아이들은 냄새가 좋다며 난리였다. 다음으로는 아이들이 직접 쓴 글씨를 우드락에 새겨 글자를 오려내고 남은 판을 나눠주었다. 아이들은 이 우드락 판에 글자 모양으로 생긴 구멍을 삼나무에 대고 연필로 살짝 그려냈다. 여기까지 마치고 나서 우드락 조각이 담긴 자그마한 바구니를 넘겨주었다. 이제 연필 자국을 따라 퍼즐 맞추듯 자기 식구들의 이름을 붙이기만 하면 되는 것이다. 일단은 붙이지 말고 올려놓기만 하고, 혹시라도 빠진 글자나 잘못된 글자가 없나 확인하게 해서 부족한 부분을 다시 채워주었다. 마무리로 우드락 본드와 목공풀을 이용해 삼나무 판에 아버지, 어머니, 동생, 언니, 누나, 형의 이름을 붙여나가게 했다. 아이들은 열심이었다. 하나 둘씩 붙여나가기 시작한 삼나무 판은 어느새 식구들의 이름으로 가득 차 있었다. 내일은 매직으로 글자에 색칠하고, 문패 전체를 다듬고 꾸미게 해보려 한다. 저마다 개성 있는 아이들의 글씨가 들어간 가족문패 작업에 아이들의 기대도 한층 부풀었다. 밴드에 올라오는 글로 보아 부모님들의 기대도 커 보였다. 2017.7.18

지난번에 이은 가족문패 만들기. 오늘은 글자에 색을 입히고 문패를

삼나무 목판에 우드락 자모 붙이기      삼나무 목판에 우드락 뚫은 판 올려 문패 새기기

아기자기하게 꾸미는 날이다. 아이들에게 매직을 나눠주고 모둠별로 모여 저마다 예쁘게 가족문패를 포장하게 했다. 한 시간이 넘는 작업 동안 아이들은 때때로 수다도 떨어가며 진지하게 참여했다. 욕심을 부리는 아이들이 너무 많은 장식을 채워 난잡한 결과물이 나온 것이 조금 아쉬웠지만, 그래도 평생 간직할 가족문패를 1학년 때 만들어 보관한다는 것은 분명 큰 선물일 것이다. 지난해에도 많은 부모님들이 이활동에 호응해주시고 기뻐하셨다. 1학년 시절의 글씨가 그대로 녹아 있는 가족문패만큼 값진 추억이 어디 있을까. 완성된 작품들은 그야말로 아이들 그 자체였다. 이 가족문패 프로젝트는 시간도 많이 걸리고 품이 많이 들어가는, 그래서 힘들고 포기하고 싶어질 때도 있는 활동이지만 이런 보람 때문에 쉽게 놓을 수가 없었다. 끝까지 따라와준 아이들이 자랑스러웠다. 2017.7.20

# '여름' 이야기

통합교과서의 두 번째 교과 '여름'은 아이들을 좀더 끌어들여 수업의 주인으로 세우기 위한 출발점이다. 통합교과 '봄'에서부터 '수업 만들기' 꼭지를 활용하기에는 교사나 아이들이나 준비가 되어 있지 않은 경우가 대부분이다. 낯선 교실에서 교사만 바라보며 봄을 보내는 1학년 아이들과 수업 만들기를 한다 한들 교사가 일방적으로 주도하는 모습만 낳을 뿐이었다. 그러나 여름은 다르다. 조금씩 수업에 적응하고, 자신이 생각한 것들을 말과 몸으로 드러내기 시작하는 시기, 아이들에게 물어가며 수업을 만들어가는 과정은 꽤나 흥미롭고 놀라운 부분이 많다. 여름은 혈기왕성한 어린아이들에게 무척이나 잘 어울리는 계절이다. 거침없이 학교를 누비고, 교실에서 소리를 질러대는 아이들을 모두 품어주는 계절이다. 그게 여름이었다. 그만큼 수업에 담긴 이야기에도 힘이 넘친다.

# 여름이 부르는 소리를
## 아이들에게 묻다

··· ✎ ···

오늘은 주제통합학습의 1학기 마지막 주제인 '여름'에 대해 이야기를 나누며 함께 밑그림을 짜는 시간으로 보냈다. 지금껏 1학년과 학습 계획 짜는 일이 그다지 의미 없다고 여겨왔지만, 개정된 교과서에도 드러나듯이 지금부터는 아이들과 이야기 나누며 수업의 밑그림을 그릴 수도 있겠다는 생각이 들어 시도해보았다. 지난 번 모임에서 다른 선생님들과 의논을 한 것도 있어서 나름 기대를 품고 시작했다.

"자, 이제 우리가 공부할 게 뭘까요?"
"여름이요."
"맞아요. 여름. 그렇다면 여름에는 우리가 무엇을 공부할 수가 있을까? 한번 생각해볼까요? 교과서를 훑어보고 여름하면 생각나는 거 한 번 이야기해봐요."

처음에는 이것저것 자잘한 것들을 먼저 풀어내었다. 수박이 생각나고, 얼음이 생각나고, 바다가 생각난다고 했다. 조금 부족한 느낌이 들어 더 앞에 있는 것, 더 큰 것은 무엇일지 생각해보자고 했다. 그때 한 아이가 말했다. '해'라고. 그다음에는 '물'이라는 주제가 나오면서 단단히 묶인 수업의 끈을 풀어내기 시작했다.

"해 하면 무엇이 생각날까?"

"빛이요!"

"맞아. 그럼, 빛 하면 뭐가 생각날까?"

"모자!"

"선글라스!"

"맞아요. 선글라스. 선글라스만 있는 게 아니라 스테인드글라스도 있어요. 화면 한번 볼까요?"

스테인드글라스를 설명하면서 '색(깔)'에 대한 이야기도 했다. 더 이상 무엇을 말해야 할 지 모르겠다는 아이들의 눈을 보며 과학 그림책 《햇빛은 무슨 색깔일까?》를 펴들었다. 색이 섞이면 무슨 색이 되는지 알려주고, 빛이 프리즘을 만나면 다양한 색으로 나뉘는데 이렇게 나뉜 빛이 세상의 모든 사물에 부딪혀 반사되어 우리 눈에 보이게 된다는 이야기를 들려주고 함께 나누었다.

"정말 색이 섞이면 다른 색
을 나타내기도 하고 아무 색
도 아니게 될까?"

"우리 한번 해봐요."

"물감이 없는데."

"우리 집에 있어요."

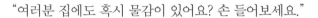

"여러분 집에도 혹시 물감이 있어요? 손 들어보세요."

"저요~"

"와, 많네. 그럼 우리 다음에 꼭 물감들이 서로 어떻게 섞이는지 직
접 해보기로 해요."


아이들은 엄청나게 좋아라 했다. 물감을 꼭 준비해야 할 것 같다. 처
음으로 아이들이 먼저 제시한 수업이 만들어졌다. 이 그림책을 통해
색이 결국에는 빛과 관계가 있으며, 색이 있는 것은 해가 있기 때문이
라는 이야기까지 이어졌다. 결국 뜨거운 여름이라는 주제를 통해 해를
이해하고 빛을 이해하며 생각하고 준비하게 됐다. 이어서 아이들에게
물어보고 또 물어보자 이런 이해를 바탕으로 해야 할 것들이 아이들
입에서 쏟아져나왔다.


"선생님, 색깔에는 무지개 색도 있고 염색도 있어요."

"맞아요. 우와 염색을 어떻게 알아?"

"유치원 다닐 때 손수건에 염색해봤어요."

"그랬구나. 다른 친구들은 염색이라는 말 알아요?"

"네, 나는 머리 염색도 했는데요."

"맞아. 머리 염색도 염색이네."

"선생님도 염색할 생각을 하고 있었는데, 여러분 황토 염색 알아요? 치자 염색은?"

이렇게 아이들과 염색수업도 자연스럽게 준비할 수 있었다. 아이들과 이야기 나누며 '여름' 전체를 관통하는 시선과 밑그림을 그릴 수 있다는 걸 지난해에는 깨닫지 못했다. 그러다 보니 자꾸 활동 중심으로만 가게 되고 아이들은 모두 활동에만 매몰돼 전체적인 그림을 생각하거나 자신이 이 과정을 왜 하는지도 모르고 지나간 것 같다. 이제부터라도 길을 제대로 잡아나가는 것 같아 다행스럽게 여겨졌다. 가을과 겨울에도 이런 방식으로 아이들과 밑그림과 계획 짜가며 수업을 진행하자고 마음먹었다.

사실 어제 우연히 인터넷 기사에서 핀란드 학교의 교육실험에 관한 글을 읽었다. 제목은 '학교에서 과목 없어지나……. 핀란드, 과목대신 주제 중심 수업 지도'였다.

"이건 조금 새로운 방식으로 하는 역사공부입니다. 이를 통해 학생들은 각자의 그룹이 정한 주제에 관한 전문가가 되며, 기계의 사용법, 자료 조사방법, 커뮤니케이션과 문화에 대해 배웁니다."(하우호 종합학교 교사, 알렉시스 스텐홀름)

"과거에는 지식을 과목으로 나누어 가르쳐왔지만, 실제 우리 뇌는 통합적으로 작동합니다. 세상 일이 그렇게 단순하지도 않고요. 이제는 '가짜 뉴스 걸러내기'와 같은 비판적 사고와 이해 능력이 중요합니다."(헬싱키

대학 교육심리학과 교수, 크리스티 론카)

사실 핀란드의 이러한 교육실험에는 교사의 업무 강도를 높이고 나이든 경력교사를 도태시키는 방식이라는 우려도 있었다고 한다. 나름 PISA에서 검증받은 기존의 교육방식을 왜 바꾸려 하냐는 볼멘소리도 나오고 있다고 한다. 그러나 핀란드 정부는 PISA의 순위에는 큰 의미가 없으며, 학생들에게 필요한 기술을 가르치는 것이 가장 중요하고, 멀리 내다보는 교육실험을 천천히 이어갈 필요가 있다는 입장을 보였다고 한다. 끊임없이 도전하며 새로운 교육의 방향을 만들어가려는 모습이 참으로 존경스럽다. 그런 의미에서 1학년에서 시도하는 이런 소박한 수업 계획 활동이 참으로 뜻깊다는 생각이 든다.

우리 아이들은 점점 입이 트이면서 얼음놀이, 물풍선 만들기, 배 만들기, 물총놀이, 화채 만들기, 연극 만들기 등을 해보자고 제안했다. 앞으로 아이들과 수업을 하면서 수업의 변경과 확산이 가능하도록 기획을 짜보려 한다. 남은 한 달 동안은 아이들의 뜻에 따라가려 한다. 내친 김에 2학기에는 핀란드의 실험처럼 국어와 수학을 통합교과 속에 녹여낸 수업도 해보았으면 꿈꾸고 있다. 가능할 것 같지는 않아도 최소한 꿈은 꾸어보려 한다. 나에게도 실험이 필요하고, 도전이 필요하다. 아이들이 좀더 수업을 즐기게 해주고 싶다. 오늘 다음과 같은 말을 한 시현이처럼 말이다.

"선생님, 지금까지 놀았는데 또 놀아요?" 2017.6.14

## 주제 '해'를 맞이하는 법

'여름'을 주제로 아이들과 공부할 거리를 찾다보면 끝없이 이어져 온 칠판이 금방 가득 차버린다. 아이들은 마구 풀어내기만 하기 때문에, 그것을 주워담아 차근차근 분류하는 일은 오롯이 교사의 몫으로 남을 수밖에 없다. 그래서 좀더 수월하게 진행하기 위해 여름에서 나누어 풀어낸 주제가 '해'이다. 이것은 다시 '물'과 '더위'로 확산된다. 이야기를 더 담기 위해 그림책을 꺼내들기도 하고, 아이들이 쏟아내는 말과 상상을 주워담기도 했다. 그렇게 아이들과 공부할 거리를 찾고, 그 과정에서 나 자신도 배우고 익혔다. 아이들을 가르치기 위해, 아이들에게 배우기 위해.

···  ···

3-4교시에는 통합교과 주제인 '여름' 이야기의 시작인 '해'의 풀이를 아이들과 다시 정리하며 다듬었다. 해를 빛과 더위, 바람의 세 갈래로 나누고, 빛에는 빛을 막는 모자나 선글라스, 스테인드글라스를 담았다. 여기서 다시 색과 그림자가 나오고, 색은 다시 과일과 무지개, 염색, 꽃 등으로 이어졌다. 바람은 태풍, 선풍기, 에어컨, 부채로 풀어내

었고, 더위는 날씨와 관련이 있음을 이해하여 양산, 파라솔, 수영장, 해수욕장, 양산, 피서 등 더위와 관련된 낱말들이 나왔다. 이런 과정에서 우리가 수업에서 해볼 만한 것을 살펴보았다. 색을 나타내는 다양한 활동, 바람과 관련된 부채 만들기, 빛과 그림자를 나타내는 그림자극, 더위를 풀어내는 날씨 이야기를 좀더 해보기로 했다. 활동에 무게를 둔 수업을 할 때 이런 과정이 들어가면 주제에 대한 이해도를 높일 수 있을 것 같다는 생각이 들었다. 오늘 수업이 끝나고 나서도 아이들에게 묻고 확인해봐야겠다. 칠판을 가득 채운 그림들은 아이들이 가진 여름공책에 옮겨 담게 했다. 조금 어렵다는 아이들이 많기는 했지만, 차츰 익숙해지는 것으로 보아 다음에 물에 관한 이야기를 할 때는 쉽게 적응할 수 있을 것 같았다.

다음으로는 과학 그림책《색깔을 갖고 싶어》를 보여주었다. 동네 아이들이 벽에 그린 도깨비, 색이 칠해지지 않은 도깨비들이 살아 움직이며 세상의 모든 색깔을 흡수한다는 이야기이다. 그러다 세상이 어지러워지고 문제가 생기자 색을 다시 돌려준다는 이야기. 색이라는 것이 얼마나 중요한지, 색이 우리 눈에 어떻게 들어오는지, 색은 빛에서 출발하고 빛은 해에서 나온다는 이야기를 나누며 색에 대한 느낌을 살려냈다. 내일은 직접 물감을 써가며 색의 움직임과 변화에 대한 공부를 하기로 했다. 2017.6.19

**해는 세상을 만들고 빛은 색을 만들고**
첫해에는 어떻게 이야기를 풀어내면 좋을지 몰라 기존 중고학년을 맡았을 때 즐겁게 활동했던 경험을 살려서 해보았다. 크게 나쁘지는 않았지만, 과연 아이들에게 적합한 활동이었을까 하는 의문은 남는다. 1학년 담임을 처음 맡는 교사들이 흔히 겪는 어려움이자 딜레마일 것이다. 대부분 아이들이 즐거워하는 모습에 그저 만족하고 넘어가버리는 경우가 많지만, 나는 1학년 아이들에게는 색다른 접근이 필요하다고 보았다. 다른 외국 이론의 사례도 살펴보고, 선배들의 실천 사례도 보면서 남을 따라 하기보다는 나만의 이야기를 만들어보고 싶다는 생각이 들었다. 아이들에게 수업 만들기 활동이 필요하듯, 교사 또한 다르지 않았다. '여름'이라는 주제에서 '해'를 뽑아내면서 아이들과 나눈 대화 속에서 '빛'이 나오고, '빛'은 다시 '색'으로 이어졌던 일이 생각났다. 세상을 그려내는 빛과 색. 그것을 직접 아이들에게 만나게 해주고 싶어 염색활동을 선택했다. 알록달록 물든 천이 교실에 매달려 있는 모습을 아이들과 지켜보며 시원한 여름바람을 맞이하고, 교실에 들어설 때마다 붉고 노랗고 푸른빛을 느끼며 하루를 보내고 싶었는데 마침 치자와 소목, 쪽(청대)이 그 역할을 충분히 해줄 수 있을 것 같았기 때문이다. 삼원색이 빚어내는 교실 풍경을 꿈꾸었다.

파우치를 담근 치자 우린 물

노랗게 치자염색이 된 파우치

퇴근 전에 불려둔 말린 치자를 아이들에게 보여주며 건더기를 불릴 자루에 담아놓느라 아침부터 바쁘게 움직였다. 3교시가 시작되기 전에 염색액을 끓여 옮겨 담고, 아이들에게는 파우치 뒷면에 여름과 관련된 간단한 그림을 그려놓으라고 했다. 그렇게 만든 파우치를 칼륨명반으로 매염한 치자 염색액에 넣어 30분 간격으로 헹구고 말리는 작업을 두 번 반복하여 겨우 염색 작업을 마칠 수 있었다. 아이들은 낯선 냄새가 나는 염료를 바라보며 처음에는 고약하다고 난리였지만, 점차 치자에서 우러나는 노란색에 반해 즐겁게 시간을 보냈다. 특히 색을 입힌 파우치를 헹굴 때 노란색이 나오는 모습을 보며 소리를 지르는 아이들도 많았다. 염색 작업 하나가 아이들을 이처럼 흥겹게 만들었다. 걸어놓은 파우치 덕분에 교실이 노랗게 물들고, 덩달아 내 마음도 노랗게 들떴다. 이런 기운을 이어가기 위해 염색 작업을 며칠 더 해보려 한다. 소목으로 자주색 손수건을 만들고, 쪽으로 쪽빛 손수건을 만들어보려 한다. 교실에 노란색과 빨간색, 파란색이 어우러져 바람을 타고 넘실대는 풍경이 무척이나 기대된다. 2017.6.21

오늘은 소목으로 염색할 차례. 붉은색이 우러나오는 소목으로 손수건을 물들였다. 오늘도 물들이기 전에 패브릭 펜(염색용 펜)으로 손수건 위에 자유롭게 여름을 표현하라고 했더니 나름대로 아이들의 모습을 담은 그림이 나왔다. 오늘은 한 번 우린 물에 1차 염색을 한 뒤 말리고 나서 다시 염색해보았다. 아이들에게 비닐을 하나씩 주고 직접 주무르며 염색의 기운을 느껴보게 했다. 아이들은 피라고 호들갑을 떨

소목 염색물과 손수건을 비닐에 넣어 색이 배이
게 주물럭거리는 아이들

소목물이 든 손수건을 다 같이 들고

며 장난치는 듯했지만, 그럭저럭 진하게 물들일 수 있었다. 무더운 날
씨에 물들인 손수건을 교실에 걸어놓으니 한결 시원해졌다. 가뭄인데
물을 마구 쓰는 게 조금 걱정은 됐지만, 기우제를 지낸다는 마음으로
수업을 진행했다. 대신 아이들에게 물을 아껴쓰자고 당부했다. 그런다
고 1학년 녀석들이 제대로 알아듣지는 못했겠지만. 교실이 붉게 물들
었던 날이다. 그나저나 정말 비는 언제 오나~ 2017.6.22

··· ✎ ···

오늘 읽어준 그림책은 5년 전 시골학교에 있을 때 2학년 아이들 다
섯에게 들려주었던 《흰빛 잿빛 검은빛》이었다. 당시에는 '우리 집이
좋아요'라는 프로젝트를 진행하던 중 집의 색깔에 대한 이야기를 하려
는 의도로 읽어주었는데, 5년이 지난 지금은 조금 더 책 내용에 맞도
록 색이 사람의 마음과 정서에 주는 영향에 대한 이야기를 나누었다.

"니카의 동네가 어떻게 바뀌었나요?"
"처음에는 흰빛, 잿빛, 검은 빛이었는데, 나중에는 무지개 색깔처럼 바뀌었어요."

"처음에는 어두침침한 집들이 많았는데, 나중에는 다양한 색깔을 칠한 집으로 바뀌었어요."

"그래서 또 무엇이 달라져 보이나요?"

"니카의 표정이 달라졌어요."

"어떻게?"

"처음에는 우울하고 슬퍼 보였는데, 나중에는 밝아졌어요."

"그러고 보니 색은 사람의 마음을?"

"바꿔요!"

"맞아요. 그래서 여러분 외출할 때 옷에 신경 쓰는 거잖아요."

"난 이렇게 파란 옷이 좋아요."

"파란 옷을 입으면?"

"기분이 좋아요."

"여러분 방은 어떤 색깔인가요?"

"제 방은 하얀색이요."

"내 방은 파란색이요."

"내 방은 노란색이요."

"자, 그럼. 우리 교실도 한번 보세요. 이번 주 내내 염색 공부를 했는데, 이렇게 색깔이 다른 손수건들이 있는 거랑 없는 거랑 기분이 어때요?"

"있으니까 기분이 좋아요."

"이렇게 걸어놓으니까 시원해 보여요."

"이거 좀 오래 걸어놓아도 좋겠어요."

"그래요. 이거 일주일은 걸어놓을까 싶어요. 선생님도."

"아~ 좋다!"

"하하하. 그래 참 좋다~"

　지난 사흘 동안 내린 치자와 소목, 쪽(청대)으로 '해'에서 시작한 주제 '빛'을 '색'으로 이어 물감, 염색으로 활동을 넓혔다. 자연의 빛, 자연의 색을 직접 보고 느끼는 공부를 해보았는데, 아이들은 저마다 아름답고 예쁘다고 탄성을 질렀다. 화려한 화학성분의 염색보다는 이렇게 색이 드러나는 자연의 빛을 온몸으로 느끼도록 하면서 나 또한 염색과 자연의 색에 대해 좀더 공부할 수 있었다. 가르치며 배운다는 것이 바로 이런 것이 아닐까 싶다. 힘들었지만, 보람이 컸던 수업이었다. 우리 반 아이들이 하나같이 말한다.

"선생님, 우리 교실 정말 예뻐요."

　오늘도 어제에 이어 쪽(청대) 가루를 써서 파란빛을 내는 염색 활동으로 시작했다. 쪽 가루 50g 정도를 따뜻한 물에 풀고 두 가지 매염제를

쪽빛으로 물든 손수건 널기

세 가지 빛깔로 가득한 교실

쪽 가루 풀어 진득한 액이 되도록 젓기　　　　손수건을 넣어 물들이기

넣어 마치 염색공장에서 쓰는 것 같은 진득한 액을 만들어내었다. 염색
액에 손수건을 넣었는데 이상하게 쪽빛이 아니라 연두색이나 노란색으
로 나오는 게 조금 불안했다. 이러다가 실패하는 건 아닌지 의심스러웠
다. 황토나 치자, 소목 염색은 해봤지만 쪽 염색은 처음이라 조금 불안했
다. 그래도 설명서를 믿고 따라가며 마지막에 식초를 섞은 물에 행구고
다시 찻물에 씻어내니 비로소 제 빛을 보여주었다. 얼마나 고맙던지. 그
렇게 우리 교실은 치자빛, 소목빛, 쪽빛으로 가득 찰 수 있었다. 2017.6.23

### '더위'와 '물'을 맞이하는 법

'해'와 '빛'으로 여름을 시작한 다음 본격적으로 더위가 찾아오면
아이들을 무더운 여름으로 안내한다. '더위'는 '물'을 찾게 만들고, 하
늘에서는 비가 내린다. 이런 자연의 이치를 머리로 찾아내고 몸으로
깨닫는 통합교과 '여름'수업. 아이들은 저마다 '더위'하면 생각나는 것
들을 재잘재잘 늘어놓았다. 더위와 관련된 공부거리를 생각해보는 시
간과 '물'하면 생각나는 것들을 생각해보는 시간은 잠시 여름을 잊게
만들었다. 역설적이게도 여름을 맞이하는 순간, 아이들은 여름을 잊고

저마다 풀어놓는 여름 이야기와 공부할 거리에 푹 빠져 시간을 보냈다. 그때 그 시절 나는 참 행복했다.

··· ✎ ···

오늘 통합교과 시간에는 '더위'를 주제로 이야기를 좀더 풀어보았다. 아이들은 더위하면 생각나는 것으로 부채, 에어컨, 선풍기라며 바람을 위주로 먼저 이야기해주었고, 음식으로는 팥빙수, 수박화채, 아이스크림, 얼음물 등을 이야기했다. 더위를 이기는 도구로는 색안경, 모자, 손수건, 양산 따위를 이야기했고, 죽부인과 원두막도 말해주었다. 더위를 피할 곳으로는 강, 바다, 해수욕장, 계곡, 산, 수영장을 말해주었다. 이번 주에는 부채와 색안경, 모자를 만들어볼 작정이다. 더위를 식혀줄 팥빙수 이야기가 나온 김에 아이들에게 빙수도 만들어줄까 싶다. 더위를 물러가게 할 비나 쏴악 내리면 좋으련만. 2017.6.26

··· ✎ ···

3-4교시에는 통합교과 '여름'의 또 다른 주제 '물'에 관해 이야기를 나누었다. '물' 하면 떠오르는 주제어들과 관계어들을 이야기해보게 했

다. 가장 먼저 '비'가 나왔고, 이어서 호수와 바다, 강, 놀이와 얼음 등이 나왔다. 이렇게 가지를 치면서 좀더 이야기를 확대하여 구체적으로 활동해볼 만한 것들을 아이들과 함께 찾아내었다. 비와 관련해서는 우산 만들기, 빗

소리 만들기, 비 내리는 그림 그리기가 나왔고, 놀이에서는 물놀이와 물총놀이, 물풍선놀이가, 얼음에서는 빙수 만들기, 바다와 강에서는 배를 만들었으면 좋겠다고 했다. 이 모든 것을 남은 7월 안에 다할 수 있을지는 모르겠지만, 아이들과 할 수 있는 만큼 해보자고 마음을 먹었다.

5교시에는 그림책《노란 우산》을 보여주었다. 그림책《노란 우산》속에 담겨 있는 음악을 틀어놓고. 오래전에 사놓았던 그림책《노란 우산》이 없어져 다시 구입해 아이들에게 보여주었는데, 오랜만에 제대로 보여주니 새로웠다. 아이들도 글자 하나 없는 그림책에 큰 관심을 보여주었다.

"이 노란 우산을 쓰고 가는 아이는 누구를 만나게 될까? 만나면 어떻게 될까?"

"앗, 파란 우산을 만났다."

"둘이서 무슨 얘기를 하는 것 같니?"

"아침에 같이 가자고 약속을 해서 만난 것 같아요."

"그래? 그럴 수도 있겠다. 다음에는?"

"빨간 우산이다."

"빨간 우산을 만나면 어떻게 될까?"

"둘 사이에 끼어들 것 같아요."

"정말 그러네. 파란 우산과 멀어졌어. 그런데 이 우산들은 어디로 가는 걸까?"

"산으로요."

"산으로? 왜? 이 비 오는 날?"

"유치원으로 가는 것 같아요."

"그럴까? 지금은 어디를 지나고 있지?"

"다리를 건너고 있어요."

결국 가지각색의 우산을 쓴 아이들은 학교로 향한다. 위에서 내려다본 어린아이들의 등교하는 모습을 그대로 옮겨 색다른 풍경을 만들어낸 류재수 작가의 감각이 돋보이는 작품이다. 아이들은 글 하나 없는 이 그림책을 무척이나 좋아했다. 시간이 남아 그림책 한 권을 더 읽어주었다. 옛이야기 같은 그림책, 《더위야, 썩 물렀거라!》. 이 책에서는 귀신을 만나는 것도 더위를 물리치는 하나의 방법이라는 걸 알려준다.

그림 곳곳에 귀신이 숨어 있어 그것들을 찾아내는 재미를 느낄 수 있게 만든 것도 흥미로웠다. 나 또한 이때다 싶어 아이들에 말도 안 되는 귀신 이야기를 짧게 들려주며 깜짝 놀래켜주기도 했다. 재미있겠다 싶을 무렵에 중단했더니 더 들려달라며 아우성이었다. 잠시나마 아이들에게 더위를 잊게 해준 걸지도 모르겠다. 2017.7.3

# 더위를 물리칠
## 비를 기다리며

6월에 들어서면 쉬는 시간에 교실 안팎을 오가는 아이들의 몸에서 땀내가 절로 난다. 머리는 마치 물을 잔뜩 묻혀온 양 땀으로 푹 젖어 있는데, 그 상태로 내게 달려들면 어쩔 도리가 없다. 장마 기간에 접어들었는데도 비가 내리지 않던 시기, 아이들과 투명우산을 만들어보았다. 교과서에는 부록으로 실린 플라스틱 재질의 작은 우산을 만들어 교실에 꾸미는 활동으로 실려 있었는데, 우리는 투명우산을 직접 만들고 꾸미며 놀았다. 페인트 마커로 나만의 우산을 만드는 아이들 모습이 사뭇 진지했다.

한번은 기우제라도 지내야 할 것 같아 아이들과 할 수 있는 미술놀이 활동을 뒤지다 우연히 발견한《창의 폭발 미술놀이터》. 여덟 살 아이들이라도 재미나게 할 수 있을 만한 활동이 많이 실린 책이었다. 그 가운데서도 비와 잘 어울리는 활동으로 물감과 빨대를 이용해 비 내리는 풍경을 꾸며보는 활동을 해보았다. 빨대를 부느라 입안에 바람을 잔뜩 넣어 볼이 빵빵해졌던 아이들 얼굴이 문득 떠오른다.

··· ✎ ···

마지막 시간에는 그림책《영이의 비닐우산》을 읽어주었다. 윤동재의 시에 그림을 그려넣어 만든 그림책인데, 내용은 다음과 같다.

예전 어느 비 오는 날, 영이는 비닐우산을 쓰고 등교를 하다 문방구 옆 시멘트벽을 등지고 구걸을 하는 한 거지 할아버지를 보게 된다. 지나가던 아이들은 장난삼아 할아버지를 건드리고, 문방구 주인아줌마는 '뒈지지도 않는다'라며 거지 할아버지를 마구 구박한다. 학교에 가서도 그 모습이 아른거렸던 영이는 학교를 빠져나와서 들고있는 비닐우산을 거지 할아버지에게 씌워주고 돌아간다. 다음 날 아침, 거지 할

아버지가 있던 자리에는 영이가 건네 준 우산만 덩그러니 남아 있었다. '그냥 가져가도 되는데'라는 영이의 숨죽은 목소리로 이 그림책은 끝이 난다.

아이들은 이 책을 보며 슬픈 이야기라고 했다. 곧이어 투명한 비닐우산에 페인트 마커로 신나게 그림을 그려보는 활동을 할 예정이라 정말로 어울리는 그림책이었을까 하는 의심이 들긴 했지만, 난 우리 아이들이 힘들게 살아가는 다른 누군가에게 비닐우산 하나라도 건넬 수 있는 따뜻한 아이로 자라길 바랐다.

그림책을 마저 읽어주고 점심을 먹고 난 뒤, 우산 든 아이들을 데리고 옥상으로 올라갔다. 옥상에는 태양광 발전 시설이 설치되어 있는데, 그곳에 마침 그늘이 져 있어 투명한 우산을 예쁘게 꾸미는 데 적격이었

다. 아이들은 저마다 주어진 페인트 마커를 들고 비닐우산을 자유롭게 꾸몄다. 아이들 저마다의 특성이 드러나는 재미난 우산들이 완성됐다. 작업을 끝내고 아이들을 교실로 데려와 아침에 쓰고 온 우산과 함께 챙겨 집으로 보냈다. 2017.7.4.

# '가을' 이야기

1학년 통합교과 '가을'에 담긴 내용 중 가장 큰 비중을 차지하는 것이 '추석'일 것이다. 가을의 풍경만큼이나 많은 비중을 추석에 두고 있는데, 사실 이 '추석'을 주제로 수업을 준비하면서 고민이 많았다. 지난날을 탐색하고 경험하는 명절로서의 추석과 시대의 변화에 따라 달라진 추석을 대하는 사람들의 모습 중 어느 쪽에 중심을 잡아야 할지 고민되었기 때문이다. 결국은 과거의 추석에 방점을 찍어 수업을 준비하기로 정했다. 그러면서 아이들과 추석을 주제로 이야기 나누면서 조금씩 달라지고 있는 명절 풍경을 다루자 생각했다. 각 가정에서 추석을 지낼 때면 어떤 풍경이 보이는지에 대해 이야기를 나누어보면 변화하고 있는 추석의 모습이 드러날 것이라 생각했고, 실제로도 그러했다. 정형화된 추석의 모습과 함께 달라진 오늘날의 추석을 살펴보는 과정이 중요했다.

봄과 여름을 지나 찾아온 가을 풍경을 즐기는 수업도 빼놓을 수 없었다. 질문을 통해 가을에 대한 인상을 끌어내어 맑고 푸른 가을을 느끼는 수업을 준비해보았다. 가을이 꼭 아이들 같았다.

# 준비하며
# 기다렸던 추석

추석을 앞두고 가정에서 여러 준비를 하듯, 교실에서도 준비가 필요했다. 추석에 대해 얼마나 알고 있는지 궁금해 질문을 던졌는데, 아이들은 고맙게도 기꺼이 화답해주었다. 늘 부모님의 몫이었던 명절 준비를 학교에서 직접 해보는 활동은 유치원에서도 하고 있지만 기승전결이 있는 수업과정 속에서 한 발 더 나아가 참여해보는, 그 순간을 즐기는 아이들의 모습이 무척이나 귀엽고 신기했다. 추석 때면 생기는 이런저런 문제들에 대한 이야기까지 나누며 예년보다 조금은 진지하게 추석을 맞이하는 아이들이 참 대견해 보였다.

··· ✎ ···

마침내 통합교과 '가을'을 다루어야 할 날이 왔다. '이웃'을 먼저 시작할까 고민을 하다가 결국 추석을 선택했는데, 아무래도 '이웃'은 좀 더 준비가 필요하기도 했고 당장 9월 말까지는 추석에 대한 학습을 마무리해야겠다는 생각이 들어서였다. 교과서로 들어가기 전에 먼저 가을공책을 준비하게 했다. 그림책《솔이의 추석 이야기》의 표지를 인쇄한 종이를 나눠주고 종합장 표지에 붙여 가을공책을 꾸미도록 했다. 가을의 특징이 드러난 나뭇잎이나 풍경도 그려보게 했다. 가을이라 그런지, 아니면 아이들이 자라서 그런지는 몰라도 전반적으로 제법 괜찮았다. 가을표지를 가슴에 품고 오랜만에 사진을 찍었다. 덕분에 학급밴드의 표지도 간만에 바꿀 수 있었다. 하아, 가을이 왔다~ 정말.

중간 놀이시간을 마치고 그림책《솔이의 추석 이야기》로 수업을 시작했다.

"표지를 보니 이 식구들이 어디로 가고 있는 것 같아요?"

"시골 할머니 집이요."

"그래, 아마도 그럴 것 같은데, 여러분도 추석이 되면 시골로 내려가나요?"

"네, 저는 할아버지 집에 가요."

"선생님 그런데요."

"음, 동석이 왜?"

"왜 사람들은 추석만 되면 고향에 가는 걸까요?"

"야, 참 좋은 질문이다."

"선생님, 저도 질문 있어요."

"음, 윤서."

"왜 추석이나 설 때 한복을 입는 걸까요?"

"야, 오늘 질문들이 좋네. 너희들도 한번 생각해보면 어떨까?"

오늘 수업에 참 좋은 질문들이 나왔다. 예상치 못한 질문들이었다. 왜 사람들이 명절만 되면 고향에 내려가려 하는지에 대한 질문을 1학년이 할 줄은 생각도 못했다. 아이들에게 물어보고 대강의 줄기가 나와서 내가 정리하고 말았는데, 돌이켜보니 다시 준비해서 이 질문으로 수업을 하는 건 어떨까 생각해보았다. 이번 주 내내 고민하고 준비해서 다음 주 중으로 동현이의 질문을 어떻게든 수업 속에서 해결하고 싶다. 늘 진도에 쫓겨서, 계획에 쫓겨서 아이들의 질문을 수업으로 이어가는 사례가 거의 없다시피 했는데, 이번에는 한번 다시 생각해보고 준비를 해야 할 것 같다. 진정, 왜 사람들은 추석만 되면 고향이나 부모가 계신 곳으로 가려고 하는지 우리 아이들이 스스로 깨닫는다면 그게 진정한 공부가 아닐까? 나는 진정 아이들과 공부하고 싶다.

그림책으로 추석에 관한 이야기꽃을 한참 피운 다음, 추석 때 할 수 있는 학습활동으로는 무엇이 있을지 아이들의 의견을 받았다. 먼저 추석하면 생각나는 것을 아무것이나 이야기해보도록 했더니 송편부터 시작해서 제기차기, 차례 상 차리기, 추석빔 입기, 보름달에 소원 빌기, 밤 따기, 감 따기 등등을 꺼내놓았다. 거의 다 교육과정에 있는 활동들이어서 한번 해보자 했더니 아이들이 '와~' 하고 소리친다. 아이들은 역시 활동에 관심이 많다. 그러나 활동을 의미있는 배움으로 어떻게 연결할 것이냐는 교사의 몫이다. 머리로만, 말로만 주제학습을 했다고, 활동중심이 아니었다고 주장한다 해서 해결될 일이 아니다. 그건 착각이고 오만이다. 수업의 흐름 속에서 주제가 자연스럽게 드러나 아이들의 말이나 글을 통해 튀어나와야 한다. 2017.9.5

··· ✎ ···

오늘 첫 수업은 통합교과 '추석'에 관한 것이었다. 그림책《달이네 추석맞이》로 수업을 열었다. 주인공 달이가 추석을 준비하고 맞는 과정을 통해 추석의 의미를 읽어내게 하는 평범한 그림책이었는데, 나는 아이들에게 그냥 보지 말고 질문거리를 생각해보라 했다. 아이들의 질문을 통해 자연스럽게 학습거리를 찾고 추석을 개념적으로 이해할 수 있을거라 생각했기 때문이었다. 또한 교과서에 실린 과정을 마냥 따라

가는 것만으로는 무언가 답답하고 나 스스로도 지루해졌기 때문이기도 했다.

"오늘은 이 그림책을 보면서 여러분이 추석에 관해 궁금한 것들을 한 가지씩 질문해보았으면 좋겠어요."

무심히 내 제안을 그대로 받아들인 아이들. 과연 아이들이 어떤 질문들을 쏟아낼지 내심 궁금하기도 하고 걱정되기도 했다. 그림책을 다 읽어준 뒤, 아이들에게 물었다. 그러자 여기저기서 손을 들기 시작했다. 그 질문들을 정리하고 묶어보니 다음과 같았다.

도훈: 왜 추석에는 음식을 차려요?

태현/지원/지민: 추석에는 왜 달에게 소원을 비는 걸까요?

민준: 추석에 줄다리기를 하는 이유가 뭔가요?

가을: 추석에는 왜 씨름을 할까요?

지후: '한가위' 뜻이 궁금해요.

민석: 왜 벌초라는 걸 하는 걸까요?

정훈/태현: 차례를 지내는 까닭이 뭐예요?

수진/윤아: 송편을 추석 때 만드는 이유는 뭔가요?

예나/지은: 강강술래는 언제부터 왜 했을까요?

민정: 차례 상을 차리는 이유는 뭔가요?

윤서: 성묘하러 가는 까닭은 무엇입니까?

하진: 추석에 왜 한복을 입어야 하나요?

민정/시현: 추석은 왜 만들어졌어요?

동석/도훈: 추석에 고향에 가는 이유가 궁금해요.

가만히 보니 여기서 교육과정에 실린 모든 요소들을 뽑아낼 수 있었다. 추석, 달, 줄다리기, 씨름, 한가위, 송편, 벌초와 성묘, 차례(상), 강강술래, 한복, 추석의 유래, 추석과 고향 등등……. 질문 하나씩만으로도 통합교과과정에 있는 모든 요소를 확인하고 다룰 준비가 될 수 있었다. '이걸 왜 1학기 때는 하지 못했을까?'하는 생각이 들었다. 이제는 이 질문들을 어떻게 해결하느냐가 문제였다.

"그럼, 이런 질문들을 우리는 어떻게 해결할 수 있을까?"
"인터넷으로 검색해요."
"어른들한테 물어요."
"또 뭐 없을까?"
"책에서 찾아봐요."
"맞아, 이 모든 수단을 써서 우리가 가진 궁금증을 해결했으면 좋겠다."

그러나 책은 소용이 없었다. 학교에 비치된 도서 중에 추석의 의문을 해결해줄 도서는 《솔이네 추석이야기》밖에 없었던 것. 내가 가지고 있는 그림책도 제한적일 수밖에 없어서 집에 가면 검색해보거나 어른들께 물어보라고 했다. 그런 과정이라도 거쳐서 궁금증을 해결해가며 추석을 경험하고 느끼는 수밖에 없었다. 일단 시작해보고 나서 점검하고 경험해가며 기대하고 생각했던 수업들을 정리해나가야 할 것 같았다. 2017.9.12

··· ✎ ···

오늘은 추석을 주제로 문제 상황을 만들어 제시하고, 아이들이 어떻게 해결하려 하는지 지켜보는 시간을 가졌다. 1학기 동안은 활동을 중심으로 다양한 체험을 하게 해주는 방식을 고집했다면, 이번 2학기부터는 문제 상황을 던져주고 어떻게 해결할 수 있을지를 생각해보는 시간으로 채워주려 한다. 오늘은 그 첫 시간으로, 오늘의 문제 상황은 다음과 같았다.

[문제 상황]

추석에는 차례를 지냅니다. 어른들은 조상님을 모시는 차례 상을 차리느라 며칠 전부터 장을 보지요. 그러고는 차례 음식을 준비하느라 줄곧 바쁘셔요. 특히 어머니들이 추석에 일을 많이 하시지요. 그래서 무척 힘들어하시는 어머님들도 있습니다. 추석은 온 가족이 행복한 시간을 보내는 날이라고 생각하는데, 어떻게 하면 힘들어하시는 우리 어머니들도 즐겁고 기쁜 추석을 보낼 수 있을까요?

어떻게 보면 1학년 아이들에게 대단히 어려울 수도 있는 문제다. 추석이나 차례 상에 대한 정보나 지식, 경험이 부족한 아이들이라 아무래도 힌트를 줄 필요가 있을 듯했는데, 단순히 힌트를 주지 않고 질문으로 대신하기로 했다. 문제 상황을 질문으로 바꿔보는 것이다. 무엇이 문제인지를 먼저 파악해야 문제를 해결할 수 있기 때문이다. 위의 문제 상황은 다음과 같은 질문으로 나타낼 수 있었다.

1) 차례 음식을 준비하느라 바쁜 까닭은?

2) 어머님들이 추석에 더 많은 일을 하고 있는가?

3) 어머님들은 왜 차례 상 준비를 힘들어하시는가?

4) 추석은 온 가족이 조상을 생각하며 행복한 시간을 보내는 시간인가?

5) 그렇다면 왜 우리 어머니들은 즐겁고 기쁜 추석을 맞이하지 못하는가?

아이들에게 이런 질문을 하고 의논해보자고 했더니 제법 그럴싸한 답이 나오기 시작했다.

1) 추석 준비에 바쁜 까닭은 차례 상에 올라가는 음식이 많기 때문이다.

2) 아버지보다 어머니가 추석에 더 많은 일을 하고 있는 걸 알고 있다.

3) 차례 상에 올라가는 음식을 준비하느라 어머니들이 힘들어한다.

4) 추석은 모두가 행복해야 하는 시간이다.

5) 추석에 하는 일이 많기 때문이다.

"그렇다면 어떻게 하면 일이 많은 추석에 우리 어머니를 즐겁고 기쁘게 해드릴 수 있을까? 여러분의 어머님을 도와드릴 방법을 찾아볼까요?"

한 발 나아간 질문을 하자 모둠끼리 의논을 시작했다. 짐작했던 대로 활발한 모둠과 그렇지 않은 모둠으로 나뉜다. 의논이 원활하게 일어나지 않는 모둠을 도와주며 각 모둠에서 어떤 이야기들이 나오고 있는지 살펴보았다. 역시나 예상했던 수준의 대답에 머물러 있다. 내가 도와주고 아버지가 도와주면 된다는 식으로 흘러버린다. 문제 인식이 정확히 되지 못했다는 생각에 다시 문제와 해답을 살펴가며 아이들에게 환기를 시켰다.

"자, 여러분. 여러분들이 도와준다고 해서 추석 때 할 일의 양은 변하지 않아요. 여전히 일이 많은데 나눠서 하는 것뿐이에요. 주변에서 도와주는 것만으로는 일이 해결되지 않을 수도 있어요."

이런 말과 함께 최근에는 차례 상을 차리다가 가정에서 여러 문제가 일어나기도 한다는 내용의 신문기사도 들려주었다. 내 이야기를 들은 아이들은 다시 생각해보고 조금씩 바뀐 방안을 제시하기 시작했지만, 여전히 자기 할 이야기만 하고 멈춰버리는 아이가 많았다. 오늘은 연습이고 첫 경험이라 그럴 거라 여겼다. 이 아이들이 언제 스스로 생각해서 문제를 해결해보았겠는가. 그저 어른이 시키는 대로 따르기만 하던 아이들에게 스스로 문제를 해결할 방안을 만들어보라는 과제는 쉽지 않을 것이다. 더구나 오늘의 문제 상황은 간단한 일도 아니었다. 그래도 일단은 해보고 길을 찾는 게 우선일 것이라는 생각이 앞서서 시도해보았다. 오늘의 문제 상황에 대한 아이들의 반응을 가지고 조만간 아이들과 더 이야기를 해보려 한다.

오늘 아이들이 내놓은 대안들은 8절 도화지에 옮겨 적고 칠판에 붙여 한 번 더 이야기를 나누었다. 1학년 아이들다운 귀여운 제안이나 엉뚱한 해결책도 보였다. 논리적이지만은 않은 게 1학년다운 것일 게다. 한 발 한 발 나가다 보면 아이들 스스로 생각해 대안을 마련할 수 있는 문제 상황이 곧 생길 거라 믿고 또 믿어보았다. 2017.9.18

오늘 아침은 노래와 함께 그림책 《씨름 도깨비의 추석》, 《100개의 달과 아기공룡》을 들려주며 시작 했다. 아이들은 《100개의 달과 아기공룡》에 특히 큰 흥미를 보였다. 달을 100개나 먹은 아기공룡은 배앓이를 한 뒤 큰 방귀와 함께 달을 하나 내놓는데, 그 달은 아기공룡을 피해 저 멀리 있는 곳으로 달아났다는 이야기였다. 그 달에게 소원을 빌면 꼭 이루어지니 다들 붙임쪽지에 소원 하나씩을 써 보라고 했다. 그러고는 칠판에 그려 놓은 큰 달에 붙이게 했다. 아이들 소원을 들여다보니 참 우스운 것도 많은데, 나름 기특한 소원을 비는 아이들도 보였다. 이러나저러나 다 좋은 게 한가위 아닐까?

지원 – 아빠가 나하고 놀게 해주세요.

도훈 – 어른이 돼서 요리사가 되고 싶습니다.

동석– 우리 선생님이 영원히 잘생기게 해주세요.

지민 – 엄마가 자전거를 사줬으면 좋겠습니다.

지후 – 내 소원은 큰 강아지를 키우는 것입니다.

민준 – 내 소원은 선생님이 오래오래 살게 해주세요.

지은 – 내 소원은 지후랑 결혼해서 예쁜 아기를 낳고 싶어요. 그리고 여행도 하고 싶어요. 그리고 선생님이 영원히 잘생기길 바랍니다.

지유 – 어른이 돼서 부자가 되게 해주세요.

예나 – 엄마 아빠랑 오래오래 살고 싶어요.

가을 - 남동생이 또 생기는 것입니다.

윤서 - 장난감을 많이 갖는 것입니다.

현서 - 저의 소원은 어른이 되서 휴대폰을 갖는 것입니다.

민정 - 내 소원은 게임기를 갖는 것입니다.

윤아 - 더 많은 친구가 생겨서 친구가 기뻤으면 좋겠다.

태현 - 휴대폰이 갖고 싶어요.

하진 - 엄마·아빠 병들지 않고 오래오래 같이 살면 좋겠습니다.

시영 - 어른이 돼서 5억짜리 자동차를 갖는 것입니다.

윤주 - 저는 우리 가족이 큰 부자가 되는 게 꿈입니다.

민석 - 엄마 아빠 건강하게 잘살게 해주세요.

윤수 - 내 소원은 부자가 되는 거다.

시현 - 내 소원은 올해 엄마가 휴대폰을 사주는 것입니다.

정훈 - 내 소원은 부자가 되는 것입니다.

수진 - 내 소원은 베트남에서 아빠를 보는 거예요.


이렇게 첫 시간이 끝나갈 무렵, 오늘을 위해 며칠 전부터 차례 상을 준비해주신 도우미 어머님들이 들어오셨다. 한복을 가져온 아이들이 옷을 입도록 도와주시고, 차례 상 차려보는 활동도 도와주셨다. 지난해보다 간소하게 형식만 갖추어 하려 했는데, 적극적으로 임하는 어머님들 덕에 지난해 못지않게 일이 커져버렸다. 그래도 지난해보다 많은 어머니가 도움을 주셔서 훨씬 수월했다. 활동비로 나물과 전을 구입해놓고, 어머님들이 십시일반하여 과일이나 유과 등을 챙겨주셔서 꽤나 구색이 갖추어진 상을 차릴 수 있었다. 아이들이 하나씩 음식을 갖다놓고 절을 하고 소원을 비는 모습을 보니 마음이 평온해졌다. 이렇게

만 살아간다면 얼마나 좋을까 하고.

음식을 나눠먹는 과정에서도 아이들이 의외로 적극적이었다. 별것 아닌 음식이었을 텐데도 학교에서 먹는 거라 그런지 다들 의외로 많이 먹었다. 다가올 점심시간이 걱정될 정도로. 2017.9.28

가을을 마무리하는
풍경 이야기

··· ✎ ···

오늘은 가을 풍경을 주제로 수업을 시작했다. 먼저 그림책《가을》로 이야기를 꺼내고 아이들에게 질문거리 하나씩을 찾아달라 했다. 아이들은 저마다의 질문을 찾아내주었다. 나중에 아이들의 질문들을 모아

놓고 보니 정말 대단했다.


　　1. 가을 낙엽은 왜 바스락거려요?

　　2. 가을에는 왜 해가 빨리 져요?

　　3. 가을에는 왜 낙엽이 많아요?

　　4. 가을에는 왜 잠자리가 많아요?

　　5. 가을에 얻은 열매나 곡식은?

　　6. 가을에 곡식이 많은 까닭은?

　　7. 마로나에 열매(마롱)는 어디 가면 볼 수 있어요?

　　8. 가을에는 왜 점점 시원해져요?

　　9. 왜 가을에 추석이 있어요?

　　10. 낙엽 색깔은 왜 바뀌어요?

　　11. 가을에 코스모스가 많은 까닭은?

　　12. 가을 하늘은 왜 파래요?

　　이렇게 열두 가지로 질문을 추려보니 국가에서 정한 교육과정 내용이 모두 담겨 있었다. 추석에 관한 질문을 받아서 모았을 때와 마찬가지였다. 낙엽, 가을 날씨, 잠자리, 가을 열매와 곡식, 추석, 코스모스, 하늘 등 아이들과 할 공부거리가 충분했다. 이런 질문들을 수업 속에서 하나하나 해결하면 그게 바로 공부가 아닐까? 질문수업을 마친 뒤 자연스럽게 '잠자리'에 대한 공부로 들어갔다. 이런 방식을 흔히들 하브루타 방식이라고들 하던데, 어느 누구의 방식이라 놀랍다기보다는 수업에 대한 저마다의 고민과 실천을 이어가다 보면 어디선가는 하나로 이어진다는 점이 놀라웠다. 이렇게 실천하고 고민을 쌓다 보면 그것이

굳어져 하나의 이론으로 자리를 잡는 것은 아닐까? 나중에는 가을 잠
자리의 몸의 구조나 날갯짓하는 방법을 영상으로 살펴보며 잠자리의
특징도 알아보았다. 그리고는 잠자리를 직접 그리고 꾸며서 교실 천장
에 붙여보았다. 어찌나 신나게들 하던지. 수다도 떨어가며 점점 작품
을 완성해가는 모습이 너무도 평화로워 보여서 동영상으로 찍어 학급
밴드에 올렸더니 어머님들도 다들 좋아하셨다. 2017.9.21

··· ✏ ···

오늘 3-4교시는 통합교과 '가을'을 마무리하는, 가을을 떠나보내는
수업으로 시간을 보냈다. 이전에 아이들이 낙엽을 훅 부는 옆모습을
한 명씩 사진으로 찍어두었던 것을 인쇄해 나눠주었다. 전에 다른 학
교 선생님이 실천해본 경험을 내게 전해주며 자랑하던 게 떠올라 우리
반 아이들에게도 적용하면 좋겠다는 마음으로 준비했는데, 일단 아이
들에게 사진의 얼굴 부분만 오려 도화지에 붙이게 했다. 그리고는 어
제 과제로 안내해 가져오게 한 낙엽을 붙이게 했다. 그랬더니 나름 재
미있는 작품들이 나왔다. 이렇게 아이들과 가을을 떠나보내게 됐다.
다음으로는 가을활동을 마무리하는 의미로 배지도 만들어주고 끝을

맺었다. 참! 이런 활동을 하기 전에 그림책 두 권을 읽어주었다. 《가을이 계속되면 좋겠어》와 《가을을 만났어요》다.

그런 뒤에 어휘, 문장학습 주제 '밀다'로 한 시간을 보내고 오늘 하루를 마무리를 지었다. 오늘 아이들과 가을 떠나보내는 수업을 했더니 왠지 마음이 스산하다. 그나마 그림책 《가을을 만났어요》에 나온 마지막 문구가 작은 위로를 주었다.

나는 마당 가득 떠도는

가을 냄새를 맡으며

저렇게 멋진 손님이라면

내년 이맘때도

꼭 초대해야겠다고 생각했어요.


어느 가을에 내게 다가온 이 멋진 아이들을 먼 훗날 나도 다시 초대할 수 있을 거라 상상해보았다. 2017.11.21

도화지에 옆얼굴 사진과 나뭇잎을 붙여보았다.

활동을 마치고 교실 뒤편에 매달아 전시를 해보았다.

# '이웃'과
# '우리나라' 이야기

　1학기 '가족'에 이어 계절교과 사이에 숨어 있는 또 다른 주제는 '이웃'과 '우리나라'다. 나로부터 시작해 가족과 이웃, 우리나라로 아이들의 시선을 확장시키도록 돕는 교육과정이다. 그러나 내가 보기에 교과서 내용은 다분히 형식적이고 도식적이며 전형적이다. 이런 내용들이 오히려 아이들의 흥미를 반감시켜 우리 삶과 맞닿은 이웃과 우리나라를 제대로 읽어내지 못하도록 한다는 생각마저 들었다. 개념인식과 단순한 활동수업이 아닌 문제 상황을 던져주고 생각해보도록 확장시켜 나가는 방식이 좀더 이웃과 나라에 대한 이해를 몸으로 느끼도록 해줄 것이라 여겼다. 주어진 교육과정과 내용이 언제나 모두를 만족시킬 수는 없을 것이다. 그래서 교사가 필요한 걸지도 모른다. 교육과정의 부족한 부분, 미처 다루지 못한 부분을 채워 재해석하고 다시 구성하는 과정에서 비로소 교육과정이 완성될 수 있다고 확신한다. 1학년 통합교과 주제 '이웃'과 '우리나라'는 이러한 생각과 판단으로 수업을 준비하였다.

## 아이들에게
## 이웃이란?

'이웃'을 주제로 한 교육과정을 살펴보았지만, 역시나 아이들 삶을 담기에는 역부족이었다. 특히 아파트에 사는 오늘날 아이들의 이웃을 다루기에는 교과서에서 너무 전형적인 이웃의 모습만 다루고 있어서 한계가 분명해 보였다. 우리 아이들처럼 도시의 아파트에서 사는 이웃에 대한 이야기는 교과서에 담겨 있지 않다. 아파트에 사는 이웃들 사이에 예의를 지키는 방법이 인사예절만 있는 것은 아니다. 층간소음 문제도 있고, 아파트의 이웃들은 어떻게 만들어지고 구성되어 유지되는지 아이들의 삶 속에서 찾아내어 이웃의 가치에 대해 깨닫는 과정을 거칠 수 있도록 해주어야 한다. 그게 교육과정과 교사가 해야 할 일인 것이다. 아울러 단순히 현실의 삶만을 반영하는 것이 아니라 상상 속 이웃을 만들어 문제 상황에 놓고 아이들에게 의견을 물어가며 문제를 해결해보는 활동도 해보았다. 혹자는 실제 삶에서 동떨어진 이야기가 1학년 아이들과 가능하냐며 반문하기도 하는데, 사람의 삶이 언제나 예측 가능한 틀 안에서 이루어지는 것은 아니다. 1학년 아이들과도 충분히 현실과 떨어진 상황에 대해 묻고 상상하는 활동을 할 수 있다. 중요한 것은 아이들의 수준에 맞춰 문제 상황을 제공하고 이해시키는 것이다. 삶과 밀접해 있는 이웃에 대한 수업, 문제 상황을 통해 이웃을 새롭게 이해시켜줄 수 있는 수업을 생각하며 통합교과 주제 '이웃'을 준비했다.

### 문제 상황을 슬기롭게 해결한 아이들

매번 1학년 아이들을 위한 수업을 고민하면서 프로젝트란 무엇이고 주제통합은 무엇인지, 과연 이게 1학년들에게 적합한 용어인지에 대해 의심을 했다. 학교에서 1학년들과도 프로젝트라는 이름의 주제 학습을 해보라고 하니 하긴 하는데, 그저 활동 중심의 수업에 교사가 억지로 의견이나 의도를 담아내는 수준에서 그치는 것 같아 회의감만 느꼈다. 쭉 이런 고민과 회의감에 빠져 있다가 그래도 우리 아이들 수준에서 할 수 있는 것을 찾아보자 생각했다. 방학 때 자료도 찾아보았는데, 각종 프로젝트 서적에서부터 예전에 터부시하던 하브루타 방식에 대한 책까지 다양한 사례를 찾아보았지만 저학년에서 실천한 경우는 거의 없었다. 사실 이름만 하브루타라 할 뿐이지, 그냥 토론방식의 하나라는 생각에는 여전히 변함은 없다. 교과의 특성을 무시한 토론방식을 강행할 때는 오히려 문제가 될 수도 있겠다고 생각한다. 그래도 우리 아이들이 수동적으로만 학습하거나 교사가 제시한 활동만을 중심으로 학습하지 않도록 하기 위한 길은 찾아내야만 했다. 그러다 발견한 것이 문제기반학습, 일명 PBL이라 불리는 방식이다. 요즘 핀란드에서는 이와 비슷한 이름의 현상기반교육이라는 것을 추진하고 있다. 주어진 현상이나 문제 상황을 아이들의 다양한 사고와 사례를 바탕으로 해결해가는 수업인데, 교사의 안내를 받기는 하지만 기본적으로 아이들이 수업의 주도권을 쥐고 적극적, 주도적으로 참여하는 수업이다. 이런 과정을 1학년 아이들이 비슷하게나마 경험할 수 있다면 더할 나위 없겠다는 생각이 들었다. 그래서 2학기 때부터는 하나씩 경험을 쌓아가며 시도를 해보고, 과정을 공개하여 동료교사들로부터 의견을 듣고자 했다. 결론부터 말하면, 개인적으로는 무척 만족스러운 수업이었다. 성공한 수업이라기보다는 만족스러운 수업이었다. 아이들이 꼭 문제 상황을 해결해야만 배움을 얻는 것은 아니기 때문이다.

오늘 수업은 프로젝트 수업 혹은 문제기반학습이라 불리는 실천 사례 중 유일하게 1학년 아이들을 다룬 과정을 따라 해보았다. 《재미와 게임으로 빚어낸 신나는 프로젝트학습》이라는 책에 실린, 1학년과 무작정 도전해본 수업 사례였는데, 나름대로 의미가 있었다는 저자의 방식을 끌어와 내 식대로 재해석하고 살을 붙여 가공해보았다. 일단 수업의 주제는 통합교과의 '무리 짓기' 영역이었다. 먼저 아이들에게 문제 상황을 들려주었는데, 1학년에게는 조금 어려운 상황이었다. 수몰지역에 갇히게 된 동식물의 일부를 다른 지역으로 옮겨야 한다는 상황을 아이들에게 이해시키기가 쉽지 않았다. 책의 저자는 이 상황을 이해시키기 위해 말로 설명하느라 많은 시간을 보내야 했다고 고충을 털어놓았다. 그런데 가만히 생각해보니 수몰지역의 애환을 담은 문학작품이 분명 있을 것 같았다. 그림책이 있다면 아이들에게 좀더 쉽게 설명할 수 있지 않을까 싶었다. 그렇게 만난 책이 바로 《강물이 흘러가도록》. 저자의 실제 경험을 토대로 만든 그림책인데, 조금 철학적이긴 했지만 그림만으로도 수몰지역에서 벌어지는 상황을 어렵지 않게 이해시킬 수 있었다. 내 질문

과 함께 저마다 이해한 부분을 자연스레 말해주는 활동으로까지 이어져 분위기가 매우 좋았다. 그림책은 우리들이 맞서야 할 상황까지 이어져 아이들에게 다음과 같은 문제 상황을 제시해주었다.

[문제 상황]
준우네 마을은 얼마 뒤 댐 건설 때문에 물속에 잠긴다고 합니다. 준우네

마을에는 마을 사람들 말고도 여러 동물과 식물 친구들이 살고 있어요. 준우는 마을에 있는 동물 친구들과 식물 친구들을 그냥 두고 떠날 수가 없었습니다. 그래서 마을회의를 통해 그동안 함께 살았던 동물과 식물들을 다른 곳으로 옮기기로 결정했습니다. 그런데 옮길 수 있는 큰 트럭은 한 대뿐입니다. 준우네 마을에서 동물과 식물을 다른 곳으로 무사히 옮기려면 어떻게 해야 할까요?

"자, 우리 어떻게 해야 할까? 우리들이 옮겨야 할 동식물은 칠판에 붙여놓은 저 사진들 속에 있어요."

"동물은 동물대로 옮기고 식물은 식물대로 옮겨야 할 것 같아요."

"동물들도 모두 한데 모아야 할까?"

"네."

"야, 그러면 안 돼. 저기 뱀하고 토끼하고 어떻게 함께 모아 놓냐?"

"그러게. 동물이라도 한데 모아 데려가면 안 되겠다 그지?"

"그러면 칸을 더 만들어놓으면 될 것 같아요."

"그런데요. 선생님."

"왜?"

"저기 저 새들은 차에 안 실어도 되지 않아요? 어차피 물에 잠기면 날아가면 되는 새들이잖아요."

"맞아, 지원이가 잘 말해줬네. 선생님도 너희들이 그런 생각들을 말해주길 바랐거든. 그리고 저기에 있는 동식물을 모두 데려가지 않아도 돼요. 여러분이 판단해서 뺄 건 빼고 해보세요."

이렇게 시작한 무리 짓기 수업. 이번에 나는 아이들에게 정해진 기준을 제시하지 않았다. 아이들 스스로가 결정한 기준에 따라 담아보길 바랐다. 모둠으로 나눠진 아이들은 내가 기대한 것 이상으로 활발한 토론을 보여주었다. 수업을 참관한 다른 선생님들의 시선 때문일까? 아이들은 평소보다 훨씬 많은 이야기를 나누며 나름대로의 기준을 세워 도화지에 그려진 트럭에 동식물을 배치하고 붙여나갔다. 이 수업의 하이라이트는 각 모둠을 돌며 아이들의 의견과 생각을 들을 때였다. 아이들은 저마다 자기 생각을 쏟아내기 시작했다. 평소에 좀처럼 발표를 하지 않던 아이들도 자기 의견을 내세우고 역할을 분담해가며 활동에 참여하였다. 동료교사들이 놀랐던 것도 이 부분이었다. 마치 잘 짜인 중고학년의 수업을 보는 듯했다고 한다.

그보다도 나는 아이들이 수업의 주도권을 쥐고 적극적으로 참여하는 모습을 확실하게 발견할 수 있었다는 점에서 매우 만족했다. 20여 분이 넘는 시간동안 단 한 아이도 빠짐없이 활동에 참여하며 자기 의견을 내세우고 조율해나갔다. 특히 늘 집중력이 부족해 보이던 녀석 하나가 이번 수업 동안은 매우 높은 집중력을 보여주어 내가 다 놀랐다. 저렇게 잘할 수 있는 아이에게 그동안 내가 너무 냉정했던 것은 아닌지 반성할 정도였다. 나중에는 스스로 손을 들어 발표까지 하는데 그야말로 감동이었다. 모든 모둠의 아이들이 중간 과정을 발표하며 자기들만의 기준을 설명하고 마무리하기까지 흐름이 매우 자연스러우면서도 열정적이었다. 오늘은 내가 기대한 것 이상의 수업이 되었다. 교사가 제대로 공부하고 준비만 잘 한다면, 아이들이 수업의 주도권을 쥐고 집중력 있게 참여할 수 있겠다는 생각이 확신이 됐다. 수업한 그림책의 제목 '강물이 흘러가도록'처럼 우리 아이들이 '수업에 참여하도록' 안내하고 준비하는 교사의 역할을 다시 생각해보게 된 날이다.

문제 상황을 제시한 칠판

적극적으로 의견을 내놓는 아이들

모든 아이들이 참여하던 상황

친구들의 학습결과를 지켜보는 아이들

완성된 작품은 뒤쪽 게시판에 전시했다.

벌써 오후 6시. 뿌듯한 마음으로 퇴근하련다. 2017.10.11

## 먼 이웃을 곁으로 소환하는 법

우리 반 아이들은 제주 애월초 1학년 아이들과 자매결연을 맺었다. 서로 사진으로 인사를 나누고 편지를 주고받으며 바다 건너 먼 이웃과 소통하는 법을 익혔는데, 그 가운데 몇몇 아이들은 직접 제주를 찾아 사진으로만 봤던 편지로만 만났던 아이들을 만나기도 했다. 이웃의 새로운 발견. 먼 이웃을 자기 곁으로 소환하는 법을 자연스럽게 익힐 수 있었던 수업이었다. 이웃에 대한 예의와 예절은 형식적인 수업만으로 익힐 수 없고, 책 속에서, 교과서 속에서도 해결될 수 없다. 직접 만나보아야 하고, 스스로 다가서보아야 한다. 이웃 공부는 그런 과정을 담아야 비로소 가치가 있다.

··· 🖉 ···

"오늘은 제주 애월초 아이들을 사진으로 만나보려 해요."

"와~ 편지 쓰려고 그러죠."

"맞아. 어제 얘기했지? 자기 번호에 해당하는 친구들을 만나보려 해요."

"아~ 아~"

녀석들은 애월초 아이들의 사진이 모니터에 뜰 때마다, 자신의 번호에 해당하는 친구가 등장하거나 편지를 쓸 대상이 될 애월초 아이들이 나타날 때마다 소리를 지르며 웃어대기도 하고 부끄러워하기도 했다. 귀엽게 생긴 친구들이 보일 때는 "귀여워~"라며 소리를 내기도 했다.

오늘은 제주 애월초 아이들에게 편지 쓰는 날. 그동안 형식적이고 간헐적으로 인연을 맺고 있었는데, 한 번도 제대로 인사를 나눈 적이 없어 이번 기회에 서로 얼굴이라도 익히게 하고자 제주 애월초의 1학년 담임인 양재성 선생님과 연락을 주고받았다. 마침 가을방학 때 내가 제주에 갈 예정이기도 하고, 우리 반 몇몇 식구들도 함께 따라

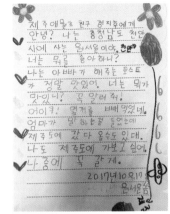

나설 예정이라 이번 작업은 매우 뜻깊었다. 더욱이 한동안 쓰기 공부를 해온 아이들이 어떤 실력을 보여줄지도 기대가 컸다. 먼 이웃인 제주 애월초 아이들에게 편지를 쓰는 활동을 통해 아이들은 가까운 이웃뿐만 아니라 먼 이웃에 대한 개념도 자연스럽게 몸으로 익혔다.

'친구'와는 다른 '이웃'에 대한 개념은 그림책으로도 익혔다. 채인선 씨의 《이웃의 이웃에는 누가 살지?》와 클로드 부종의 《이웃사촌》을 들려주었는데, 아이들이 무척 흥미로워 했다. 아이들의 웃음을 자아내기에 충분했던 것 같다. 그리고 살펴본 이웃 이야기. 아이들은 이웃을 어느 곳에서 만날 수 있는지 이미 알고 있었다. 이웃은 놀이터와 식당,

마트와 엘리베이터 앞, 어디에서도 만날 수 있는 대상이며, 그들과 어떻게 지내야 하는지도 잘 알고 있었다. 가르친다기보다는 확인하는 차원으로 수업을 진행했다. 아파트에 사는 가정이 많아 이웃이

라는 개념이 아이들에게 낯설게 느껴질 것 같았는데, 의외로 전혀 그렇지 않았다. 어떻게든 이웃과 관계를 맺고 사는 어른들의 모습을 아이들을 통해서 발견할 수 있어 다행이었다. 2017.10.17

## 층간소음 문제에 대처하는 법

아파트에 사는 경우가 대부분인 우리 아이들에게 층간소음 문제는 삶 그 자체라 할 수 있다. 이웃의 개념을 기계적으로 도입하고 예전의 단독주택 위주로만 그려져 있는 교육과정과 교과서로는 이런 아이들의 삶을 담아내지 못한다. 문제를 인식하고 해결하는 과정을 이해하는 것만으로도 1학년 아이들은 교과서와 전혀 다른 방식으로 이웃을 이해할 수 있게 된다. 교사는 이런 삶을 끌어와 아이들과 이야기를 나눌 필요가 있다. 교육과 수업은 삶을 담아야 하고, 삶 속에서 상상을 이끌어내야 한다. 층간소음에 관한 수업이 그렇게 만만한 과정은 아니었지만, 잠시나마 아이들의 삶에서 빚어지는 이야기를 수업 속에 끌어들여 나누었다는 것, 그 과정에서 다양한 생각을 할 수 있었던 것만으로도 뜻깊다 여겼다.

오늘 첫 수업은 시 맛보기를 했다. 통합교과수업에서 한창 주제 '이웃'을 다루고 있고, 조만간 문제기반학습을 응용하여 이웃들 간의 층간소음 문제를 꺼낼 것이기에 미리 적당한 시 한 편을 골라두었다가 아이들에게 들려주었다. 오늘의 시는 시인 안도현의 〈위층 아기〉였는데, 읽다보니 이제는 돌아가신 신영복 선생님께서 층간소음으로 인한 이웃들 간의 다툼에 대해 하셨던 말씀이 어렴풋이 떠올랐다.

"위층 아이들 때문에 소음이 난다면 그 아이들과 먼저 친해져라."

참으로 어려운 주문이지만, 이보다 지혜로운 해결방법이 있을까 싶다. 이와 비슷한 마음을 담은 안도현의 시가 나는 그래서 맘에 들었고, 아이들에게 소개해주었다.

위층 아기 | 안도현

쾅쾅쾅쾅 뛰어가면
그렇지,
일곱 살짜리일 거야.

콩콩콩콩 뛰어가면
그렇지,
네 살짜리일 거야.

"저도 저번에 위층에서 막 큰 소리가 들려서 힘들었어요."
"저도 위층에서 우리 아이들이 맨날 맨날 울어서 화가 났어요."
"우리 집이 시끄럽다고 아래층에서 올라와서 우리 아빠 엄마랑 싸운 적도 있어요."
"그래서 우리 집에서는 걸을 때 살살 다녀야 해요."
층간소음 때문에 겪는 저마다의 다툼과 어려움이 있었다. 이런 문제

를 어떻게 해결할지, 아이들에게 물어보고 마음을 다져보는 수업을 곧
할 작정이다. 2017.10.23

··· ✎ ···

오후 수업에서는 통합교과 '가을'의 주제 '이웃'으로 이웃에서 들리
는 소리에 대해 이야기를 나누었다.

"이웃에서 들리는 소리에는 어떤 것들이 있었나요?"
"초인종 소리요."
"엘리베이터 문 열리고 닫히는 소리요."
"저는 이웃집에서 싸우는 소리도 들었어요."
"저는 이웃집에서 물건 깨지는 소리도 들었어요."
"위층에서 울리는 소리도 들려요."
"피아노 소리!"
"아기 울음소리도 들었어요."
"'잘 가세요.' 하고 인사하는 소리도 들었어요."
"꽤 많네. 그럼, 층간소음이라는 것도 알아요?"
"네. 위층에서 소리 나는 거요."
"그것 때문에 사람이 죽기도 했대요."
"헉!"
"맞아. 나 뉴스에서 들었어."
"여러분은 층간소음 때문에 어떤 일이 일어나기도 했나요?"
"저번에 외갓집에 갔는데, 우리가 막 뛰어놀아서 아래층에서 화를
내면서 전화를 했어요."

"나는 위층에서 막 소리가 들려서 신경이 쓰인 적도 있어요."

"저번에 아래층에서 우리 집이 시끄럽다고 사람이 찾아왔어요."

"그래서 어떻게 됐어요?"

"막 싸웠어요. 우리 가족이랑."

"그랬구나. 자, 그럼 층간소음에 대해 좀더 알아봅시다."


이렇게 층간소음에 대해 좀더 알아본 뒤에 내일 문제 상황을 던져줄 테니 지혜를 발휘해서 이웃 간의 다툼을 해결할 방법을 찾아보자고 했다. 아이들의 해결 방안을 들어본 뒤, 실천 가능한 방안은 실제로 해보면 좋겠다고 생각은 하고 있는데, 잘 될지는 모르겠다. 시간을 좀더 할애해서 2주 뒤까지 '이웃' 영역을 다루자고 계획도 잡고 있다. 아파트 단지로 둘러싸인 우리 학교 주변에서는 어떤 이웃을 형성하고 있는지 직접 찾아보며 그림도 그리고 사람도 만나보는 활동을 기획해보려한다. '겨울'수업이 줄어들게 되더라도 의미 있는 수업을 해보려 한다. 잘됐으면 좋겠다. 2017.11.8

··· ✎ ···

오늘은 이웃 사이의 층간소음 문제 상황을 제시하고, 실제로 이런 문제를 해결하려면 어떻게 해야 하는지 논의했다. 1학년 수준에서 얼마나 가능할지 걱정 반 기대 반으로 시작해보았다. 역시나 우스꽝스럽고 어이없는 의견이 많았지만, 기대 이상으로 설득력 있는 의견도 나왔다. 그것을 다시 정리해 현실성 있는 방안을 모아보는 과정에서 아이들은 또 다른 의견과 생각을 던져주기도 했다. 모둠별로 정리한 의견을 간단히 정리하면 다음과 같다. 일단 대견하다 싶었다. 아이들의 의견을 바탕으로 실천 가능한 부분을 찾아보도록 했다.


〈윤아모둠〉

1. 내가 가장 많이 뛰어다니는 곳에 매트를 깔아놓는다.

2. 층간소음 소리를 줄인다.

3. 텔레비전 소리를 낮춘다.

4. 시끄러워도 조금 참는다.


〈민정모둠〉

1. 아침에만 뛰고 밤에는 안 뛴다. 밤인데도 뛰었다면 미안하다고 음식을 준다.

2. 일층으로 이사를 간다.

3. 뛰고 싶으면 놀이터에 나간다.

4. 캠핑카로 이사를 간다.


〈지유모둠〉

1. 밤에 피아노, 리코더 불지 않기

2. 두꺼운 매트 깔기

3. 화장실에서 큰 소리로 떠들지 않기

4. 나무 바닥 말고 다른 바닥으로 바꾸기

5. 친구가 놀러 와도 신나서 뛰지 않기

6. 흥분을 해도 뛰지 않기

7. 뛸 거면 미리 말하고 뛰기

〈동석모둠〉

1. 밤에는 소리 나는 물건 쓰지 않기

2. 살금살금 걷기

3. 이해해달라는 편지 써서 엘리베이터에 붙이기

4. 서로의 의견을 생각하면서 화해하기

5. 친구나 친척이 와도 조용히 놀기

6. 놀이터에서 놀고 오기

7. 인형극을 해서 화해하기

8. 서로를 생각하면서 화해하기


〈시현모둠〉

1. 층간소음에 대한 편지쓰기

2. 음식 나누면서 화해하기

3. 미리미리 얘기해서 다투지 않기

4. 거실에서는 조용히 다니기


〈하진모둠〉

1. 딴 데로 이사 가기

2. 자주 뛰는 곳에 매트 깔기

3. 밤에는 뛰지 않기

4. 나무 바닥 말고 소리가 잘 안 나는 바닥으로 바꾸기


　나름 소신 있게 자신의 의견을 이야기하고 관철하는 모습이 꽤나 만족스러웠다. 이어질 수업에서도 아이들이 좀더 깊은 고민을 하고 경

험을 나눌 수 있는 문제 상황을 던져주어 사고력과 표현력을 기를 수 있도록 도와주어야겠다. 다음 주에 할 시장놀이도 그렇고, 더 나아가 친구 집 찾아가기 프로젝트도 준비해보려 한다. 이름은 예전에 하던 예능 프로그램인 '내 친구의 집은 어디인가'를 그대로 차용하고, 내용은 좀 새롭게 바꾸어서 일종의 과제 수행을 통해 이웃(친구)에 대한 개념을 더 깊이 이해시키고자 한다. 2017.11.9

## 내 친구의 집은 어디인가

1학년 아이들의 교우관계를 보면 부모님들이 처한 상황이나 아이들 자신의 상황 때문에 가까워지기도 하고 멀어지기도 한다. 시간이 지날수록 일정한 아이들만의 교류가 이어지는데, 관계망이 한쪽으로 쏠린다는 느낌도 든다. 1년의 인연을 맺은 아이들끼리 좀더 폭넓은 교류를 해보았으면 하는 마음에 주제학습 '이웃'을 계기로 아이들을 위한 수업을 준비해보았다. 일명 '내 친구의 집은 어디인가' 수업. 2015년에 방영한 예능 프로그램의 제목을 그대로 따온 이 수업은 평소에 가보지 못했던 친구의 집을 방문하여 함께 놀면서 시간을 보내는 수업이다. 먼저 부모님들에게 연락하여 방문할 수 있을 만한 집을 찾아 사전에 정하고, 한 번도 방문해본 적이 없는 친구네 집을 선택할 수 있도록 안내했다. 고르기 힘들어하는 아이들은 추첨을 통해 배정하기도 했다. 그러고 나서 친구의 집(아파트)을 어떻게 찾아갈 건지 의논하고 지도가 필요하다는 사실을 이끌어내도록 유도했다. 그런 다음 지도를 주고 어떻게 읽는지 공부도 했다. 친구들을 맞이하기로 한 아이들은 다음날 등교하지 않고 기다리고, 나머지 아이들은 학교에 오자마자 미리 배운 대로 준비해서 출발하는 방식으로 진행했다. 안전을 위해

각 조마다 도우미 어머님들을 배정해 아이들을 보호하도록 했다. 그렇게 찾아간 친구의 집에서 반갑고도 즐거운 시간을 보냈다. 나 또한 아이들 집 모두를 돌아다니며 아이들의 상황을 파악하고 참여해주신 어머님들과 함께 즐거운 시간을 보냈다. 그렇게 모두 이웃이 됐다.

··· ✎ ···

오늘은 아침부터 아이들이 들떠 있었다. 친구의 집을 찾아가는 아이들의 마음이 그러할 수밖에 없었을 것이다. 친구들을 초대하기로 한 아이들은 일단 등교하지 않고 집에 머물도록 했다. 그래야 다른 아이들을 맞이해주는 경험을 할 수 있을 거라는 생각이 들었기 때문이다. 아침에 아이들에게 지도를 나눠준 뒤 어떻게 찾아갈 것인지 조별로 다시 한 번 의논하라 하고는 서둘러 도우미 어머님들이 계신 현관으로 내려보냈다. 10분 쯤 지나자 흩어졌던 아이들이 모든 가정으로 들어갔다는 소식이 들어왔다. 나도 슬슬 출발을 해야 했다. 자연스럽게 가정방문을 하게 된 셈이다. 이런 과정을 통해서 나 또한 아이들이나 그 가정을 만날 수 있어서 좋았다. 네 가정을 돌면서 총 여덟 분의 어머님들과 이런저런 이야기를 나누었다. 원래 10시 50분까지로 계획했던 활동을 11시 30분까지 늘여가며 우리 반 아이들은 신나게 프로젝트를 즐겼다.

아이들이 너무나 신나하니 함께 참여하신 어머님들도 덩달아 즐거워하셨다. 모두가 만족한 수업이 아니었나 싶다. 이번 활동이 친구의 집에서 그저 노는 것만으로 그치지 않도록 아이들에게 과제를 주었다. 방문한 친구의 가족 구성, 그 친구가 가장 귀중하게 여기는 것, 대접받은 음식 그리고 친구들과 무엇을 하며 놀았는지를 잘 기억해두었다가 교실로 돌아와서 주어진 학습지에 기재하고 발표하도록 했다. 아이들의 결론은 아무튼 너무나 신났다는 것이었다. 목소리에는 힘이 들어가 있었고, 수업을 마치기 전에 부른 '백구' 노래는 우렁차기까지 했다. 한 달 동안 구상, 진행하여 마무리하기까지, 별것 아닌 것 같은데도 굉장히 신경이 많이 쓰인 수업이었다. 그래도 이렇게 성공적으로 마치고 나니 역시 하길 잘했다는 생각이 들었다. 2017.12.1

친구 집을 지도로 찾는 아이들

길을 떠나는 아이들

마침내 친구의 집 앞에 도착했다.

친구 집에서 즐겁게 놀기

## 의식주로 풀어보는
## 우리나라 이야기

1학년 아이들에게 '나라'라는 게 무슨 의미일까 생각하면서 수업을 준비했다. 개인보다도 국가를 우선하게 하는 기존의 국가주의 수업에 대한 거부감이 컸던 터라, 내 딴에는 1학년 아이들에게 이런 주제를 가르치는 게 맞나 의심도 들고 불만도 컸다. 교육과정에 포함된 내용도 맛보기식 수업뿐이어서 실제로 비중을 줄이기도 했다. 남북한의 생활을 비교해보는 부분에서도 차이만을 강조하고 형식적인 통일 이야기만 하는 것 같아 썩 내키질 않았다. 그래서 우리네 삶을 지탱해온 의식주에 집중하기로 했다. 교육과정이 있다곤 해도 거기서부터의 선택이 매우 중요하다. 내 선택이 꼭 옳다고 볼 수는 없겠지만, 교사의 선택으로 교육과정이 재구성될 수 있다는 것만큼은 확신한다. 다만, 어디까지나 합당한 이유와 전문성을 전제로 할 때의 이야기이다. 의식주수업의 의(衣)는 사전학습과 사후학습을 포함해 추석날 한복을 입는 것으로 대신했고, 식(食)과 주(住)를 주제로 활동했던 기록의 일부만 옮겨봤다.

3-4교시 수업은 통합교과 '우리나라'의 '우리 음식'을 주제로 시작했다. 공책에 '우리 음식'이라는 글자를 적게 하고, 백창우 씨가 작사, 작곡한 노래 '밥상'의 가사를 인쇄해서 나눠주고 붙이게 했다. 노래를 실제로 들려주었더니 재미있다고 난리다. 가사에 나오는 음식에 아이들이 싫어하는 음식이 많은데도 노래는 재밌어하는 게 신기할 따름이었다.

부모님 생신 상을 공책에 연출해보면서 음식의 종류를 알아보기도 하고, 외국인들이 좋아한다는 음식들도 살펴보았다. 다 마치고 시간이 조금 남아 전에 하기로 했던 낱말놀이를 간단히 했다. 낱말을 많이 기억하는 아이들이 어제보다 훨씬 늘었다. 조금만 더 나아지길 바랄 뿐이다. 2016.9.28

··· ✎ ···

어제 짜증 섞인 하루를 보내다 아이들에게 보여줬어야 할 그림책을 빠뜨렸던 게 생각이 나 오늘은 꼭 들려주려고 아침부터 아이들을 내 앞에 불러모았다. 제목은 《밥》.

"아, 저거 보니까 밥 먹고 싶다."
"그렇지? 근데 너희들 밥 안 먹었어?"
"네."
"그래? 밥 안 먹은 사람 손들어볼래요? 어? 왜 이렇게 많아."

아이들에게 물어보니 대여섯 명이 아침을 먹지 않았단다. 조금 의아해하면서 아이들의 이야기를 들었다.

"저는요. 밥 먹었는데요. 참치하고 계란하고만 비벼서 먹었어요."
"밥은?"
"안 먹었어요."
"저도요. 계란하고 빵하고만 먹고 왔어요."
"그래, 그렇구나. 선생님도 사실 아침 안 먹고 왔는데. 정말 이 그림책 보니까 배고픈데? 그래도 어디 한번 볼까?"

'밥상'이라는 노래를 부르고 나서 그림책을 보는데, 그림을 어찌나 맛깔나게 그렸는지 침이 꼴깍 넘어갈 정도였다. 전에 봤을 때와 사뭇 달랐다. 역시 아침이어서 그랬을지도 모르겠다. 2016.9.29

### 우리나라 최고의 난방장치, 온돌 이야기

겨울을 따뜻하게 나기 위한 조상들의 지혜가 응축이 되어있는 온돌. 아파트에까지도 설치되어있는 이 중요한 장치를 우리는 익숙하다는 이유로 가벼이 여기고 지나쳐버리곤 한다. 집의 전체적인 구조나 내부의 기능들에 대해서는 다양하게 언급하면서도 정작 방바닥을 따뜻하게 데워 추운 겨울을 나게 해주는 온돌은 의외로 소홀히 여기는 경우가 많다. 온돌장치라는 것이 있다는 식으로 가볍게 언급만 하고 넘어가기가 아쉬워 아이들과 직접 온돌 모형을 만들어 실험해보고 그 가치를 깨닫는 수업을 준비해보았다.

··· ✎ ···

오늘 첫 수업은 지난주에 하지 못하고 미뤄둔 '찰흙으로 온돌장치 만들기'였다. 본디 이 수업은 3학년에 있는 심화과정인데, 3학년에서도 꼭 해야 하는 과정으로 다루는 것은 아니어서 대부분의 교사들이 특별하게 다루지 않고 그냥 넘기고 마는 활동이기도 하다. 내가 보기에 1학년에게 온돌의 개념을 이해시킬 수 있는 기회가 될 것 같아 가져와 써보았다. 오래전 4학년들과 한 번 해본 적이 있어 딱히 번거로운 점은 없었다.

먼저 투명플라스틱 판에 찰흙을 얇게 깔아 바닥을 만들고, 그 위에 '부넘기'라고 하는, 아궁이에 불을 피워 '고래'로 안내하는 가로막을 만

든다. 그다음은 열기가 흐르는 고래 4개를 만들고, 찰흙 속에 돌을 넣어 온돌역할을 하게 한다. 다음으로 벽을 만들고, 아궁이와 굴뚝을 만들면 끝. 한 시간 남짓 걸리는 이 과정을 아이들은 집중력을 가지고 열심히 따라와주었다. 아무래도 어린아이들 손이라 빈틈은 많을 수밖에 없었지만, 그래도 괜찮다고 해주었다. 1학년 때 우리나라의 소중한 자산인 온돌을 직접 만들어본다는 것에 의의가 있으니. 아이들은 향을 피워 굴뚝에서 연기가 나는 풍경을 보며 신기해하기도 했다. 온돌이 어떤 과정을 거쳐서 방을 따뜻하게 하는지 알 수 있는 수업이었다. 2018.1.3

## 기와집과 초가집 만들어보기

교과서에 나오는 사진이나 그림, 교사가 준비한 영상으로만 만나는 우리나라 옛집, 기와집과 초가집. 통합교과 수업은 교과서의 평면적 정보를 입체화하는 데 중점을 두고 준비했지만 집에 관해서 만큼은 쉽지 않았다. 집을 입체로 경험하게 하기가 어렵겠다는 생각 때문이다. 한 때는 우드록으로 집을 만들어보게도 한 적도 있지만, 여간 손이 많이 가는 일이 아니었다. 그러다 우연히 종이로 집을 제작할 수 있게 해주는 제품이 있다는 것을 알게 되었다. 그것을 쓰면 우리 옛집을 비슷하게 연출할 수 있을 것 같았다. 크기도 아이들 둘이 충분히 들어가 놀 수 있을 만큼은 되었다. 그래서 이것으로 기와집과 초가집을 연출해보기로 했다.

먼저 기와집은 검은 도화지를 둥글게 말고 그 속에 신문지를 둥글게 말아 문양을 붙여 얹는다. 바깥에는 무궁화와 태극기를 붙여보았다. 초가집은 어렵게 학부모님을 통해 볏짚을 구해 지붕 위에 얹고 고동색 색종이로 흙벽을 바르듯 연출을 해보았다. 이 모든 과정은 교사와 학생이 함께 결정하고 의논하고 합의를 보며 진행되었다. 의논과 합의 과정에서 나왔던 이야기는 집의 내부였다. 처음에는 외부만 생각했지만 점차 내부도 무언가 꾸몄으면 한다는 데 아이들과 의견의 일치를 보았다. 결국 우리는 우리나라 음식 사진과 놀이 관련 자료를 모아 기와집과 초가집에 각각 붙여보기로 했다. 그렇게 우리 교실에는 전통음식 박물관과 전통놀이 박물관 두 채가 한옥과 초가집 형태로 만들어졌다.

··· ✎ ···

집을 만들고 고정하는 데까지 아이들을 번호대로 몇몇씩 나오게 하여 모두 참여시켰다. 1학년 아이들이 할 수 있을까 싶었지만, 결국에는 해냈다. 종이집이라도 하나씩 완성되어가는 모습에 재미있어 하며 자기 차례에 주어진 과제를 하나씩 해내고 자리로 돌아가는 아이들 뒷모습이 참 기특해 보였다. 내일은 문양을 제작해 까만색 도화지 기와에 붙일 거라고 설명하는 것으로 오늘 수업은 마무리 지었다. 그때 몇몇 아이들이 지붕 위 다양한 모양의 구멍 조각은 어떻게 할 거냐는 질문을 던졌다. 그때 연후랑 제민이가 의견을 냈다. 구멍 부분에 거기다 색칠한 종이를 집 벽쪽에서 붙이면 좋겠다고. 참 좋은 생각이라 직접 나와서 구멍을 뚫어보라고 했고 다른 아이들도 힘을 합쳐 지붕 문제를 처리했다. 내부는 어떻게 할까 궁금해졌다. 우리 문화를 공부하고 있으니 우리나라 문화관으로 꾸미는 건 어떨까 싶다. 내부에 '우리나라 음식관', '우리나라 의복관', '우리나라 주택관'과 같은 전시장으로 만들어놓는 것이다. 이것도 아이들에게 먼저 의견을 묻고 방향을 잡아보려 한다. 2020.11.26

아이들이 집을 지었다. 모둠별로 나와서 조립하게 했더니 아이들끼리 해도 충분했다. 대개 교사가 다 만들고 아이들에게는 꾸미기 도구만 만들어 붙이게 하지만 아이들끼리도 얼마든지 잘할 수 있다. 서툴러도 직접 해보는 게 공부다. 그래야 생각하는 힘도 길러지고 만들기 경험도 쌓인다. 아이들 모두가 돌아가면서 조금씩 만들어온 집을 완성한 오늘이 참으로 대단했다는 생각이 든다.

아이들이 집을 완성해가는 사이, 나는 짚으로 지붕 위에 얹을 것을 만들기 시작했다. 조잡하지만 이렇게라도 기분을 내고 싶었다. 그조차도 아이들을 불러 도와달라고 했다. 아이들 도움으로 지붕에 간신히 얹을 만큼의 결과물이 나왔다. 아직은 부족해 보이지만 이러구러 꾸미며

종이집 조립하기

기와에 문양을 붙인 모습

기와집 외벽 꾸미기

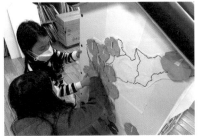
기와집 외벽에 무궁화 지도 만들기

짚을 엮어 종이집 지붕에 엮는 아이들

나가면서 차츰 나아졌다. 다양한 무늬도 붙이고 무궁화를 접어 백지도
에 붙인 것을 오려 집 벽에 붙이면서 기와집도 모양새가 갖춰져갔다.
나중에는 이 공간을 음식박물관이나 한복박물관으로 만들고자 했다.
이렇게 시간을 보내다 보니 하루가 다 갔다. 2020.12.2.

난 오늘 교실에서 초가집을 만들었다. 처음에 선생님이 말씀하셨다.
"자, 저번 주에 기와집도 만들었죠? 기와집은 함께 했으니, 초가집
은 모둠별로 만드세요."
처음에 기와집을 짓는 건 쉬웠는데 혼자 선생님 도움 없이 모둠이
하는 건 어려울 거라고 생각했다. 근데 성공해서 놀랐다. 내가 집을 지
을 때 안전 나사를 끼우느라 힘들었다. 다음부턴 어려운 게 있으면 선
생님한테 말해야겠다. 2020.12.3. 연후의 일기

아이들 손을 거쳐 만들어진 초가집과 기와집

# '겨울' 이야기

어쩌다 보니 통합교과의 마지막 주제 '겨울'은 다른 주제에 비해 교과서를 많이 생략하여 가볍고 짧게 다루게 되었다. 앞부분에 워낙 힘을 쏟은 까닭도 있고, 겨울을 다루기에는 주어진 시간이 너무 짧았다는 것도 이유 중 하나이다. 어쩌면 내용이 너무 많았던 것이 원인이었을지도 모른다. 그럼에도 겨울이라는 계절은 어김없이 찾아왔고, 나는 아이들과 겨울을 나야 했다. 겨울은 지난 모든 계절을 아우르고 있다. 또한 겨울은 결실을 맺는 가을을 마무리하고 아이들을 떠나보내야 하는 계절이기도 하다. 겨울은 이 모든 것을 안아주었고, 통합교과 '겨울'은 이러한 계절을 품었다. 그리고 이별을 준비해야 했다.

오늘 3-4교시에 마침내 통합교과 '겨울'에 들어갔다. 처음에는 교과서를 쭉 훑어보며 겨울 날씨에는 어떤 특징이 있으며 어떤 풍경을 만들어내고 있는지, 어떤 놀이와 음식이 있고 우리는 무엇을 공부할 수 있을지 이야기했다. 그런 다음 칠판에다 '겨울'이라는 글자를 크게 써놓고 학습망을 만들어 앞으로 공부할 것들을 살펴보았다. 이 과정에

서 소피 쿠샤리에가 쓴 그림책 《겨울》의 표지를 복사해 아이들이 가지고 있는 공책에다 붙여 새 공책을 만들어보게 했다. 이제 한 달 하고도 보름밖에 남지 않은 시간 안에 겨울이라는 주제로 하는 활동을 모두 마쳐야 한다. 아직 갈 길이 멀어 보이지만 무리하지 않고 주제에 맞는 활동을 선택해 집중하려 한다. 그러고 보니 오늘 비가 온다던데, 해가 살며시 얼굴을 보이나 싶더니 다시 잔뜩 흐려진다. 비가 이제부터 내릴 거라 신호를 보내는 듯하다. 이제 진짜 겨울이다. 2017.11.22

겨울을 맞이하는
비밀친구 만들기

춥고 매서운 바람이 부는 겨울은 여린 아이들을 교실 속으로 자꾸 잡아당긴다. 그만큼 실내 활동이 늘어나면서 이제까지 친하지 않았던 아이들이 무리를 지어 다니는 모습도 보이고, 다툼도 한층 늘어난다. 그런 시기에 해보는 마니또, 즉 비밀친구 놀이는 아이들을 새로운 긴장과 설렘으로 안내한다. 교육과정에도 담겨있기에 1~2주 정도 시간을 내어 해보았는데, 아직도 잘 모르는 아이들을 새롭게 알아가는 발견의 재미도 있고, 저마다 이제까지 보이지 않고 있던 성격도 알 수 있어 보는 맛이 제법 있었다.

··· ✎ ···

드디어 마니또를 뽑는 시간이 되었다. 아이들은 하나같이 누가 내 비밀친구가 되어줄지 기대하고 있었다.


"아, 내 마니또는 누굴까 궁금하다."

"나도."

"자, 지금부터 이름을 뽑을 테니 준비해주세요. 아, 그리고 먼저 이야기할 게 있어요. 2주 뒤에 발표할 때까지 내 마니또는 누구인지 아무한테도 이야기하지 않기예요."

"네."

"그리고 '겨울' 교과서에 실린 것처럼 쪽지도 써가며 도와주는 활동을 해야 합니다. 금요일에는 선생님이 기록표도 나눠줄 거예요."

"선생님, 언제부터 해요?"

"음, 내일도 현장학습이고 해서 오늘은 결정하기만 하고 금요일부터 할 겁니다. 그리고 2주 뒤에 내 마니또가 누구인지 공개할 거고."


공개방식은 교과서와 다르게 나를 도와준 마니또에게 편지를 쓰는 방식을 택했다. 그리고 내가 원하는 짝이 아니더라도 잘해주어야 한다는 당부도 잊지 않았다. 마니또 활동을 열심히 한 친구들에게는 모두 쿠폰을 주기로 했다. 마지막으로 마니또 노래도 부르며 다짐을 했다.


나는 내 마니또 좋아하지요.


나는 내 마니또 좋아하지요.

381

나는 내 마니또 좋아하지요.

나는 내 마니또 좋아하지요.

누구라고 말할 수는 없어요.


그대 내게 눈길을 돌릴 때

내 마음 흐뭇하고 즐거워

언젠가 그대 이름 밝히리.

지금은 누구라고 말할 수 없어


나는 내 마니또 좋아하지요.

나는 내 마니또 좋아하지요.

나는 내 마니또 좋아하지요.

누구라고 말할 수는 없어요. 2016.11.23

··· ✎ ···

오늘은 비밀친구(마니또) 활동이 교실에서 빈번하게 벌어졌다. 덕분에 친구에게 선물을 줄 때 쓰는 붙임쪽지가 벌써 거덜나기 시작했다. 사탕 같은 작은 선물이 쉴 새 없이 넘나들고, 자신의 마니또에게 아낌없이 후한 선물을 하기도 했다. 점심을 먹고 교실에 들어서자 예나가 나를 끌어당기더니 귓속말로 책상 위 쪽지를 가리키며 이렇게 얘기했다.

"선생님, 이거 내가 준 거예요."

평상시 남에게 무언가 주는 일을 잘하지 않았던 녀석이 대뜸 이런 말을 하니 신기했다. 누구에게도 밝히기 어려운 비밀친구의 위력이 이런 건가 싶기도 했다. 중고학년 아이들이 하는 모습과 사뭇 다른 풍경이 우습기도 하고 대견하기도 했다. 여기저기서 나도 줬다고 자랑하기 바쁘다.

"그런 말 막 하면 들켜, 조용히~"

모쪼록 비밀친구 놀이가 친구를 좀더 알아가며 친해지는 계기가 되길 바랄 뿐이다. 한 녀석 이 또 달려와 내게 말을 건넨다.

"선생님, 저 윤주 마니또 누군지 알 것 같아요."

윤진이는 교실 밖을 나서며 조심스레 다가와 내게 편지라며 건넨다.

"선생님, 사랑해요~" 하고 쓰여 있었다. 어제 밤에 우연히 윤진이랑 통화하는 도중에 사랑한다 하기에, "거짓말하지 마" 하며 장난쳤는데, 정말 나를 사랑하기는 하는가 보다. 2016.11.25

··· ✎ ···

"선생님, 아침에 사물함 책하고 공책이 넘어져 있었는데, 지금은 바로 돼 있어요."
"누가 그랬을까?"
"비밀친구요."
"좋겠다. 민준이."

민준이가 씩 하고 웃으며 내 곁을 지났다. 신기한 모양이다. 자기 몰래 자기를 도와주는 친구가 있다는 게. 아침부터 사물함이나 친구들 책상을 오가며 무엇을 도와줄까 고민하는 듯 어슬렁거리는 아이들이 많았다. 벌써부터 선물을 전하는 아이가 있는가 하면, 편지를 주고받는 아이들도 있었다. 무엇이든 하루를 즐길 거리라는 건 어른에게나 아이들에게나 필요한 요소인 것 같다. 비밀친구 놀이 하나로 반 분위기가 살짝 들떠 있었다. 요 일주일간 아이들이 보여줄 새로운 모습이 기대가 된다. 2017.12.6.


··· ✎ ···

"선생님!"

"왜?"

"저, 비밀친구한테 들킬 뻔했어요."

"그게 무슨 말이야."

"비밀친구 모르게 사물함 정리하고 있었는데, 갑자기 나타나서 들킬 뻔했거든요."

"들키지 않아서 다행이네."

"아휴~"


우리 반 순진남 민준이. 민준이는 1학기 때 머리 쓰다듬어준 걸 가지고 집에 가서 선생님이 날 때린 것 같다고 말하기도 한, 어이없는 아이였다. 1학기 때 오른팔이 부러지는 바람에 왼팔로 꾸역꾸역 글을 쓰고 익혔던 아이. 이제는 내가 가르치는 대로 꾸준히 따라오며 성취감도 느끼는 아이. 글쓰기가 싫다더니, 내가 가르치는 대로 따라오며 이제 글 쓰는 게 재미있다는 아이. 친구들이 놀리면 참지 못하고 내게 쪼르르 달려오는 소심남 민준이. 그래도 과제를 맡기면 끝까지 해내려 하는 민준이. 오늘 민준이를 보며 지난 1년을 참 잘 보냈구나 하는 마음이 들었다. 저 소심이, 순진남이 2학년 올라가서는 좀더 당당하고 너른 마음을 가진 아이로 커가길 바라면서. 2017.12.7.

··· ✏ ···

오늘 3-4교시는 아이들이 그토록 기다렸던 '비밀친구'를 공개하는 시간이었다. 아이들마다 편지나 선물을 주고받는 모습, 내 비밀친구가 누구였는지 확인했을 때 놀라거나 진즉에 알았다는 표정을 짓기도 하고, 어이없는 선물로 웃기게도 하고, 선물을 가져오지 못해 섭섭해하거나 아쉬운 표정을 짓기도 했다. 그렇지만 지난 일주일 동안 아이들은 마치 복권에 당첨되길 기다리듯 하루하루를 즐겼던 것 같다. 내게 와서 비밀친구가 무엇을 해주었다며 자랑하는 아이들도 꽤 많았다. 그런 아이들 중에서도 이런 과정을 가장 즐겼던 민준이랑 오늘 밥을 같이 먹었다. 그래서 물었다.

"민준아, 너 하진이가 너 비밀친구라는 거 알았어?"
"몰랐어요."
"그래서 기분이 어땠어."
"나는 처음에 너무 잘 도와줘서 여자인 줄 알았는데, 나중에 알고 보니 남자여서 놀랐어요."
"고맙지는 않고?"
"고맙죠. 물론." 2017.12.13.

## 눈 결정체와
## 가습기로 만든 겨울

겨울을 알리며 하늘에서 내리는 눈과 난방으로 건조해지는 교실. 겨울 날씨가 가져오는 이러한 변화를 교과서에서는 눈 결정체와 가습기를 만들어보는 수업으로 담아놓았다. 꽤 괜찮은 접근법이라 여겨 이것을 그대로 따라 했다. 눈에 잘 보이지 않는 눈 결정체(실제 눈의 결정과는 다르다는 이야기를 해주었다)를 아이들이 직접 종이로 꾸며 만들고, 집에서 흔히 볼 수 있는 가습기를 교실에서 직접 만들어보는 과정에서 아이들은 겨울이 한창임을 다시 확인할 수 있었다. 가습기의 물이 줄어드는 모습을 간간히 지켜보던 자그마한 체구의 아이들 모습과 똘망똘망하던 눈망울이 무척이나 그립다.

··· ✎ ···

아침 9시쯤 되자 아이들이 흥분하기 시작했다. 어두워지면서 갑자기 눈이 내리기 시작한 것. 올해 천안에 제대로 내린 첫눈이었다. 아이들은 어서 나가면 안 되냐 했지만, 금세 땅에 떨어져 녹는 눈인 것 같아 잠시 기다리자 했다.

"오늘 첫 수업이 수학인데, 여러분이 열심히 참여하면 중간 놀이시간에 운동장 나가서 눈놀이 할 수 있게 해줄게요."
"그때 나가면 다 녹지 않아요?"
"지금 오는 거 보니까 한 시간은 더 와야 쌓이겠는 걸?"

그런데 웬걸. 시간이 지나면서 함박눈이 하염없이 내렸다. 운동장은 점점 하얗게 변해갔고 고학년 몇몇 반은 이미 운동장으로 뛰쳐나와 까만 발자국들을 내고는 이내 눈들을 말아 마치 운동장을 치우듯이 빠르게 움직였다. 이러다가 정말 아이들에게 잔소리를 듣게 생겼다. 마침 눈도 그쳐서 더는 안 되겠다 싶어 1교시까지만 하고 아이들을 운동장으로 내보냈다. 아이들은 소리 치며 운동장으로 내달렸다. 그렇게 중간 놀이시간을 30분 앞당겨 나간 아이들은 내게 달려들어 눈을 던지는가 하면 여기저기 뛰어다니며 첫눈을 만끽했다. 나도 오랜만에 만난 첫눈이라 반갑고 덩달아 행복했다.

"선생님, 이거 보세요."
"뭐야, 흙덩이잖아."
"한 번 맞아보세요."
"야~ 안 돼!"
"하하하."
"선생님, 이거 좀 가지고 있으세요."
"안경을 왜?"
"자꾸 안경알에 눈이 들어가서요."
"선생님 제 가방도요."

완전히 아이들 시중드는 꼴이 돼버렸다. 지퍼를 잠가달라, 모자 좀 씌워달라. 아이들마다 내뱉는 하소연과 부탁을 하나하나 들어주다 보니 어느새 30분이 훌쩍 지나갔다. 눈이 다시 세차게 내려도 아이들은 운동장을 떠날 줄을 몰랐다. 이쯤이면 그만해야 할 듯해서 모두 불러 교실로 들어가라 했다. 머리에 눈을 잔뜩 맞은 아이들은 어느새 머리를 감은 것처럼 녹은 눈으로 푹 젖어 있었다. 2017.11.23.

어제에 이어 눈 결정체를 종이로 꾸며 만드는 수업을 했다. 어제 오늘 내린 눈을 보고 자연스럽게 결정을 했다. 하얀 종이를 접어 오리는 과정이 1학년 아이들에게 쉽지 않아 보였지만, 아이들은 의외로 잘해주었다. 다만 아직 손 근육이 발달하지 못한 아이들은 조금 힘들어했다. 그런 친구들은 짝이나 내가 도와주면서 모두가 눈 결정체를 만들어 색지에 붙여 보았다. 일정한 틀을 제공하지 않고 아이들이 직접 그리고 오려내게 했는데, 이게 더 좋았던 것 같다. 아이들마다 눈 결정체의 모양이 다 달랐기 때문이다. 아이들에 따라 저마다 다른 모양이 나오는 것이 마치 아이들 모습을 그대로 보여주는 것 같았다. 그저 그런 수업이려니 생각했는데, 아이들을 들여다볼 수 있는 나름 흐뭇한 수업이 되었다. 2017.11.24

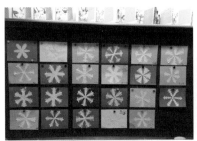

오늘은 통합교과 주제 '겨울'에 관한 이야기를 나눴다. 먼저 소피 쿠

샤리에 그림책 《겨울》을 들려주었다. 겨울에 대한 각종 정보와 겨울에 만날 수 있는 동식물의 이야기가 담겨 있는 책인데, 사실 이런 책은 우리나라 작가들이 훨씬 잘 만들 수 있을 거라는 생각이 들었다. 우리나라의 이야기, 내 고장의 이야기라면 아이들이 더 잘 이해할 수 있을 것 같았기 때문이다. 여러모로 아쉽기는 했지만 아이들과 겨울에 대한 질문을 주고받을 수 있었다는 것만으로 만족하기로 했다. 그렇게 칠판에다 아이들이 던지는 질문을 쓰고 겨울공책에 받아 적도록 했다. 이런 과정을 해결해나가는 게 주제통합수업이 아닐까 싶다. 나중에는 교과서에 나오는 가습기도 만들어보았다. 별거 아닌데도 아이들은 직접 해보고 싶어 했다. 호기심 가득한 아이들의 요구가 곧 교육과정이 아닐까?

2017.11.28

# 1학년을 정리하는
## 학급마무리 겨울잔치

2학기에도 1학기에 이어 마무리 잔치로 겨울을 정리했다. 1학기 때와 비슷한 구성으로 준비해보았더니 자연스럽게 1학기 때의 모습과 견주어볼 수도 있었다. 1학기 때 철부지 같았던 녀석들이 이제는 제법 성장한 모습으로 안정된 무대 예절까지 보여줄 정도로 달라졌다. 시간이 아이들을 만들고, 아이들이 시간을 앞당기는 모습을 눈으로 확인할 수 있는 자리였다. 이런 자리가 없었다면 아마 발견하지 못했을 모습을 직접 눈으로 본 것만으로도 학급마무리 잔치는 의미가 있는 시간이었다. 물론, 이는 곧 아이들을 떠나보내야 한다는 신호이기도 했다. 그만큼 내게는 섭섭하고 쓸쓸한 시간이기도 했다.

··· ✎ ···

동지 축제와 학급마무리 잔치 때 할 전시회 때문에 계속 미루던 투명액자 시화를 오늘에야 완성할 수 있었다. 아침에 출근하자마자 폼보드를 오리고 OHP를 찾아 준비를 했다. 지난주까지 자기가 썼던 시를 폼보드 액자에 담는 수업. 자기 시를 쓰지 못한 아이들 네 명에게는 1학기처럼 다른 사람의 시 중 맘에 드는 것을 골라 만들도록 했다. 아이들에게 보여줄 견본으로 2년 전 내가 맡았던 6학년 아이들의 작품을 보여주었다. 아이들이 '와~' 한다. 이 작업은 폼보드 앞에 시를 써서 붙이고 뒤에는 그림을 그려 넣어서 입체적인 느낌이 들게 하는 방법이다. 예전 시 공부를 열심히 하는 경기도 여주의 한 모임을 찾아갔을 때 배운 방법인데, 책을 읽고 난 뒤나 오늘처럼 시화를 만드는 수업

때 응용해서 쓰고 있다. 1학년 우리 반 아이들도 신기해하며 작업했다. 늘 즐거워하던 국악시간이 시작되었는데도 중단하지 않을 정도로 아이들이 매우 집중해서 참여했던 수업이었다. 액자를 다 만든 아이들은 액자 틀을 간단하게 꾸며보게도 하였다. 욕심 부리다가 오히려 지저

폼보드로 시액자 만드는 모습

분해진 액자가 있는가 하면, 정성 들여 작업해서 점심 놀이시간까지도 했던 아이들도 있었다. 시를 직접 쓰지 못한 네 명의 아이들도 함께 참여할 수 있어서 좋았다. 내일 전시 때 올려둘 도자기 작품도 나눠주었다. 깨져서 한 명만 자기 작품을 가질 수 없어 아쉬웠지만, 아이들 모두 자기 작품에 도색된 것을 신기해했다. 작품이 다 완성이 되어 칠판 앞에 늘어놓아 보았다. 알뜰살뜰 자로 잰 듯 반듯하지 않아도 아이들 손으로 만들어낸 작품이 귀엽고 앙증맞았다. 2016.12.20

··· ✎ ···

오늘 하루도 쉼없이 돌아갔다. 수업을 마치고 곧장 학급마무리 잔치 준비를 하느라 세 시간을 보내고, 저녁 먹은 다음 곧바로 행사로 들어갔다. 해마다 어떤 학년을 맡더라도 학기말 혹은 연말에 지난 시간을 되돌아보기 위해 여는 작은 행사. 누구는 이런 걸 학예회라고 하지만, 수업은 제대로 하지 않고 급하게 준비해 부모들에게 보여주기 위해 치르는 행사가 아니라 수업 속에서 끌어내어 평소에 익혔던 것을 그대로 무대 위에 올려 지난 일 년을 돌아보는 자리이다. 나는 이 자리를 '학급마무리 잔치'라고 이름 지었다. 올해도 어김없이 이 행사를 치렀다. 저

녁 6시부터 시작한 잔치는 시와 노래, 연주와 연극, 그림자극과 빛그림 책 공연이 어우러지며 2시간을 넘게 시간을 보냈다. 아버지들도 아이들 모습을 봤으면 좋겠다는 학부모들의 제안에 저녁시간에 치른 터라 더 피곤했지만, 지난 봄, 여름, 가을, 겨울을 영상으로 만들어 학부모와 우리 아이들과 함께 지켜볼 때는 순간 뭉클한 감정이 올라와 자칫 눈물도 날 뻔했다. 이번 마무리 잔치는 지난주 교육과정 평가로 3일을 보내고 이런저런 일들로 바쁘게 맞는 바람에 지난해에 비해 준비과정이 탄탄하지 않아 조금 힘들고 조바심이 났다. 하지만 그런대로 잘 마무리 지은 것 같아 다행이었다. 끝나고 보니 사진을 찍지 못했다는 걸 깨달았다. 조만간 학부모들에게 사진을 얻어야 할 것 같다. 오늘 행사를 끝내고 나니 정말 아이들과 헤어질 날이 머지않아 보인다. 눈까지 내려 마음이 우울했던 오늘. 남은 일들이 산더미 같지만, 잠시 잊고 또다시 맞아야 할 하루를 무던히 살아보려 한다. 2017.12.20.

완성된 폼포드 액자

# 의도치 않은 사건이
# 만들어내는
# 한 편의 서사를

　1학년이라는 학년의 가장 큰 특성은 교사의 개입과 주도가 절대적인 힘을 갖는다는 점이다. 때문에 아무리 프로젝트 학습이라고 해도 아이들이 그저 교사의 기획 의도에 호응하기만 하는 수준에 머물러서는 온전히 학생들에 의한 프로젝트 학습이라고 보기 어렵다. 그렇다고 이러한 상황이 틀리거나 잘못되었다는 것은 아니다. 다만 때로는 아이들 본인에게 물어가며 학습이 제대로 이루어지고 있는지 살피고 교육 과정이나 교과서에서 벗어나는 경험을 한 번이라도 해보았으면 한다. 교육과정이라는 정해진 틀에서 벗어나 새로운 생각을 해보고, 문제 상황을 함께 해결해보는 경험을 통해 배움의 본질에 더 다가갈 수 있을 거라 생각한다.

　만약 다시 1학년을 맡는다면 그때는 좀더 여유를 가지고, 상황을 통제하기보다는 예기치 못한 상황 속에서 아이들과 함께 딴 길로 벗어나 실수나 잘못도 경험하면서 기대하지 못했

제주 양재성 선생님 반을 찾아 수업을 듣는 아이들

양재성 선생님이 〈바람의 신, 영등〉 그림책 이야기 를 들려주는 모습

수업시간에 제주 굿에 쓰이는 '통기'를 만들어 날 려보았다.

던 배움을 찾고자 한다. 전에 있던 학교는 도시학교라 이런 상황을 만들기가 쉽지 않아서 불가능했다고 변명해봐도, 다시 생각할수록 충분히 이야기를 만들 수 있었는데도 시도하지 않거나 애써 무시했던 상황이 떠올라 아쉽기만 하다.

두 번째로 1학년 담임을 맡은 해에서는 크게 두 가지 기억이 떠오르는데, 그중 하나가 아이들끼리 모여서 친구 집을 찾아가보는 '내 친구의 집은 어디인가'이고, 또 하나는 제주 애월초 1학년 친구들과 진행한 '이웃 맺기 프로젝트'였다.

'내 친구의 집은 어디인가'는 그런대로 성공적이라 자평하고 있지만, 좀더 난이도를 높이고 아이들 의견도 들어가며 한층 도전적인 시도를 장기간에 걸쳐 해보면 어땠을까 하는 생각도 든다. 단발로 끝나는 활동으로는 아이들에게 '이웃'과 '친구'에 대한 개념을 온몸으로 와 닿게 하지는 못한 게 아닌가 하는 생각이 뒤늦게 들었기 때문이다. 애월초 아이들과 진행한 '이웃 맺기 프로젝트'는 사실 우연한 기회로 만난 제주 양재성 선생님께 제안하게 된 것으로, 결국 몸이 아프다는 내 핑계 탓에 용두사미가 된 아쉬운 프로젝트가 되고 말았다. 아이들의 흥미와 관심은 어느 때보다 높았는데, 그것을 끝까지 이어주지 못했던 것이 못내 아쉽다.

　다양한 이야기를 만들고, 아이들끼리 서로 편지를 주고받기도 했지만 아쉽게도 이야기를 좀더 끌고나가지는 못했다. 딱히 완성된 서사가 아니어도 기승전결이 있는 서사가 우연이든 의도적으로든 만들어져 새로운 교육과정을 만들고 배우며 깨닫는 경험을 다시 1학년을 맡게 되면 꼭 해보고 싶다. 그것이 통합교육과정이 숨겨놓은 가장 큰 가르침이 아닐까 싶다.

# 통합교과를 대하는
## 교사의 자세

나에게 통합교과 재구성의 핵심은 입체와 체험이었다. 평면적인 교육과정과 교과서를 입체적인 수업으로 만들어낼 수 있느냐와 그것이 체험으로 이어질 수 있느냐는 수업의 과정과 결과에서 매우 중요하다. 교실 속 학습지와 따라 하기 수준의 만들기 활동은 입체적으로 구체화되어야 할 교육과정을 평면화시키고 학생들의 사고와 경험을 제한할 수밖에 없다. 아울러 국가 교육과정의 변화도 살펴볼 필요가 있다. 구성차시의 도입이 바로 그것인데 구성차시가 본격적으로 통합교과에 도입된 의의가 무엇인지를 명확히 확인하지 않고서는 준비하는 수업의 질과 방향이 엉뚱한 것으로 갈 수가 있다.

국가교육과정이 구성차시를 도입한 것은 교과서가 하나의 자료임을 실제로 체험할 수 있기를 바랐기 때문이다. 교사가 교과서에 지나치게 의존하는 교육과정 실행문화를 점진적으로 해소하게 되길 기대한 것이다. 학생을 수동적인 위치에서 능동적인 위치로 전환하여 학생의 참여 정도와 참여 방식의 전환을 도모하라는 뜻이기도 하다.

통합교과는 일반적으로 수업을 함께 짜고 활동하는 차례로 학습이 이어지고 있다. 하지만 주제를 정해 통합해 수업해보지 않은 교사들에게 특히 저학년의 통합교과는 낯설기만 하다. 그러다 보니 교사용 지도서에 의지하기 쉽다. 그러다 보면 다른 상상력을 발휘하기가 어려워진다. 교사가 교육과정을 학생들과 함께 마음껏 구성해볼 여지가 있음에도 여전히 저학년 통합교과 수업은 지도서와 교과서 활동을 크게 벗어나지 못하고 있는 실정이다.

교과서를 벗어나는 것에 대한 두려움이 만만치 않지만 그야말로 교과서는 샘플이다. 각기 다른 환경과 배경을 지닌 아이들, 학교의 여건과 특성, 교사의 전문성 정도에 따라 통합교과를 대하는 상상력의 폭은 매우 달라질 수 있다. 분명한 것은 아이들로부터 출발해야 한다는 것. 아이들과 함께 수업을 짜면서 새로운 시도를 아이들과 함께해보면 좋겠다. 국가교육과정은 교사의 교육과정과 아이들을 만났을 때 비로소 그 빛이 더욱 밝아지고 뚜렷해질 수 있다.

맺으며

# 다시 1학년 담임이 된다면

# 다시 1학년 담임이 된다면
## 꼭 해보고 싶은 것

1학년 담임을 맡으면서 가장 신경 쓴 것은 언어교육과 수학교육이었다. 한 번도 경험하지 못한 과정을 거치면서 과연 아이들이 내가 안내한 대로 따라오며 성장할지 나는 늘 불안했고 걱정이 많았다. 공립학교에서 1학년이라면 꼭 거쳐야 할 지점을 놓칠까 항상 노심초사했다. 부끄럽지만 2년 내내 그랬다. 1학년에 대한 전문성 부족은 두려움을 낳았고 여유를 갖지 못하게 했다. 이 책은 사실 그런 과정을 담은 것이라 부족한 것이 너무 많다. 그래서 1학년 교육과정을 조금 더 넓게 보며 접근하지 못한 것이 못내 아쉽고 지금은 후회가 많다. 그래서 나는 다시 1학년 담임을 맡는다면 이런 걸 꼭 해보고 싶다. 아마도 1학년 책을 다시 펴낸다면 이런 내용이 더 담기지 않을까 싶다.

- 아이들이 좋아하는 노래와 놀이, 그림을 더 많이 가르쳐주고 싶다.
- 뜨개질을 잘 배워 아이들에게 실과 천으로 멋진 작품을 만들게 하고 싶다.
- 모든 것을 내려놓고 아이들과 흙장난 물장난을 하며 함께 뛰놀고 싶다.
- 아침에 차 한 잔씩 나눠주며 많은 이야기를 나누고 싶다.

- 점심시간에 몇몇 아이들 손을 잡고 운동장 한 바퀴를 마냥 거닐고 싶다.
- 몸을 움직여 스스로 다스리는 법을 익히거나 함께 춤을 추고 싶다.
- 비가 올 때 아이들과 마냥 창밖을 내다보며 시간 가는 줄 모르고 빙그레 웃었으면 좋겠다.
- 해마다 우리 집에 아이들을 초대해 하룻밤을 같이 지냈으면 좋겠다.
- 내 곁에서 머무는 아이들을 불러 무릎에 앉히고 책을 읽어주고 싶다.
- 운동장에서 할 수 있는 것들을 좀더 많이 준비해 실컷 놀고 싶다.
- 아무리 바쁘더라도 내 곁에 머무는 아이들의 이야기를 질리도록 듣고 싶다.
- 아이들 저마다의 장점을 찾아서 자주 칭찬하고 격려해주고 싶다.
- 아이들의 행복을 위해 나부터 행복해지도록 조금은 여유롭고 건강한 삶을 즐기고 싶다.
- 아이들에게 끊임없이 공부거리를 묻고 만들어가며 한편의 서사를 만드는 멋진 수업 이야기를 만들어내고 싶다.

# 다시 1학년 담임이 되어도
## 변하지 않을 것

1학년 담임을 2년 동안 맡으며 경험이 쌓이고 확신이 들면서 앞으로도 꾸준히 해나가야 할 것들이 생겼다. 욕심을 부리지 않으면서도 아이들과 즐겁게 지낼 수 있는 것들을 정리해 변함없이 실천하고자 한다. 전문성은 성찰과 꾸준함이 뒷받침되어야 한다는 것을 지난 2년 동안 1학년 담임을 하면서 새삼 절실히 깨달았다. 스스로 반성하지 않고 다른 이의 비판에 응답하지 않는 교사에게 전문성이란 없다. 그것은 단지 독선이고 아집일 뿐이다. 그러한 전문성은 혼자만의 경험으로만 남을 뿐이고 결코 공유되지 못한다. 다시 1학년 담임이 되어도 다음의 실천이 변하지 않는다면, 나는 진정 아이들에게 최선을 다하는 교사일 것이다. 다시 1학년 관련 책을 펴내도 이 내용은 꼭 빠지지 않을 것이다.

- 날마다 옛이야기를 들려주고 그림책과 동화책을 읽어줄 것이다.
- 아이들의 말글살이를 돕기 위한 공부를 게을리 하지 않을 것이다.
- 놀이수학을 좀더 탐구하고 다른 실천과 이론들을 익혀 수학수업의 질을 높일 것이다.
- 내가 맡은 아이들 모두를 세심하게 일일이 지도하고 부족한 부분을 채

워줄 것이다.

• 매주 아이들과 산책하는 일을 주저하지 않을 것이다.

• 날마다 정해진 아이들과 밥을 같이 먹고 수다 떠는 일을 빼먹지 않을
  것이다.

• 1학년 아이들과 할 수 있는 프로젝트를 개발하고 발전시켜 풍성한 수
  업을 기획할 것이다.

• 못하고 느려도 끝까지 믿고 격려해줄 것이다.

• 다른 이의 실천에 주목하되, 결국에는 내 빛깔을 만들어낼 것이다.

• 꾸준히 기록하여 성찰하는 글쓰기를 교사를 하는 한 쭉 이어갈 것이다.

《한글의 탄생》 노마 히데키 지음, 김진아, 김기연, 박수진 공역, 돌베개, 2011 • 51, 179

《할머니, 어디 가요? 쑥 뜯으러 간다!》 조혜란 글그림, 보리, 2009 • 268

《해묵은 동시를 던져 버리자》 김이구 지음, 창비, 2014 • 101

《행복한 교실》 강승숙 지음, 보리, 2003 • 15, 165

《화요일의 두꺼비》 러셀 에릭슨 글, 김종도 그림, 햇살과나무꾼 옮김, 사계절, 2014 • 167,

　　170∼174

《흰빛 잿빛 검은빛》 제라르 몽콩블 글, 자우 그림, 곽노경 옮김, 물구나무(파랑새어린이),

　　2005 • 328

《1학년 첫 배움책》 박지희 지음, 김무연 그림, 휴먼어린이, 2017 • 34∼39, 52, 179, 183∼185,

　　205

《5번 레인》 은소홀 글, 노인경 그림, 문학동네, 2020 • 172

《10일 한글 읽기》《10일 한글 쓰기》 홍솔 글그림, 나무와가지, 2016 • 180

《100개의 달과 아기 공룡》 이덕화 글그림, 스콜라, 2017 • 346

# 다시 1학년 담임이 된다면

초판 1쇄 발행 2020년 2월 24일
2판 1쇄 발행 2021년 3월 10일

**지은이** 박진환

**발행인** 김병주
COO 이기택
CMO 임종훈
**뉴비즈팀** 백헌탁, 이문주, 김태선, 백설
**행복한연수원** 이종균, 박세원, 이보름, 반성현, 남기연, 고요한
**에듀니티교육연구소** 조지연
**경영지원** 한종선, 박란희
**편집부** 이하영, 신은정, 김준섭, 최진영
**디자인** 최선영

**펴낸곳** ㈜에듀니티(www.eduniety.net)
**도서문의** 070-4342-6114
**일원화 구입처** 031-407-6368 ㈜태양서적
**등록** 2009년 1월 6일 제300-2011-51호
**주소** 서울특별시 종로구 인사동 5길 29, 9층

**이메일** book@eduniety.net
**홈페이지** www.eduniety.net
**네이버포스트** post.naver.com/eduniety

ISBN 979-11-6425-038-7 [13370]
값은 뒤표지에 있습니다.